LA VIDA SECRETA
DE FRANCO

DAVID ZURDO Y ÁNGEL GUTIÉRREZ

LA VIDA SECRETA
DE FRANCO

El rostro oculto del dictador

EDAF

MUNDO MÁGICO Y HETERODOXO

MADRID - MÉXICO - BUENOS AIRES - SAN JUAN - SANTIAGO

2005

Cubierta: Ricardo Sánchez

Editorial Edaf, S. A.
Jorge Juan, 30. 28001 Madrid
http://www.edaf.net
edaf@edaf.net

Edaf y Morales, S. A.
Oriente, 180, n.º 279. Colonia Moctezuma, 2da. Sec.
15530 México D. F.
http://www.edaf-y-morales.com.mx
edafmorales@edaf.net

Edaf del Plata, S. A.
Chile, 2222
1227 Buenos Aires, Argentina
edafdelplata@edaf.net

Edaf Antillas, Inc.
Av. J. T. Piñero, 1594
Caparra Terrace
San Juan, Puerto Rico (00921-1413)
edafantillas@edaf.net

Edaf Chile, S. A.
Huérfanos, 1178 - Of. 506
Santiago - Chile
edafchile@edaf.net

Octubre 2005

I.S.B.N.: 84-414-1706-7
Depósito legal: M-41.796-2005

PRINTED IN SPAIN   IMPRESO EN ESPAÑA

Gráficas Cofás, S. A. - Pol. Ind. Prado de Regordoño - Móstoles (Madrid)

Señor, dame fuerzas para cumplir mi obra. No tengo prisa y no quiero pausas.

Oración personal de Franco

Sería una ingenuidad atribuir la carrera de Franco a un mero conjunto de casualidades. Si bien no es infalible, se siente guiado por una voluntad suprema.

RAYMOND CARTIER

Tenemos mucho que agradecer a:

Carmen Porter
José María González
Javier Sierra
Iker Jiménez
José Luis Valbuena
Sebastián Vázquez
Clara Tahoces
Nacho Ares
Luis Saiz
Isabel Jiménez
Guadalupe Saiz
José Manuel Fernández
Yolanda García
Ángel Ronda
Juan de Ávalos
Carlos Mendoza
Francisco Íñigo
José María Íñigo
José Carlos Rivas
Jaime Mohan

Índice

Prólogo

⁓

DESPUÉS de treinta y seis años y ocho meses de jefatura del Estado en España, y de casi cuarenta en la zona resultante del llamado «Alzamiento Nacional», el general Francisco Franco Bahamonde murió en la cama de un hospital, lleno de tubos, sondas y sensores. Se diría que plácidamente si no fuera porque su agonía fue larga y penosa.

¿Cómo un dictador pudo mantenerse en el poder tanto tiempo? ¿Por afectos? ¿Por lealtades? ¿Por aciertos políticos?

Seguramente Franco tuvo la suerte de su lado, consolidada por la situación política posterior a la Segunda Guerra Mundial y por la mejora económica de la nación. Las mayores revoluciones ocurren cuando el pueblo tiene hambre. Las ideas y los cañones son menos fuertes que los palos y las piedras de los hambrientos.

Por eso, quizá, Franco murió en la cama.

Han pasado ya años suficientes desde entonces como para que sea posible acometer la labor de estudiar a Franco desde cualquier punto de vista. Las pasiones nostálgicas a su favor son ya pocas; las pasiones en contra, suenan ahora huecas y superadas. Franco es un personaje más de la historia de España, y como tal pertenece al pasado. Para muchas personas jóvenes esto es cierto de un modo absoluto: para ellas Franco suena tan lejano como Alfonso XIII o el general Primo de Rivera.

Mejor así, puesto que Francisco Franco encarnó esa brecha sangrante de las «dos Españas». La victoria en la Guerra Civil —si es que hay vencedores en las guerras civiles— supuso una derrota social que hoy las nuevas generaciones han superado felizmente, a pesar de todos los pesares y de cualquier resentimiento de los ancianos de corazón que aún existen, ya canten la *Internacional* o el *Cara al sol*.

Olvidemos esos tiempos de radicalidad e intolerancia en ambos bandos, aunque al abrigo de distintas ideologías, y miremos hacia el futuro.

El futuro es luminoso si sabemos buscar el horizonte y caminar hacia él con el deseo de crear cosas nuevas, evitando poner la mirada en el pasado y en lo que ya fue.

Solo con una salvedad echaremos atrás la mirada: para comprender de dónde venimos. Por ello dedicamos este libro a un Francisco Franco casi desconocido: el Franco menos cristiano de lo que se piensa; el Franco de los intereses ocultistas; el Franco que quiso ser masón o se hizo enterrar, al final, en una cueva cargada de simbolismo. Habrá que especular y que deducir. Como decía Séneca: «Existen el destino, la fatalidad y el azar; lo imprevisible y, por otro lado, lo que ya está determinado. Por tanto, como hay azar y también destino, filosofemos».

Porque, como pregunta fundamental que justifica y da razón de ser a este libro, ¿fue Franco distinto a como lo *pintan*? Sin duda, sí. Eso es lo que intentaremos mostrar.

Los autores
El Pardo, septiembre de 2005

Introducción

~

L A única ventana del quirófano donde operaron a Franco de urgencia, en El Pardo, pocos días antes de fallecer, da directamente a la calle. Cualquier caminante puede pasar ante ella sin sospecharlo. Aunque el interior, muy pequeño, queda oculto detrás de una cortina blanca. Ese quirófano era una instalación antigua, de la época de la Primera Guerra Mundial. Franco nunca tuvo el deseo de poseer un centro médico en el Palacio de El Pardo, donde había fijado su residencia tras la Guerra Civil. Nunca tuvo la obsesión de extender su vida. Cuando uno se siente guiado por fuerzas superiores a lo humano, es natural que confíe en esas manos que lo sostienen: a eso se le llama Destino. De otro modo, es incomprensible que el quirófano en el que se le operó fuera una habitación de tres por tres metros, con una camilla de vidrio extremadamente pequeña, con una autoclave también minúscula, con un equipo de iluminación casi lamentable y sujeto a la disponibilidad eléctrica general, y un suelo de baldosas idéntico al de los portales de algunos de los edificios más viejos de El Pardo… Algo que a los autores de este libro nos impresionó vivamente y que impresionaría a cualquiera que lo hubiera visto.

Sí, Franco, como decimos, no quiso prolongar su vida a toda costa, por mucho que otros sí lo desearan en beneficio propio. Él calzaba zapatos de calidad bajísima, prefería dejar su abrigo cuando el frío atenazaba a quienes lo esperaban para dar un discurso, o mantenía un viejo televisor en blanco y negro cuando ya muchos españoles disponían de aparato en color. Al morir y abrirse su caja fuerte personal, allí había un buen montón de dinero. Pero no pensemos mal esta vez: eran sus sueldos, ahorrados por él desde hacía tantos años que, incluso, una parte de los billetes estaban caducados.

El hispanista británico Paul Preston dice que Franco producía enormes gastos al erario público con la movilización de su escolta, con su «Corte»,

*La ventana del quirófano de El Pardo en que se operó a Franco de urgencia
(ventana de la izquierda).*

con sus cacerías y jornadas de pesca, con el uso del yate *Azor* [1], etc. Sin
embargo, cualquier jefe de Estado de hoy alcanza o supera esos gastos.
El *Azor* era, inclusive, un yate más bien pobre y poco marinero. Los que
lo probaron, aseguran que se movía de un modo extraño, al capricho
del oleaje. Hasta los hombres de mar más experimentados se mareaban
en él [2].

Franco no fue un hombre con ambiciones materiales. Su ambición era
la trascendencia histórica. Seguramente él creía con firmeza que era el mayor servidor de España. Aunque su servicio incluía la dominación del país
y de sus gentes, desoyendo a muchos pensadores y políticos demócratas,
a los que él consideraba, según una extraña idea, como «demonios apá-
tridas». La visión debe ser otra. Lo más probable es que Franco fuera un
hombre al que la mente había ofuscado en un sentido muy concreto, pues
le impedía ver con claridad el conjunto de las cosas. Porque lo que a

---

[1] Hoy el *Azor* —el segundo y más famoso— se halla cerca de la localidad burgalesa
de Cogollos, como reclamo de un hotel de carretera.

[2] Franco se permitía hacer bromas a sus invitados, anunciando falsos temporales que
infundían pánico en aquellos hombres ante la perspectiva de horribles mareos.

follow his fate

Franco le interesaba era <u>sentir los hilos</u> de la Providencia guiándolo y llevándolo por el camino correcto hacia su destino. El sentimiento épico que experimentaba en el día a día, que lo llevó al arrojo suicida en las batallas, a permitir más tarde que se lo venerara como un elegido casi místico, nos revela al hombre. El mundo, en el sentido material, era poco para él.

En 1966 pronunció estas palabras: «Nunca me movió la ambición de mando. Desde muy joven echaron sobre mis hombros responsabilidades superiores a mi edad y a mi empleo. Hubiera deseado disfrutar de la vida como tantos españoles: pero el servicio de la Patria embargó mis horas y ocupó mi vida, y así llevo treinta años gobernando la nave del Estado, librando a la Nación de los temporales del mundo actual; pero, pese a todos, aquí permanezco, al pie del cañón, con el mismo espíritu de servicio de mis años mozos, empleando lo que me quede de vida útil en vuestro servicio».

Estas palabras recuerdan la nave de Ulises perdida en el mar. Los platónicos veían ese inmenso mar como el mundo material, que las almas deben atravesar para regresar al puerto que les es propio, la vida eterna: el mundo inmaterial y trascendente. Así, Franco parece sentirse un capitán de barco surcando las aguas para dirigirse a la eternidad, como guía de España.

1

La pista del Valle de los Caídos

ERAN casi las once de la noche cuando el teléfono móvil de David sonó con su melodía wagneriana. Las notas del final de *El ocaso de los dioses* precedieron a la voz de un gran amigo y maestro, un Leonardo da Vinci de los tiempos modernos.

—¿Sí?

—Hola, David, soy José Luis.

Se trataba de José Luis Valbuena, ingeniero del CSIC, profesor universitario y experto en mediciones de alta precisión. También fue quien dirigió el proyecto de fin de carrera de David.

—¡Hombre!, ¿qué tal estás?

—No sé si te pillo en mal momento. ¿Puedes hablar?

—Sí, sí, estoy con Ángel Gutiérrez dando un paseo por la ribera del Manzanares. Es que tenemos entre manos un nuevo libro y le estamos empezando a dar vueltas. Nada que no se pueda interrumpir.

—Ah, bueno, entonces, ya que no estás en más gratas labores que paseando, te cuento…

La risilla pícara de José Luis, que a pesar de haber cumplido los sesenta años es mentalmente como un joven de treinta, remarcó el tono de su voz.

—Pues no, no estoy en labores mejores… —respondió el aludido—. ¡Si lo estuviera, tendría apagado el móvil!

—¡Lógico! Je, je, je… Bueno, te cuento. Mañana tengo que ir al Valle para revisar la jaula de Faraday de la cúspide de la cruz, y como no te he enseñado todavía mi flamante Break3, he pensado que podía pasar a buscarte por la mañana, subes conmigo y comemos luego juntos.

—¿Al Valle de los Caídos? ¿Y subir a la cruz?

—Sí, claro.

—¡Me apunto ya! Siempre he querido subir hasta lo más alto de la cruz. Tiene que haber una vista impresionante. Ángel me está diciendo que él también quiere subir. Ha venido de Lisboa y está aquí estos días, trabajando conmigo en el nuevo libro que ocupa nuestros pensamientos. Es curioso, precisamente tiene que ver también con el Valle.

—No hay ningún problema. Venid los dos. Ya me contaréis de qué va ese nuevo libro.

A la mañana siguiente, a las nueve y media en punto, José Luis Valbuena apareció montado en una reliquia automovilística, el Citroën Break3 que había pertenecido a su padre, ahora restaurado, y que *databa,* cual antigualla, del ya lejano 1968. Ángel y David lo esperaban en un lado de la rotonda que da acceso a El Pardo, frente al Palacio que sirviera de residencia a Francisco Franco.

Al montar en el vetusto Citroën, ambos lo encontraron muy estrecho y extraño. Pintoresco.

—Es que como es muy bajo, parece más ancho —explicó José Luis, que lucía una sonrisa de satisfacción al volante de aquella joya popular.

El viaje fue inusual. Aquel coche hacía mucho ruido y no tenía apenas potencia (increíblemente solo veintidós caballos), aunque con su ligereza podían avanzar a ritmo de autocar. Más o menos.

Aprovechamos el viaje, más prolongado de lo normal, para contar a José Luis de qué trataba el nuevo libro que íbamos a empezar a escribir: un ensayo sobre el Franco oculto, desconocido. Por aquellos días estábamos empezando a investigar, a leer y a buscar, y precisamente el Valle de los Caídos parecía encerrar parte del misterio de un hombre impenetrable, del que se sabía menos de lo que se creía y cuya imagen externa, superficial, no era correspondiente con su interioridad más íntima.

Después, ya a punto de alcanzar la entrada a la finca llamada Cuelgamuros, José Luis nos explicó cómo había pasado noches enteras en aquel lugar tomando datos científicos. Incluso nos confesó la sensación tan extraña que había tenido la oportunidad de experimentar, corriendo sin rumbo en la total y plena oscuridad de la basílica, tan enorme que permitía recorrerla durante algunos segundos sin peligro de chocar contra uno de los muros.

Ya dentro, comenzamos a ascender por una indestructible carretera de hormigón, la original que hollaron los pies del mismo Franco. Al pasar ante los *Juanelos,* unas casi misteriosas piezas cilíndricas que al parecer se labraron en piedra para una máquina del genial relojero e inventor

El impresionante ascenso por el interior de la Santa Cruz del Valle de los Caídos.

Juanelo Turriano (que sirvió a las órdenes de Carlos V y Felipe II), José Luis hizo un comentario sobre ellas y el enigma que representaban:

—Nadie sabe para qué habían de servir, aunque se dice que quizá formaban parte de un sistema para abastecer de agua a Toledo. Conjeturas. La verdad es que estaban tirados en medio de la cantera. Turriano era un ocultista de renombre y se dice que inventó autómatas. Cualquiera sabe qué pretendía hacer con esas moles.

Cruzamos el viaducto que libra el gran desnivel entre montes y enfilamos ya el tramo de carretera que nos condujo hasta el edificio que alberga la cafetería y la base del funicular que asciende hasta el arranque de la gran cruz [1]. José Luis hizo desde allí una llamada y enseguida apareció una furgoneta azul que nos llevó hasta el lado opuesto a la entrada de la basílica, donde se hallan la hospedería y el monasterio que Franco también instituyó en el Valle. Por la parte de atrás nos esperaba un simpático electricista con el que accedimos al interior de la montaña por un largo túnel, hasta un moderno ascensor en que ascendimos los ciento cincuenta metros que nos separaban de la base de la cruz. Allí arriba seguimos

---

[1] La más grande del mundo, con ciento cincuenta metros de altura, equivalente a la emblemática Torre Picasso de Madrid. El Cristo de Corcovado, por establecer una comparación, solo mide treinta metros.

camino hasta otro ascensor, este mucho más estrecho, de la firma Schneider y curiosa forma octogonal, que recorría el interior de la cruz y alcanzaba el crucero, a unos cien metros más, aproximadamente, de altura. El electricista lo puso en marcha y comprobó que funcionaba con normalidad, dado el uso casi nulo de su motor.

Aquello era como el *Viaje al centro de la Tierra* pero al revés. Desde la «estación» del crucero a los brazos propiamente dichos había un tramo de escaleras de caracol metálicas verdaderamente claustrofóbico, de cincuenta centímetros de anchura y la altura de un hombre de estatura algo mayor que la media. José Luis nos condujo, con su potente linterna militar, hasta la trampilla por la que se accedía al exterior. Unos pocos peldaños verticales enlazaban con una portezuela de pestillo que solo se podía atravesar de rodillas: la genuflexión de humildad en la mayor cruz del mundo. Lógico y paradójico a la vez.

Primero salió David. Luego Ángel. Por fin, José Luis emergió desde la oscuridad de la cruz para ver atónitos a sus dos amigos. Ambos miraban a todos lados mientras se aferraban a la barandilla de un metro escaso de altura que bordeaba el brazo. Por debajo de ellos, el vacío. Ángel se atrevió incluso a subir por una escalerilla adicional que permitía ganar un poco más de altura sobre el brazo de la cruz, ya sin defensas ante un eventual golpe de viento.

La vista era espléndida, pero aún quedaba lo mejor: la cúspide, a ciento cincuenta metros sobre la base y otros ciento cincuenta sobre la explanada; es decir, una columna sobre la que se hallaban a trescientos metros de altura total sobre la entrada a la basílica.

Hasta allí llegaron tras recorrer otro tramo de la escalera de caracol estrecha, y luego ya por otra más abierta. En lo alto había una trampilla de metal, protegida de los embates del viento por un pestillo y un cable atado a la escalera metálica casi vertical que permitía salir fuera. José Luis lo desató y descorrió el pasador. Luego levantó la trampilla. El cielo era igual de azul que abajo, pero estaban un poco más cerca de él.

—¿A qué altura sobre el nivel del mar estaremos desde aquí, José Luis?

—Dejadme que lo piense… A ver, unos mil cuatrocientos metros abajo del todo, más trescientos, hacen unos mil setecientos, aproximadamente.

José Luis, por su experiencia y por seguridad, salió el primero. Luego lo hizo Ángel y por último David. Increíble es una palabra poco adecuada para la sensación que allí arriba se experimenta. Es como estar en una

Vista desde la cúspide de la Santa Cruz.

columna, no en un edificio al uso. Sin referencias, la elevación parece irreal, demasiada, como de sueño o de pesadilla.

Allí no hay barandilla ni nada que se le parezca. Tuvimos que estar agarrados a los pararrayos o a la jaula de Faraday [2] que protege de las descargas a la veleta con anemómetro que corona la cruz. Los días de más viento, este alcanza los ciento cincuenta kilómetros por hora de velocidad.

—¿No hubiera sido mejor estar atados por la cintura a la escalerilla con cuerdas de alpinista?

—Hoy no es necesario. Hace muy poco viento. Es un riesgo calculado. Cuando los riesgos son calculados, el peligro es mínimo.

—¿Tú crees que Franco subió alguna vez hasta aquí?

—No lo creo, pero en realidad lo ignoro.

José Luis fotografió la veleta y la jaula, con la pintura de protección algo oxidada por las inclemencias del tiempo. Mientras, David y Ángel contemplaban el paisaje, la enorme caída y hacían sus propias fotos como

---

[2] Armazón de malla metálica que impide la entrada de corrientes eléctricas en un espacio y que, como ejemplo cotidiano, tenemos en los automóviles con las ventanillas cerradas, que pueden actual como jaulas de Faraday si un rayo alcanza el coche, lo cual los hace tan seguros en esas circunstancias.

testimonio de aquella conquista. En ese preciso momento, el Everest o el K-2 no les hubieran sabido a tanto, porque aquello era un privilegio restringido a unos pocos científicos. Algo memorable.

José Luis les explicó que unos instrumentos registraban y controlaban los movimientos de la cruz debidos a la presión del viento.

—Aquí arriba, los movimientos llegan a una magnitud de varios centímetros. La figura que describen esos movimientos es como una especie de espira que, científicamente, se denomina *curva de Lissajous,* y resulta de la composición aleatoria de dos movimientos senoidales de distinta frecuencia, es decir, que no se trata de una curva con definición analítica. Son figuras cerradas, lazos, lóbulos muy curiosos. También hay un instrumento bajo la cripta que mide mareas terrestres. El día del entierro de Franco, la gráfica marcó un quiebro por la carga que hubo de soportar el suelo de la basílica con los asistentes a los actos religiosos. Todo esto está «vivo».

Al margen de aquellas explicaciones tan interesantes del sabio profesor, estábamos en un lugar que invitaba a la reflexión. Un monumento gigantesco, cuya función de albergar muertos cristianos de ambos bandos en la Guerra Civil no parecía restañar ninguna de las viejas heridas. Cuentan que después de una victoria del ejército francés en la campaña de Rusia, Napoleón Bonaparte recorría sobre su caballo, en silencio, el campo de batalla. Uno de los cascos de su montura pisó el cuerpo de un hombre tendido en el suelo, supuestamente muerto, que le hizo emitir un aullido de dolor. Napoleón estalló en cólera al verlo. Gritando, ordenó que se atendiera al moribundo y preguntó por qué estaba allí abandonado. Uno de los oficiales franceses dijo, a modo de explicación, que no era más que un soldado ruso. Entonces, Napoleón, exclamó encolerizado: «¡Después de la batalla ya no hay amigos y enemigos, sino solamente hombres!».

Quizá el Valle de los Caídos tuviera la pretensión de significar algo parecido a aquella hermosa frase, nacida de una pro-

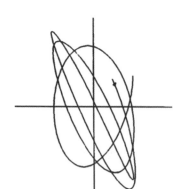

Una curva de Lissajous.

funda nobleza e integridad. Pero el hecho es que la ciclópea obra había sido construida en parte por *semiesclavos*, en parte por obreros a los que se pagaba menos de la mitad de un salario normal. Aquellos «Caídos por Dios y por España» reposaban en un lugar controvertido; una brecha profunda en la montaña y una aún más profunda brecha en los españoles de aquel entonces. Hoy, ya, al menos los jóvenes tienen los funestos acontecimientos de la Guerra Civil y la dictadura como algo *antediluviano*. Algunos deberían aprender de ellos. A menudo los jóvenes, sin la adulteración del tiempo, tienen más razón que los viejos. Sobre todo, no hay rencor en sus corazones.

Por eso, en la distancia, lo más importante era el respeto por aquellos muertos. Es difícil saber por qué se les llama «caídos», cuando ninguno de ellos cayó; antes bien, les hicieron caer, fueron abatidos. Es terrible que se llegue a matar de un modo organizado, y que todas las naciones lo hagan o lo hayan hecho.

Hubiéramos estado en lo alto de la cruz horas enteras, pero no era posible. La bajada fue más rápida y menos solemne que la subida. Desde ese momento, ya nunca volveríamos a ver el Valle de los Caídos con los mismos ojos. Aunque todavía nos faltaba mucho por saber; muchas cosas que nos darían una auténtica visión *diferente* de aquella grandiosa y faraónica obra.

Lo primero fue un detalle casi sin importancia, como una semilla que solo germina si se planta en la fértil curiosidad. Y nosotros estábamos ávidos de esa clase de semillas. José Luis nos contó una leyenda del Valle:

—En torno al altar, una cueva excavada en la roca, hay cuatro estatuas de Juan de Ávalos. Representan cuatro arcángeles: Miguel, Gabriel, Rafael... y Azrael. Los tres primeros muestran su rostro y miran hacia lo alto. Azrael, sin embargo, está tapado con una capucha y hunde su mirada hacia las profundidades. Es el ángel de la muerte. Sobrecogedor... Pues bien, dicen que en la soledad de la inmensa basílica, cuando todo está en silencio, a veces se oye un canto de mujer que emerge de la estatua de Azrael. Quienes lo han escuchado, tienen miedo. Los demás se ríen, pero ponen música en la megafonía para «tapar» ese posible cántico del otro mundo. Yo no creo en estas cosas, pero no puedo demostrar que no sean ciertas. ¡Quién sabe!

Quién sabe. En efecto. El profesor mostraba así su talante verdaderamente científico. Siguió hablando:

El arcángel Azrael.

—Este monumento tiene muchos elementos extraños. Su alineación con El Escorial y el monte Abantos, que queda en su centro, los tapices de Felipe II [3] que muestran escenas del Apocalipsis, este aire tétrico que todo lo envuelve, la simbólica madera de enebro en la cruz que preside al altar… Aquí hay muchas cosas que no se han explicado. Muchas.

Y tanto. Nos quedamos tan de piedra como la montaña que alberga la basílica. Queríamos saber más. Estábamos empezando a buscar el lado oculto de Franco para nuestro libro, y aquello pertenecía sin duda a esa parte suya más desconocida. Eran pistas que debíamos seguir. ¿Quién era Franco en realidad? Esta obra es un intento de descubrir y presentar algunas de las claves.

---

[3] Hoy se trata de reproducciones. Los originales se retiraron a los pocos años de ser inaugurado el Valle de los Caídos.

2

Una visión privilegiada

Hay hombres que, con independencia de sus ideas, por encima del juicio de la historia o el juicio moral de la posteridad, merecen ser respetados por haber sido íntegros en sus errores y sus aciertos. La integridad no garantiza que no se cometan fallos. Pero sí hace que un hombre o una mujer actúen con lealtad, con veracidad, con genuina franqueza. Este es, al decir de muchos, el caso del hoy *revisado* Ramón Serrano Suñer, abogado que emparentó con Francisco Franco al casarse con su hermana Zita y alcanzó en la política, sucesivamente, los cargos de ministro del Interior, ministro de la Gobernación, secretario del Consejo de Ministros y ministro de Asuntos Exteriores. Este último puesto, el más conocido, lo llevó a reunirse con los líderes de la Italia fascista y el III Reich alemán [1].

A pesar de su filiación política, Serrano Suñer fue, como hemos dicho, un hombre de acrisolada lealtad, es decir, no un incondicional, sino alguien fiel a quien repugnaban la adulación o el disimulo. Quizá por ello dejó para siempre los gobiernos de Franco en 1942, en un retiro prematuro. Desde la mente observadora y el juicio inteligente de este hombre, y a través de sus escritos, veremos qué decía de Franco, cuáles eran sus sentimientos hacia él, en el plano aséptico —o así debiera ser— de la consideración moral e histórica.

En lo que se refiere a su llegada al poder, Serrano no duda en afirmar que se debió no solo a sus méritos, sino también a circunstancias excepcionales, a la alianza de varias cuestiones: estar en el momento preciso y

---

[1] Manuel Vázquez Montalbán dice que Franco, por conveniencia, disfrazó su régimen de fascismo, que luego se fue transformando en un conservadurismo tradicional. Franco nunca estuvo políticamente en ningún sitio. Llegó a afirmar: «Nosotros no somos derechas, ni menos izquierdas, ni somos centro».

Ramón Serrano Suñer (foto Algaba®).

en el lugar adecuado, actuar con acierto y contar con la suerte. Esta es quizá la fórmula repostera del éxito de Franco, aunque posteriormente sus aduladores lo convencieran de que sus capacidades y la Providencia, unidas, le habían poco menos que garantizado el éxito.

Otro rasgo de Franco que destaca Serrano es el de tratarse de un hombre oportunista que utilizaba a los demás como instrumentos. De algo parecido se ha tachado a Winston Churchill, aunque este sin la prudencia y la capacidad de conciliación de Franco, pero sí con mucha mayor brillantez y audacia. Franco extendía su método oportunista a las ideas o incluso a los discursos. Su fondo intelectual y ético no llegaba a más. El fin justificaba los medios: aunque no siendo alguien siempre despiadado, eso también hay que decirlo. Más bien se creía por encima de las leyes o de cualquier cosa dicha. Él tenía el margen de libertad que el Estado negaba a los ciudadanos. Se puede decir, así, que no era un Aníbal al frente de sus hombres. Y, sin embargo, en ciertos aspectos era recto y austero hasta lo irritante, como se ha expresado en la introducción de este libro.

Fue esa plasticidad moral la que seguramente llevó a Franco a amoldarse a las circunstancias políticas del mundo a lo largo de casi cuarenta años, y así mantenerse en el poder de España con toda tranquilidad. Eso sí, amigo de las apariencias y las formalidades, de la ceremonia y de todo barniz exterior, Franco simulaba un profundo respeto de las leyes y normas. Sin embargo, su ejercicio plástico, como decimos, se puede comparar, no sin cierta sorna, con el famoso «doblepensar» que George Orwell introduce en su novela *1984*. Franco, más a la española, usaba el «donde dije digo, digo Diego». Lo hacía continuamente en beneficio de su estatus, del interés que él suponía para España, o de cualquier motivo útil. Al igual que en *1984*, sus discursos se modificaban en cada nueva edición, aunque ya no correspondieran a la realidad, tal y como fueron pronunciados. Lo único, en este marco, que Serrano Suñer admite de Franco es su voluntad de poder y su afán de encarnar ese poder de un modo omnímodo en su persona.

Decía Shakespeare, en *Julio César,* que los leones se cazan con lazo, los pájaros con red y los hombres con aduladores. Pues bien, Franco cayó en garras de los aduladores. Su jefatura del Estado y de los Ejércitos lo llevó a autoproclamarse «Hombre providencial, excepcional e irrepetible». Y esto es un síntoma de megalomanía que, curiosamente, no mostró en absoluto en otras ocasiones. Quizá debamos volver a lo ya dicho de que Franco no tenía en sí un afán materialista, sino *trascendente*.

Muchos de sus colaboradores más estrechos se sorprendieron cuando un general, llamado Bermúdez de Castro, escribió un artículo en el que comparaba a su jefe supremo con personajes históricos de la talla de Napoleón, Julio César o el emperador Carlos V; y no contento con eso, afirmaba que el *Caudillo* superaba con creces a todos ellos. Solo Alejandro Magno le hacía sombra, pero su prematura muerte también lo relegaba a mirar a Franco desde atrás. Algo inaudito, una falta de respeto, que todos creyeron sería censurado por Franco. Pero no resultó así, y Bermúdez de Castro llegaría lejos a partir de entonces.

Estas muestras vergonzantes de la más rastrera adulación, que envilecen a quienes las protagonizaron, se repitieron a menudo. Un periódico valenciano se atrevió a calificar de «bendita» una destructiva riada por el hecho de que esa catástrofe llevó a Franco allí de visita. Durante la celebración eclesiástica para ungir a Franco «Caudillo de las Españas», el obispo Eijo y Garay dijo: «En mi larga vida sacerdotal, mi Caudillo, nunca he incensado con tanto gusto como ahora», a despecho de haber incensado a Cristo. Hubo también una revista de frailes corazonistas que vaticinaba la ascensión de Franco a los cielos como cosa segura. Y otro obispo llegó a afirmar que «Como este hombre, jamás ha hablado nunca nadie».

Para ser un hombre tan obsesionado con la persecución de los masones, es curioso resaltar que, a pesar de las muchas reticencias iniciales, admitiera finalmente un regalo que provenía —en gran parte— de un industrial gallego masón llamado Barrió de la Maza. De este partió la idea de obsequiar al *Caudillo* el Pazo de Meirás [2]. Claro que, con la masonería, Franco tuvo una obsesión que cambió de partido. Primero quiso ser masón y luego persiguió a los masones, como veremos más adelante.

A pesar de estas cosas, mundanas y de escasa relevancia en nuestra época, mucho más materialista, Serrano siempre defendió que Franco entendía el poder como una responsabilidad, y no como una recompensa. Esto no es extraño en personas que se sienten «especiales»: el servicio a los ideales que profesan no les impide ostentar los cargos que sean necesarios, aun contra muchos hombres honestos y leales, como tantos y tantos españoles que nunca fueron franquistas.

Si bien en su hondo sentir creía mantenerse firme como una roca, Franco se dejó llevar en la práctica por caprichos personales. En la selección de colaboradores y ministros, a menudo designó a personas que no alcanzaban la categoría necesaria para ostentar sus cargos, y esto lo hizo por simpatías personales. Un rasgo apreciaba el *Caudillo,* en los hombres que lo rodeaban, que es más un vicio que una virtud: la sumisión. La lealtad quedaba en un segundo plano ante quienes se mostraban dóciles con su jefe. E igualmente la ausencia del rasgo podía significar destitución o apartamiento. Es indudable que también había en Franco algo de esa sagacidad que proverbialmente se le ha atribuido, como demuestra el famoso episodio en que preguntó a uno de sus colaboradores más estrechos si el individuo propuesto para alcalde de Madrid era hombre rico. Ante la incomprensión de su interlocutor, Franco explicó: «Si es rico, no tendrá motivos para robar». Y es que, como todos sabemos, a veces la honradez es como la carencia de garras.

Otro rasgo relevante del carácter de Franco fue su implacabilidad, que también «casa» muy bien con la conciencia de ser un elegido, un ser por

---

[2] También condecoró con la Gran Orden de Isabel la Católica, en 1948, a otro masón de origen gallego que había sido Gran Maestro de la Gran Logia de Costa Rica.

encima del bien y del mal comunes, al servicio de un bien y un mal superiores. Menos importantes son sus pequeñas extravagancias, como aquella ocasión en que obligó a la Real Academia Española de la Lengua, y a su director por aquel entonces, Ramón Menéndez Pidal, a eliminar del diccionario una acepción que consideraba insultante de la palabra «gallego»: *mozo de cuerda*. Increíble, pero cierto...

Estas veleidades y caprichos son el motivo de que, según Serrano Suñer, Franco se rodeara en algunos casos de personas muy mediocres. Cita el caso de uno de sus ministros, José Luis Arrese. En tiempos de gran austeridad, necesaria en una nación aún quebrantada por la guerra, esta luminaria intelectual propuso crear un embutido de delfín según una receta de su invención; y, lo que es mucho más grave, en el colmo de la perversión culinaria quiso eliminar la para él opulenta mayonesa en las comidas. Menos mal que Franco no le hizo caso. ¡Qué hubieran hecho los pobres españoles sin la salsa que el mismísimo Auguste Escoffier, emperador de los *chefs*, calificó con toda razón de «reina de las salsas frías»!

Después de esto no nos extrañará saber que Franco solía pasar por encima de la racionalidad en muchos de sus pensamientos. Las personas entusiastas a menudo se ciegan ante sus propios deseos, olvidando la realidad. En cierta ocasión, Dionisio Ridruejo le planteó las carencias y necesidades de las clases menos favorecidas. Franco le contestó, dejándolo perplejo, que todo era cuestión de bicicletas: cuando el Estado pudiera proporcionar una bicicleta a cada obrero, los problemas sociales se resolverían solos. No menos sorprendente es la respuesta de Ridruejo: «Mi general, en el país hay muchas cuestas». Sea como fuere, si no las bicicletas, algún día serían los Seat 600 los que mejorarían la situación social por medio del consumo popular. Hay que reconocer, a la postre, que algo se salió ganando.

Más impactante por insólito es el episodio protagonizado por un indio, de nombre Sarvapoldi Hammaralt, que decía ser alquimista y aseguraba conocer el secreto de producir oro sintético. Esta especie de *Conde de Saint-Germain* oriental —que posiblemente fue un espía de la inteligencia británica— se había presentado en la ciudad de Salamanca, antes de que el primer Gobierno franquista se hubiera constituido formalmente. El *Caudillo* no le mandó echar de allí a patadas por farsante —ya que un verdadero alquimista jamás hubiera actuado como un vulgar mercachifle de secretos milenarios—, sino que lo escuchó en persona, le dijo que explicara sus métodos en el Cuartel General y, después, llegó a permitirle montar un laboratorio en la Facultad de Ciencias de la Universidad de Salamanca para sus «investigaciones» [3]. También en ese tiempo apareció por Salamanca un científico austriaco que había inventado supuestamente un combustible sintético a base de agua y lechugas. Se hicieran pruebas o no para demostrarlo, el hecho es que se publicaron en el *Boletín Oficial del Estado* las bases para las empresas que desearan optar a una licencia de producción del susodicho combustible acuolechuguero.

Pero volvamos a temas más serios, como el triste reconocimiento de Serrano Suñer de que Franco era un hombre situado en la cumbre del mando por azar, al menos en parte, y que se dejó caer en las redes de los aduladores. O lo que es aún más grave: cuando alguien se mostraba severo, duro, cuando se censuraba alguna de sus decisiones, cosa obligada por la lealtad, con razón o sin ella, el *Caudillo* apartaba al personaje molesto como un proscrito.

En 1947 se celebró en España el referéndum a través del cual Franco quedó nombrado jefe de Estado con carácter vitalicio y con derecho al nombramiento de sucesor. Fue elevado por las Cortes al rimbombante título de «Caudillo por la Gracia de Dios». Serrano afirma que Franco siempre tuvo esa intención de que sus cargos al frente del Estado y el Ejército tuvieran un carácter vitalicio. Lo que no está tan claro es que le importara la continuidad del régimen más allá de su propia persona. Es cierto que dispuso las vías para esa continuidad, pero no lo es menos que, en sus últimos años, concedió poder a quienes, desde dentro, ya trabajaban por que ese régimen totalitario se convirtiera después en una democracia. Pero puesto que a Franco no se le concede una aguda visión política, quizá esto sucedió al margen de sus designios, o relativamente al margen. Es posible, también, que una vez más Franco, como hombre de mil rostros, hiciera con esto lo que hizo siempre con los grupos de poder que lo sustentaban, como la Falange, las fuerzas católicas, la Iglesia misma, etc.: apoyarse en ellos pragmáticamente, según su conveniencia.

Más adelante veremos, a través de las ideas de un psiquiatra tan relevante como Juan Antonio Vallejo-Nágera, cómo afecta el poder al hombre poderoso. Por su parte, Serrano Suñer define a Franco como carente

---

[3] Si el servicio de inteligencia británico recurrió a un supuesto alquimista, eso tuvo que ser porque conocían las aficiones esotéricas de Franco. Lo cual demuestra que las tuvo.

de los rasgos propios de los grandes líderes: su base política, como ya se ha dicho, era poco consistente; no era buen orador [4], hablaba con cierta blandura y resultaba escasamente convincente; su presencia personal —excepción hecha, al decir de muchos, de su mirada—, era en nada impresionante, y se comportaba con artificialidad. Ese fue el motivo, según Serrano, de que Franco se «refugiara» en el culto a la personalidad.

Franco investido jefe del Estado en el Salón del Reino del Palacio de Oriente.

Al respecto de que Franco no fuera un gran orador, en sus notas recoge Serrano Suñer un fragmento de un discurso, pronunciado en el Banco de España en 1939, que parece increíble; aunque, como venía a decir Adolf Hitler en el tristemente célebre *Mein Kampf* [5] —y de mani-

---

[4] El escritor José María Pemán, siempre dado a las exageraciones, calificó a Franco como el peor orador que nunca hubiera existido en el mundo, lo cual sostenía en que su locución era enredada y torpe, y que hablaba de un modo infantil, moviendo de un modo casi mecánico la mano y con su voz atiplada.

[5] *Mi lucha.*

pular a las personas y a las masas el Führer sabía mucho—, no importa demasiado el sentido de un discurso siempre que se pronuncie con convicción y como si fuera una verdad absoluta y única. En todo caso, Franco no parecía dar la talla del orador que transmite esa sensación a su público. Es difícil, por tanto, justificar el fragmento del discurso que viene a continuación:

> Los soldados que salen de la entraña misma del pueblo se crecen en el vendaval y ya no hay barrera ni límites que se opongan a nuestro afán de Imperio. En esa revolución nuestra, y hablo de revolución sin que asuste la palabra, ¿es que a vosotros os asusta esta palabra por la que derribamos la frivolidad de un siglo? Bien sé que no os asusta que arranquemos los fracs y los vestigios del fatal espíritu de la Enciclopedia de Versalles. La aristocracia de España no se forjó en los salones, sino endureciendo la mano sobre el puño de la espada. Cuando los viejos guerreros se pusieron guante blanco y dejaron de tener las manos encallecidas por el uso de la espada, perdieron. Entonces muchas veces se ha hablado del Imperio y yo no afirmo que esto sea una palabra hueca. Yo os quiero así, recios, de manos callosas, y forjaremos el Imperio.

Y quizá aún más enrevesado y absurdo es este otro fragmento de un discurso pronunciado todavía en plena Guerra Civil. Su auditorio lo vitorea y sigue con fervor, aunque sea evidente que no hay una coherencia global de las frases. Por mucho que los discursos estén hechos para ser pronunciados, y no leídos, esto es *demasiado*. Empieza bien, con sentido y claridad, pero luego se descontrola, diluido en esa forma verbal de Franco que parece amalgamar lo incomprensible.

> Cuando se lucha en las trincheras como se lucha, cuando se muere en los frentes como se muere, cuando se defiende a España como la defienden falangistas, requetés y soldados, hay una raza y hay un pueblo. A esa lucha, a esa sangre generosa, a ese heroísmo tiene que corresponder la retaguardia vibrando, animando al centinela, animando al combatiente, llevando los ánimos de España para acabar pronto con la paz y que triunfe la justicia en nuestro pueblo con los ideales que están grabados en el corazón de todos los españoles, de justicia, de fraternidad, de amor a España, de grandeza de la Patria que es este movimiento, todo grandeza, el abrazo entre todos, porque tenemos que construir y llevar un camino grande, y seguir llevando sobre los hombros de los españoles el imperio legendario y tradicional que la juventud española forjará, y lo forjará porque lo está ju-

rando con su sangre pródiga, porque lo está diciendo en los campos de España, y porque está en el corazón de todos los españoles que gritan ¡arriba España!

Se trata de un tipo de discurso insólito, como la famosa y proverbial frase antiliteraria: «Era de noche y sin embargo llovía». Aunque esta fraseología hinchada y, a menudo aunque no siempre, vacía, es típica de la época y del Régimen. Como muestra, citaremos unos fragmentos de la *Breve historia de España,* escrita por José María Pemán y favorita de Franco. Con ojos de hoy, esto suena a desvarío. Veamos...

Hablando de fraseología, en el apartado titulado «Brillo puramente exterior de la civilización árabe» encontramos esta curiosa reivindicación lingüística:

> ... casi todas las palabras que los árabes dejaron en nuestra lengua son nombres de colores, de flores, de perfumes, de cosas de lujo y adorno. Árabes son, por ejemplo: «añil», «amarillo», «carmín», «azucena», «adelfa», «jazmín», «azahar»; todo lo blando, bello y superficial. ¡Pero «Dios», «espada», «patria» o «rey», esas son palabras romanas!

Muy al gusto franquista, Pemán recoge la legendaria conversación de la reina Isabel la Católica —título que le otorgó, por cierto, el papa Borgia— con quien fuera uno de sus más apreciados confesores:

> Cuando por primera vez fue a confesarse con fray Hernando de Talavera, su sabio y virtuoso confesor, como la Reina no se arrodillase, porque no era costumbre entonces de los reyes, el fraile la mandó arrodillar, diciéndole:
> —En el confesionario no hay reyes ni vasallos: sino solo penitente y confesor.
> La Reina se arrodilló y dijo:
> —Este es el confesor que yo quería...

Nos sonrojamos de estupor al leer este fragmento, justificando la expulsión de los judíos de España:

> España sostuvo siempre la doctrina católica de que todos los hombres, sean de la raza que sean, pueden salvarse y recibir la gracia de Dios. Lo que España castigaba no era la raza ni la sangre: era el delito religioso, y político, de los que atacaban nuestra Fe, base de nuestra Patria. La prueba es que a los que de veras se convertían para nada se les molestaba.

En este párrafo podemos apreciar que Pemán adquiere los tintes decimonónicos del padre Coloma cuando, atribuyendo el mal que menciona a la masonería, dice:

> ... la «libertad de imprenta» dio lugar a montones de papel impreso que, con lenguaje cada vez más atrevido, llevaban al pueblo el veneno de todas las impiedades. No tardó en salir un librito [...] donde se hacían de las cosas sagradas los chistes más irreverentes y se decían las mayores blasfemias.

Cargada de desprecio, no tiene desperdicio esta forma de definir, por medio de una sucesión de imágenes, cómo fue la institución de la República en España en 1931:

> Horas después las calles de Madrid se llenan de gritos, manifestaciones, banderas. Cruzan camiones con mujeres alegres y malos estudiantes. Los tranvías van llenos de gentes que vociferan en los estribos y en el techo. Se improvisan coplas chabacanas. Ya se puede decir otra vez de España, lo que el lenguaje vulgar dice de todo lo que es desorden, desarreglo y lío: «Esto es una República»...

Pero ya es hora de volver con Serrano Suñer [6], que nos cuenta cómo Franco llegaba a compararse con los Reyes Católicos en la magnitud de su empresa, casi a la altura de Cicerón cuando, en el colmo de la pedantería, dijo en el Senado: «Me parangonaría con Rómulo si no fuera porque haber salvado Roma es algo muy superior al hecho de fundarla». Pues bien, el Caudillo marcaba un salto entre los tiempos de Isabel y Fernando y *su* España. Todo lo demás era poca cosa. De este modo, por medio de algunos discursos infortunados —más de lo normal—, Franco fue perdiendo ante los ojos de muchos su fama de proverbial prudencia.

Más duro es Serrano al resaltar lo grotesco que, en su opinión, resultaba Franco, en su corta estatura, rodeado por la guardia mora —que califica de exótica y anacrónica—, y ataviado con su rimbombante uniforme de capitán general de los ejércitos, lleno de entorchados, collares y medallas, y aderezado aún más con las guindas del sable y el bastón de

---

[6] Para mayor información, consultar *Serrano Suñer, conciencia y poder,* de Ignacio Merino, Ed. Algaba, Madrid, 2004.

mariscal. ¿Megalomanía? Quizá. Probablemente. Aunque también podría tratarse, en parte, del boato y la «puesta en escena» de que se sirven muchos líderes para aumentar el aura de trascendencia de sus cargos.

En todo caso, a través de esta aguda visión crítica de Ramón Serrano Suñer hallamos algunas —muchas, a decir verdad— de las principales claves que nos permiten entender la personalidad de Francisco Franco, sus manías y miedos, sus gustos, sus íntimos anhelos [7], etc. Esta personalidad esbozada nos permitirá tener, en nuestra paleta de pintores de la escritura, los colores que nos sirvan de base en el resto de este libro. Trataremos de entender no solo lo que Franco hizo, sino por qué lo hizo, cómo se sintió, adónde lo condujo; trataremos —es necesario reiterarlo— de entender a ese otro lado de Franco, también real, que ocupaba una parte de la mente y el corazón del *Caudillo*.

---

[7] ¿A quién no sorprende saber que Franco, de niño, rompía a pedradas los faroles de El Ferrol?

3

Religión y misticismo

FRANCISCO Franco hizo una fulgurante carrera militar que podía haber acabado, en realidad, muy pronto. La guerra de Marruecos le dio la oportunidad. Él era arrojado. Algunos quisieron ver un genio estratega, mientras que otros le conceden solamente el valor táctico. Hay quienes sostienen, incluso, que su osadía suplió su categoría como militar, que «no era tan bueno como se cree». Pero esa osadía solo lleva al éxito si se cuenta con la suerte como aliada. Así lo creyó el enemigo, los moros de aquel entonces. Ante los éxitos de Franco crearon un aura de leyenda en torno a él: Franco tenía *baraka*, estaba protegido por fuerzas superiores.

Qué es la *baraka*

La suerte, tal y como la entendemos en el mundo occidental, es algo más bien lingüístico. En nuestro acervo cultural está impreso el significado, pero lo usamos de un modo «ligero». Cuando queremos significar algo más, hablamos de Destino, de Sino o, incluso, de Providencia. El Destino ha sido muy atacado por científicos y filósofos desde el siglo XIX; y la Providencia queda solo en manos de las personas de fe religiosa. Sin embargo, permanecen ambos conceptos en nuestra memoria colectiva y hay quienes defienden su verdad, como Albert Einstein o los teólogos más competentes. No entraremos aquí a discutir sobre esto. Pero nos sirve para oponer el concepto de «suerte» que nosotros manejamos con esa «baraka» que los moros de Marruecos atribuían a Franco.

La baraka es la suerte divina, la protección que el cielo derrama sobre los elegidos. Más tiene que ver con la Providencia, por tanto, que con la suerte que uno desea a alguien cuando, por ejemplo, compra un décimo de lotería. Quizá también pueda asimilarse al concepto de suerte providencial («se le ha aparecido la Virgen»), aunque con un sentido continuado, no puntual sobre un cierto acontecimiento o suceso [1]. La baraka entronca con los chiitas y el concepto sufí. La desprende un hombre santo, y solo por el hecho de estar en su presencia se produce la bendición. Es el vehículo por el que el maestro comunica la «gracia» a su discípulo. Antiguamente se iba en peregrinación a los morabitos —tumbas de eremitas o santos musulmanes—, ya que se creía que el lugar donde reposaban estaba bendito y producía milagros. En lenguaje moderno se podría llamar «estrella».

Franco en Marruecos.

Desde los tiempos en que Francisco Franco era un canijo cadete en la Academia Militar de Toledo, muy bajo para su edad, con un fusil a medida, vocecilla sin energía y víctima de las burlas de sus compañeros, hasta que su carrera militar experimentó el fulgurante avance en Marruecos que lo encumbró a la fama en toda Europa como general más joven del continente [2] en aquel momento y desde Napoleón Bonaparte —comparado incluso con este por edad y brillantez—, desde esos tiempos, la leyenda de que tenía baraka se justifica a través de numerosos episodios.

---

[1] El diccionario de la RAE recoge la palabra «baraca», derivada de *baraka*, y la define como el don divino que, en Marruecos, se atribuye a los jerifes morabitos.

[2] A Franco se le estudia todavía en la famosa academia militar norteamericana de West Point.

Él mismo, con el sentimiento de que los hilos del destino lo guiaban por el camino de los elegidos, siempre estuvo rodeado por un grupo de aquellos magrebíes que primero le habían hecho ver esa «verdad»: la guardia mora. ¿Fue este cuerpo militar una extensión de las tierras de Marruecos, una especie de talismán de protección y continuación de su baraka? Más allá de la simple pompa y el boato de que Franco quiso dotar a su representación de poder externa, ¿tuvo en la guardia mora un papel que excedía ese deseo?

El destino y la superstición se funden cuando comprobamos que Franco estaba siempre atento a los signos. Trataba de enfocar esa realidad escondida para el común de los mortales y, en ella, leer lo que le dictaba la Providencia. Así, actuaba a menudo como un hombre supersticioso, por más que en su ánimo, en su fuero íntimo, creyera que aquella era la llamada del destino, del que se sentía hijo y elegido. Quizá sea exagerado, pero es posible que Franco se creyera un *mesías* de España y de los españoles. Esto puede ser exagerado, pero no es descabellado.

Durante la Guerra de África, en la decisiva campaña del Rif, Franco consultó en más de una ocasión a una vidente que se hacía llamar Mersida. El verdadero nombre de esta mujer era Mercedes Roca, en parte de origen bereber. Franco le hizo preguntas relativas a la marcha de la guerra de África y también le consultó sobre sus personas más cercanas. En todo caso, esto no significa que creyera en lo que le decía. Podría ser como aquel emperador romano que pasaba por hombre interesado en la filosofía, la sabiduría y los conocimientos humanos, porque llevaba siempre en su carro, junto a él, a un conocido filósofo. Pero no; cuando este murió, el emperador reconoció que nunca había entendido una palabra de lo que le decía. Ni siquiera lo escuchaba. Le gustaba que le acompañase y le fuese hablando por el efecto relajante de su cálida y agradable voz. Nada le importaba lo que estuviera diciendo.

Las profecías sobre Franco

Se ha interpretado una profecía del más famoso profeta de todos los tiempos, Nostradamus, en relación con Franco. Para quien quiera refrescar su memoria, Nostradamus, llamado Michel de Notre-Dame, fue un hombre sabio: médico que combatió la epidemia de peste, astrónomo atento a la observación del firmamento, profeta cuyos aciertos superan la simple probabilidad o la *intencionada* interpretación. Aunque su origen fue judío, él era cristiano de religión. Nació en Francia, concretamente en la Provenza en 1503, y murió en 1566 en el mismo país. Aunque la astrología no era una actividad admitida por la Iglesia, Nostradamus vivió y murió como cristiano y recibió sepultura en terreno bendito. Quizá esto se debe a que él siempre atribuyó su don de la profecía a la influencia de Dios, a su inspiración directa, ya que para él la astrología únicamente le daba el conocimiento del tiempo en que los hechos revelados acontecerían. Además de sus muchas profecías cumplidas, anunció con acierto su propia muerte, detalles incluidos, que se produjo como él había dicho, aunque un año más tarde.

Sus profecías más famosas son las *Centurias astrológicas*, compuestas por series de cien composiciones de cuatro versos cada una, con rima, llamadas «cuartetas». Veamos la cuarteta que podría referirse a Franco:

Centuria IX, cuarteta 16

De castillo Franco saldrá la asamblea,
El embajador no grato será cisma:
Los de Ribiere estarán en la pelea,
Y en el gran abismo negarán la entrada.

La posible interpretación es esta: Franco, citado así literalmente, sale de la asamblea como jefe de Castilla, que simboliza a toda España. El «embajador no grato será cisma» da idea de que hubo oposición, como después se especifica con «los de Ribiere». Con ese apelativo podría referirse al fundador de la Falange, José Antonio Primo de Rivera, de apellido similar fonéticamente. La oposición entre Franco y José Antonio existió, a pesar de que el primero alabara al segundo y celebrara la fecha de su muerte, o lo hiciera enterrar en la basílica del Valle de los Caídos. El sentido de «el gran abismo», si esta interpretación es correcta, es la Segunda Guerra Mundial, en la que España no intervino directamente, es decir: «negarán la entrada», quizá gracias de algún modo a «los de Ribiere».

Según Jean-Charles de Fontbrune, uno de los mayores expertos modernos en interpretación de Nostradamus, existe otra cuarteta —de traducción algo confusa— que se refiere al anarquismo español, el exilio del rey Alfonso XIII y el levantamiento de Franco en la Guerra Civil:

Centuria I, cuarteta 19

Cuando serpientes vengan a circundar el ara
La sangre troyana vejado por las Españas:
Por ellos gran número habrán sido mermadas,
Jefe huye, escondido en el pantano entre cañas.

La interpretación, basada en la de Fontbrune, podría ser algo así: La sangre de los Borbones sufrirá vejación en España por causa de los anarquistas, que también matarán a muchos. Pero un jefe, que se puede asimilar con Franco, los expulsará y les hará esconderse para evitar que su sangre se derrame. La mención a las cañas podría referirse a Valencia, adonde se trasladó el Gobierno de la República.

Confidencias de uno de los últimos integrantes de la guardia mora

Quién sabe si Franco quiso traerse a la Península un poco de esa baraka marroquí cuando creó la vistosa guardia mora. Es difícil de saber, pero no resulta en absoluto una idea irrazonable como posibilidad, en ese mar de incertidumbre histórica al respecto de muchas de las intenciones o sentimientos ocultos del *Caudillo*.

Detrás de su jefe, desfilaron los batallones de regulares moros en Madrid después del final de la guerra. Combatieron con los nacionales contra la República. Fueron feroces, como se les pedía. Demostraron gran valentía en las batallas en que intervinieron. Hoy están olvidados, y algunos de ellos, los últimos, reciben algún dinero del Estado español.

En todo caso, los moros que vinieron con Franco a partir de la Guerra Civil, se fueron estableciendo en el barrio madrileño de Tetuán, al que pusieron ese nombre porque les recordaba a su patria; y también en un barrio de El Pardo llamado Mingorrubio, que se creó ya desde el principio como una colonia militar. Allí vive hoy uno de aquellos hombres, Jaime Mohan (ha adoptado un nombre de pila español). Perteneció a la guardia mora hasta 1956, y luego pasó al ejército. Él mismo nos aclarará algunas de las incógnitas del cuerpo al que perteneció y de su servicio a Franco.

Mingorrubio dista del núcleo de El Pardo poco más de un kilómetro en dirección al embalse —que construyó Franco— y al cementerio. Su arquitectura, formada por casas bajas con buhardilla, recuerda a la del «poblado» del Valle de los Caídos. No en vano su construcción es coetánea y el arquitecto que las diseñó, el mismo. Allí, en Mingorrubio, viven todavía dos miembros de la guardia mora. Son los últimos representantes de este cuerpo que residen en la zona. Ambos entraron en ella en los años cincuenta, década en que se disolvió definitivamente. Quizá Franco, rehecho del peligro de perder el poder gracias a las alianzas con los Estados Unidos y la entrada de España en la ONU, no necesitaba ya baraka. Se sentía fuerte, tanto como para llevar en su mano las riendas por medio de su capacidad de adaptación a las condiciones y circunstancias políticas y sociales.

—¿Por qué cree usted que Franco quiso tener una guardia personal compuesta por marroquíes?

—La verdad es que no lo sé. Era una cosa bonita, vistosa. En Marruecos empezó a ascender en su carrera militar y luego le gustó tener un grupo de escoltas de infantería y caballería. En las zonas española y francesa de Marruecos siempre hubo soldados moros. Franco fue destinado a África porque había muchos rebeldes y consiguió hacerse amigo de los soldados marroquíes. Siempre le tuvieron gran respeto y consideración.

—También comenzó allí su leyenda como hombre protegido, con baraka, ¿no es cierto?

La guardia mora.

—Eso no lo sé. No soy una persona religiosa.

—A ese respecto, ¿se les permitía a ustedes mantener su propia religión, o tenían que ser cristianos?

—No, no, en absoluto. Se permitía la religión de cada uno. No hacía falta ser cristiano. Había culto en el propio cuartel, con un clérigo musulmán. No había ningún tipo de problema con eso.

—¿Estaban ustedes bien integrados?

—Los mandos eran todos españoles. Estábamos bien integrados. Se nos respetaba, había camaradería, aunque también un poquito de racismo. No se decía, pero se notaba.

—¿Racismo? ¿Como ahora o más que ahora?

—Siempre ha sido igual, creo yo. No hay más racismo ahora ni antes.

—¿Cómo era la relación de la guardia mora con Franco?

—Distante, fría. Él no se mezclaba en nada. Le servíamos y ya está. Como cuerpo se nos respetaba completamente. Éramos lo más vistoso. Pero nuestra relación directa con Franco, casi nula. Era un hombre muy serio. Todo era muy serio.

Jaime Mohan parece un hombre algo desencantado, conciso en sus respuestas, poco hablador. Quizá piense que podemos perjudicarlo en este libro. Al contrario. Cuando él sirvió en España no lo hizo por cuestiones políticas. Y eso hay que respetarlo siempre. Los tiempos cambian, pero las personas que permanecen han de seguir viviendo. Los marroquíes de la guardia mora fueron soldados al servicio de una sociedad española que cada vez avanzaba más rápidamente. Han quedado en el pasado, absorbidos por el futuro, olvidados. Que este libro sirva para recordarlos.

—¿Por qué se disolvió la guardia mora?

—Por la independencia de Marruecos de España y de Francia. Los franceses tenían preso al rey Mohamed V. Cuando lo soltaron y se independizó el país, Franco tuvo que renunciar a este cuerpo. Ya no habría más marroquíes para engrosar sus filas. En 1956 Francia y España reconocieron la independencia de sus protectorados.

Aires de Cruzada: La «salvación de España»

El 17 de julio de 1936, día del Alzamiento, el general Sanjurjo volaba desde Portugal —llevaba allí exiliado dos años— para tomar el mando de las tropas sublevadas. Pero muere al estrellarse su avión en un bosque.

Mola [3] moriría también más tarde. Hubo casos increíbles de casualidad a favor de Franco, como aquel episodio en que su conductor tomó, por primera vez y sin aparente motivo, una carretera distinta a la habitual el día preciso en que iban a detenerlo. O el barco en el que pasó por delante de unos agentes que tenían orden de asesinarlo y no lo hicieron. También es relevante, años atrás, el tiro que recibió en el estómago y que a punto estuvo de acabar con su vida. Eso ocurrió en Marruecos, durante una batalla. El médico que reconocía a los heridos en el campo de batalla desestimó llevarlo de regreso a la base. El tiro era «mortal». Franco le apuntó con su fusil y le amenazó: «Si yo me quedo, tú también». Ambos siguieron viviendo muchos años.

Nicolás Franco, hermano de Francisco, fue uno de sus mayores colaboradores y, en parte, artífice de su rápido encumbramiento. Su máxima intención era conseguir que Francisco acumulara todo el poder en su persona. Con ese propósito, y mediante fuertes presiones, consiguió que el 29 de septiembre de 1936, en Salamanca, su hermano fuera nombrado por la junta de generales sublevados Generalísimo de los Ejércitos y jefe del Estado.

Ya en 1937 empezó a rendirse tributo a Franco como «Salvador de la Patria». Además de esta última expresión, a él se fueron asociando otras, a cual más rimbombante, como «Glorioso Caudillo» o «Encarnación de las virtudes tradicionales de la Raza Española». Se llegó a decir que «los cañones de Franco son la voz del Evangelio». Con esta belicista frase, pronunciada en 1939, el arzobispo de Madrid saludó, lleno de gozo, la liberación de la ciudad por parte del *Generalísimo*.

De Franco, el papa Pablo VI diría: «Merece un recuerdo lleno de gratitud». Aunque el apoyo de la Santa Sede venía de antes. En alocución pública del año 1936 sobre la Guerra Civil española, el papa Pío XI habla ya de «mártires», y bendice a los defensores del «honor de Dios y de la religión». El futuro Pío XII añade entonces que todas las simpatías del Vaticano están con Francisco Franco. El día 1.º de julio de 1937, el Episcopado español publica una famosa pastoral en la que también le muestra su incondicional apoyo [4], y que inicia «oficialmente» la unión de la Iglesia y

---

[3] El general Mola escribió cuando fue apartado del ejército por la República. Llegó a publicar un tratado de ajedrez, bajo seudónimo extranjero, sin saber jugar siquiera.

[4] Sin embargo, dos obispos españoles en el exilio se negarían a suscribirla: el arzobispo de Tarragona y el obispo de Vitoria.

el Estado. Juan XXIII, por su parte, bendijo a Franco y a España el día 6 de junio de 1960 de este modo: «A ese católico país, a su jefe de Estado y Gobierno, con todo el amadísimo pueblo español».

Y sin embargo, puede sorprender a muchos el hecho constatado de que Franco no tuvo especial inclinación por los oficios religiosos hasta el momento en que se desposó con Carmen Polo, quien tuvo mucho que ver en la conversión del general. Fue su «influencia reformadora» a la que él sacó el jugo cuando le convino. Entonces habló de *Cruzada* y de defensa del catolicismo.

> Como en la República se concentran todos los enemigos de España, en el Movimiento Nacional se concentran todas las fuerzas de salvación. Dios las había querido conservar, en España, cada una en un arca o depósito sagrado.
>
> El Movimiento Nacional divide a España en dos zonas. No es una línea militar táctica y estudiada. Es la frontera caprichosa que resulta del altibajo de la pasión española. Donde hubo valor y espíritu, hubo zona nacional.
>
> Y como siempre que corren aires de Cruzada, todo lo más profundo y mejor del alma española sube a la superficie de la Historia. La juventud, que se creía dormida y floja, despierta con un ímpetu nunca igualado. Las madres sufren en silencio. En Navarra hay casos en que se alistan en un mismo regimiento un abuelo, un hijo y un nieto. En los hospitales se ven maravillas como la de aquel soldado que, agonizando entre agudos dolores, rechaza la morfina que le trae la enfermera y dice: «No: quiero morir sufriendo por Dios y por España».
>
> Y en frente, en la zona roja, tornan los primeros capítulos de nuestra Historia: los mártires, las catacumbas. La misa dicha con un vaso de cristal, un pañuelo y un pedazo de pan.

Esta es la visión del escritor afecto al régimen franquista, José María Pemán, que una vez más citamos en este libro. Es un discurso, con independencia del tinte político, claramente anclado en tiempos pasados, perteneciente a un mundo extinto. La distancia que hoy nos separa de esa clase de fraseología —o de la similar del bando contrario— se nos antoja enorme, mucho mayor que los poco más de cincuenta años transcurridos entre su redacción y nuestra época.

A despecho de esto, la chispa popular española sí estuvo presente cuando España fue expulsada de las Naciones Unidas. Por dicha causa, en Madrid se celebró una enorme manifestación de repulsa, más que a favor de Franco, en contra de los países que apartaban al nuestro de esa sociedad internacional. El impactante eslogan de los manifestantes era: «SI ELLOS TIENEN *UNO*[5], NOSOTROS TENEMOS *DOS*[6]».

El clero haciendo junto a Franco el saludo con el brazo en alto.

El nacionalcatolicismo

Quizá por convicción relativamente tardía, quizá por astuta conveniencia, Francisco Franco tuvo al catolicismo como un aliado fundamental a lo largo de todo su régimen. Como decíamos, al principio, él mismo se mostró lejano a la religión histórica de España. Luego, al casarse con Carmen Polo, de familia tradicionalista y católica, varió su conducta. Esa pudo ser la primera «conveniencia». Después, el Régimen en sí mismo se hizo católico y hasta se prohibieron los carnavales[7].

---

[5] United Nations Organization.
[6] Claramente se refiere, de un modo muy castizo, a «dos cojones».
[7] Aunque se ha dicho que en España siempre es carnaval.

En el Alzamiento propiamente dicho, ni siquiera se cita que existan motivos de defensa de la religión. Sin embargo, muy pronto se pasa al lado contrario y se habla de «Cruzada». Franco consigue amalgamar lo político, lo militar y lo religioso en un hormigón sólido que le sirve como base para encumbrarse. En la mentalidad popular empiezan a no distinguirse las fronteras entre lo religioso, lo militar, lo estatal. España está dirigida por soldados, a los que apoya el clero. Ese es el nuevo Estado.

Pero antes del finalizar la Guerra Civil todavía no estaba tan clara la fusión entre Iglesia y Estado. Las celebraciones cristianas se mezclaban, al estilo fascista o nazi, con otras celebraciones ajenas y neopaganas, como la «Fiesta de la Raza» o «Día de la Raza», conmemoración del espíritu tradicional del pueblo español [8]. Y al igual que los romanos al convertirse al cristianismo hicieron coincidir las fechas de las antiguas festividades paganas con las nuevas —por ejemplo, el nacimiento de Jesús con el solsticio de invierno—, así Franco las entremezcló igualmente en su beneficio.

Bajo palio.

La *Cruzada* obtenía sus propios símbolos, caracterizados por una comparación con la Reconquista y los tiempos en que la cristiandad luchó por recuperar Tierra Santa de los musulmanes. Los soldados cristia-

---

[8] Aunque parezca extraño, «raza» aquí simboliza más «pueblo», «patria» e «historia» que propiamente un grupo étnico humano. Por ello, luego se sustituyó el nombre por el de Hispanidad.

nos de Franco eran como los cruzados. Él mismo se identifica con un monje-guerrero. El apóstol Santiago recupera el apelativo de «Matamoros». La República es el enemigo infiel [9].

De esta manera, la reparación de las profanaciones perpetradas por los «rojos», llevaban directamente a la acción política y militar contra la República que —en la mente o la conveniencia de los rebeldes— criminalmente las instigó, las permitió o las toleró.

El poder «mágico» de las reliquias: El brazo incorrupto de Santa Teresa

Felipe II llegó a poseer varios cientos de reliquias, de las que se rodeó en El Escorial, como si tratara mediante su influjo benéfico de protegerse del mal y las desgracias. Franco, del mismo modo, creyó en la influencia de las reliquias. Esta confianza, que no casa demasiado con la doctrina de la Iglesia, pero que esta tolera sin embarazo por considerarla propia de la piedad sencilla y popular de las gentes, fue una constante en ambos hombres.

En España hay reliquias muy famosas y veneradas: el mayor pedazo de la cruz de Cristo en el monasterio de Santo Toribio de Liébana; el Santo Grial de la catedral de Valencia; la hostia incorrupta de El Escorial; el pañolón de Oviedo; el brazo incorrupto de Santa Teresa, etc.

Como era de esperar, lógicamente, Teresa de Cepeda y Ahumada —Santa Teresa de Jesús, Doctora de la Iglesia— tuvo en vida dos brazos. Uno de ellos, el izquierdo concretamente, acabó en poder de Franco. En su habitación del palacio de El Pardo, el *Caudillo* tenía el brazo dentro de un relicario. Por delante del cristal, observándolo al arrodillarse ante él, Franco oraba en el reclinatorio del mueble que lo albergaba en su interior. Este mueble se hallaba a la derecha de su cama, junto a la pared, un poco adelantado. Desde el lecho, Franco podía ver de soslayo, en todo momento, el brazo de Teresa de Jesús. Tenía gran devoción por ella. Se sentía protegido por esa veneración. Además, su admirado Felipe II se carteó con la santa, la defendió en varias ocasiones y la sacó de más de un entuerto con la Inquisición.

---

[9] Franco creía haber contado con el apoyo material del apóstol para vencer al ejército rojo durante la batalla de Brunete.

Mueble con el relicario en que Franco guardaba el brazo incorrupto
de Santa Teresa.

Franco cardenal

En diciembre de 1957 un nutrido grupo de ciudadanos españoles tuvo la «osadía» de pedir a la Santa Sede que Franco fuera nombrado cardenal, a pesar de no haberse ordenado antes sacerdote y de estar casado con una mujer [10]. El motivo era que, para ellos, nadie había hecho en España tanto por el catolicismo y por la Iglesia como el jefe del Estado. Creían que Dios mismo había señalado a Franco como piadoso guía de España, el país católico por excelencia. Era un servidor en la lucha contra los infieles, a los que venció en su Cruzada...

Pero ¿esta petición llegó a algún sitio? ¿Se consideró realmente la posibilidad de que Franco recibiera el capelo cardenalicio? Seguramente no; ni siquiera debió de plantearse en el Vaticano con un mínimo de seriedad.

---

[10] Teóricamente, cualquier cristiano puede ser nombrado cardenal y por tanto ser elegido Papa.

Y ello tanto porque la petición fue realizada de un modo no público, como por lo descabellado que hubiera sido de llegar a buen puerto.

El párroco de El Pardo nos habla sobre Franco y la religión

La iglesia de El Pardo, consagrada a la Virgen del Carmen, fue mandada construir en 1966 por Francisco Franco. Por ella han pasado varios párrocos desde entonces. El primero, don José, reposa en una tumba en su interior. El párroco actual de esa iglesia fundada por el *Caudillo*, don Pedro Luis, cumple su función en El Pardo desde el año 2000 y no pertenece a ninguna orden religiosa (diócesis de Madrid). Amablemente nos concede una entrevista para responder a algunas preguntas, preguntas que nos gustaría formularle sobre la visión actual de la Iglesia católica de ciertas cuestiones del pasado, que guardan relación con las actitudes religiosas del que fuera jefe del Estado y primer vecino del pueblo.

—Franco se consideraba a sí mismo un elegido. ¿Cómo ve el catolicismo a los «elegidos»?

—Todos somos elegidos. Para nosotros, los católicos, todos somos llamados y todos somos elegidos, ya que se nos entrega una misión. Cada uno la irá descubriendo a lo largo de su vida. Desde luego, solo para figurar no estamos. Si no, no existiríamos. Ese es un principio básico. La Creación no es algo fortuito. Cada uno de nosotros es útil al plan de Dios en el sentido más edificante del término.

La iglesia actual de El Pardo fue mandada construir por Franco.

—Pero ¿hay entonces unos elegidos que pudiéramos calificar de «especiales»?

—¿Especiales para qué? Esto es un tema muy complejo. En la Iglesia se consideran las llamadas específicas. Dentro del común, se consideran llamadas más específicas en el terreno religioso, sea o no laico.

—En casos en los que alguien cree que tiene esa vocación, que ha sido elegido o tocado por la divinidad, pero no para una función religiosa, sino política, como así parecía creerlo Franco, ¿qué postura tiene la Iglesia hoy?

—Son situaciones muy complejas... «Caudillo por la Gracia de Dios». Me parece que no hay que olvidar el momento concreto en que se produce cada acontecimiento o vive un cierto personaje. Las circunstancias previas a la Guerra Civil son muy dolorosas. Se vino fraguando un anticlericalismo terrible, brutal, que llevó a atribuir a la Iglesia todos los desmanes e injusticias. Algo muy parecido a lo que estamos viviendo ahora. Empieza un laicismo muy gratuito. No se da la verdadera grandeza de la democracia, que es respetar lo que no se comparte. Al respecto del apoyo a Franco, bueno, que la Iglesia tiene en determinados momentos actuaciones poco afortunadas, pues es algo evidente, porque está formada por seres humanos. En los años treinta y durante la República fraguó ese anticlericalismo que he mencionado. Cuando Franco se levanta en armas, y lo hace, o dice hacerlo, en nombre del catolicismo y en nombre de Dios, pues es humano que en aquel momento la Iglesia, o algunos eclesiásticos, se pusieran de su lado, pensando que quizá era un salvador.

—Pero ese apelativo de «por la Gracia de Dios»...

—En realidad esa era una fórmula que ya tenían los reyes, aunque hoy en día no se aplicaría ni siquiera a estos. Antes era la fórmula, que el Rey ya desde su proclamación no utiliza. En la Iglesia solamente se considera todavía en los documentos oficiales, en relación con obispos, cardenales, etc.

—No es lo mismo.

—No, ciertamente. Pero esa fórmula no hay que interpretarla en un sentido literal, como si de repente un buen día Dios dijera «tú vas a ser el Caudillo de España...». No, no, en absoluto.

—La Iglesia de Roma también mostró su apoyo a Franco. El Papa felicitó a Franco por su victoria en la Guerra Civil. También le dirigieron buenas palabras Juan XXIII y Pablo VI. ¿Cómo puede interpretarse esto?

—Pues igual que cuando Juan Pablo II visitó a Fidel Castro y estuvo con él muy cercano y efusivo. ¿Eso significa un apoyo al régimen de Fidel Castro? No. Significa que la política es así, y que hay veces que se hacen las cosas para evitar males mayores. Pablo VI fue considerado en España, por ciertos sectores, como «rojo rojísimo», masón y antifranquista. Yo he visto pancartas, no solo de «Tarancón [11] al paredón», sino también de «Pablo VI al paredón»... El Papa es también jefe de un Estado y tiene que jugar con equilibrios políticos. ¿Que esto sea muy evangélico...? Bueno, tampoco Jesucristo se definió políticamente de un modo muy claro.

—«A Dios lo que es de Dios, y al César lo que es del César».

—Efectivamente. Jesús no se levantó contra los romanos. No es que yo quiera extrapolar esto, pero la política es así, porque las personas somos así. El compromiso evita conflictos.

—Otra cuestión es que quizá Franco intentó transmitir al pueblo que él estaba guiado por la Providencia. ¿Admite la Iglesia que hay personas verdaderamente guiadas por la Providencia?

—¿Qué es la Providencia? No es otra cosa que el intento de una persona de buscar la voluntad de Dios y seguir su voluntad. En tanto que voy respondiendo en mi vida al plan de Dios, estaré guiado por la Providencia. Otra cosa es que yo quiera hacer pasar mis deseos por deseos de Dios, pero eso es falso. Lo providencial es tener los cinco sentidos abiertos para percibir lo que quiere el Señor, aunque sea con dudas, porque una claridad total, meridiana, beatífica, solo se tiene en el más allá. ¿Franco fue un hombre providente? Pues habrá cosas en que sí y habrá cosas en que no. En tanto en cuanto siguió el plan de Dios, sería un hombre providente.

—Aunque quizá lo utilizase también como arma política.

—También, claro. Todo lo que fuera en su propio interés, ya no era el plan de Dios.

—Franco iba bajo palio, nombraba obispos... ¿Un hombre verdaderamente cristiano se permitiría a sí mismo esto? ¿Es esto propio de un cristiano?

—Lo del palio ha sido una costumbre tradicional, que pertenece al pasado pero que en España quizá duró un poco más. El rey don Juan Carlos el día de su coronación entró bajo palio, aunque luego lo eliminaría. No era una cosa de Franco, sino una tradición de la historia de la Iglesia. Ya solo se utiliza para el Santísimo y nada más que para el Santísimo, como en el día del Corpus. Ya nadie va debajo. Durante siglos era un

---

[11] El cardenal Vicente Enrique y Tarancón se lamentó a principios de los años setenta de la posición de la Iglesia en la Guerra Civil, al tiempo que abogó por las libertades políticas en España.

signo de acogida a los grandes personajes, de la política, como reyes, emperadores, jefes de Estado, con todos los honores, y eclesiásticos. Al obispo, cuando llegaba en visita pastoral a una parroquia, había que recibirle bajo palio. Todo eso ha quedado ya en el pasado. Y en cuanto a lo de nombrar obispos, este era un privilegio de la Corona española, que Franco mantuvo en su persona. En todo caso, él proponía varios candidatos y el Papa elegía entre ellos. Parece lo mismo, pero no es lo mismo que nombrar a un obispo directamente. Pablo VI le pidió varias veces que esto acabara, pero Franco, como buen gallego, siempre le respondía con evasivas. El Rey también abandonó esta costumbre.

—Como es bien sabido, Franco tuvo siempre a su lado uno de los brazos incorruptos de Santa Teresa en su propia alcoba. Cuando estaba moribundo se hizo llevar el manto de la Virgen del Pilar [12]. En esto es muy parecido al rey Felipe II. ¿Admite la Iglesia la protección de las reliquias?

—Esto es una corruptela del pueblo. La Iglesia siempre ha venerado las reliquias de los mártires, y luego de otros santos no mártires. En Roma, durante las persecuciones, los primeros cristianos iban al sepulcro de los mártires, personas que se habían jugado la vida por Jesucristo.

—Esto está también presente en el mundo musulmán.

—Así es. Y de aquí vienen las reliquias, y que en los altares consagrados para celebrar la misa siempre hubiera una reliquia aunque fuera mínima. En el caso de los no mártires, son un modelo de vida al servicio de Dios y por eso son santos. Lo que pasa es que desde ahí luego se pierde un poco el norte y consideramos las reliquias como fetiches, como talismanes de la suerte.

—Esto sucede también con algunas imágenes.

—Sí, claro, claro. Porque somos así. Es la fe sencilla de las gentes, que a veces da un valor equivocado a las cosas. La reliquia no es talismán de la buena suerte o de protección. Es el recuerdo permanente de un santo. Todo lo que sea utilizarlas como amuletos es «desmadrarse». Y eso, además, es algo que nunca ha predicado la Iglesia.

—¿Cuál es su opinión personal de este afán de rodearse de reliquias?

—Franco era un hombre religioso. Así como su señora parece que lo era menos, él fue profundamente religioso [13]. Al menos a partir de cierta edad.

---

[12] Al parecer, no fue él quien solicitó la reliquia, que se colocó a los pies de su cama en el hospital.

[13] La historiografía parece contradecirlo.

Antes, es cierto que se decía de él una frase muy elocuente: «El general sin misas y sin mises», ya que no era ni muy religioso ni muy mujeriego. Pero luego, a lo largo de su vida, eso cambió. Y es normal. Al primer párroco de esta iglesia, don José, lo trataba con mucha cordialidad y lo invitaba a veces a palacio. Escuchaba misa todos los días en su capillita privada[14]. Lo que pasa es que él era de una religiosidad muy popular, muy sin formar.

Estas palabras del párroco de El Pardo entroncaban directamente con otros rasgos de Franco, políticos y sociales. Siempre fue un hombre más bien sencillo que aplicó sus modelos de pensamiento a España. Cuando España llegó a madurar y perdió la candidez, al Régimen empezó a escapársele de las manos. La libertad es un bien al que, tarde o temprano, no se renuncia[15].

Esoterismo, parapsicología y ovnis

La Iglesia católica era firmemente contraria a creencias como la astrología, la adivinación o el tarot, o prácticas como el espiritismo. Por ello, durante el régimen franquista estuvieron prohibidas. Pero la posibilidad de que seres extraterrestres visitaran la Tierra no quedaba fuera de la consideración eclesiástica. De hecho, el mismo Vaticano participaba y participa activamente en la búsqueda de vida fuera de nuestro planeta. Si se descubre su existencia algún día, la Iglesia pretende evangelizar a los nuevos seres hallados.

Los ovnis empiezan a interesar en España. En 1945 hay un avistamiento sobre La Coruña. Desde 1947 hay noticias en los periódicos sobre avistamientos (Galicia es muy activa en esto), pero los sesenta marcan la diferencia. En lo que respecta a lo esotérico, no es hasta 1970, aproximadamente, cuando se abre la mano y el Régimen se muestra un poco más permisivo. Se trata de corrientes que «arrasan» en el extranjero. En nuestro país tenemos dos casos muy significativos: el de las «caras de Bélmez» y las «psicofonías de Belchite».

En el año 2003, Iker Jiménez y Luis Mariano Fernández realizaron una investigación que dio como resultado un libro: *Tumbas sin nom-*

---

[14] Esta capilla era la habitación en la que murió el rey Alfonso XII.

[15] Por desgracia, el padre Teófilo, último confesor de Franco y religioso franciscano del Cristo de El Pardo, ya ha fallecido. Él podría habernos hablado del hombre en su lado más íntimo.

bre (Ed. Edaf, 2004). En él aportan una explicación del porqué de las famosas caras que aparecieron en una casa del pueblo jienense de Bélmez de la Moraleda; quiénes podrían ser las personas a las que corresponden esas figuras y esos rostros. En la investigación queda relacionada con las caras la muerte durante la Guerra Civil de una parte de la familia de María Gómez Cámara, la dueña de la casa. Su hermana, su cuñado y cinco de las hijas de este matrimonio fallecieron durante el asedio al santuario de la Virgen de la Cabeza de Andújar en 1937.

El caso de las caras de Bélmez comenzó en el verano del año 1971. A partir de enero de 1972, el diario *Pueblo* empezó a cubrir la noticia, a la que dedicó varias primeras planas. El caso fue investigado por el entonces reportero Antonio Casado. Él no vio fraude, pero las presiones del director del periódico, Emilio Romero, le hicieron picar el «anzuelo» de quienes pretendían tapar el asunto. El plan para lograrlo, instigado por el ministro de la Gobernación de entonces, el obispo de Jaén y la propia esposa de Franco, se denominó «Operación Tridente». La intención era evitar la riada de visitantes a un fenómeno parapsicológico que nada tenía de religioso. Y eso no se podía consentir...

La primera de las caras de Bélmez, llamada «la Pava».

Se crearon unas comisiones de expertos con la misión de demostrar —como fuera— que aquello era un fraude. Al fin, dijeron que todo se había hecho con una sustancia a base de sales de plata fotosensibles a la luz ultravioleta, o con extrañas mezclas domésticas (hollín, vinagre y sal común). El párroco de Bélmez llegó a afirmar públicamente que la dueña de la casa, María Gómez Cámara —fallecida en 2004—, y unas vecinas, le habían confesado que todo era una especie de broma. El único que no se sometió a las presiones fue el alcalde, que sufrió incluso amenazas para que se pronunciara contra las caras y se sumara a la teoría del fraude.

La primera cara apareció en el suelo de la cocina, en la casa de María, en el número 5 de la calle Rodríguez Acosta. Un hijo suyo la picó para quitarla, y tapó el hueco con una lechada de cemento. Pero la cara volvió a aparecer, casi exactamente igual, aunque con una expresión aún más terrible. El fenómeno se denomina «teleplastia», y se creyó que desaparecería con María Gómez Cámara. Pero no fue así: las teleplastias siguen ahí.

Para salir de dudas y «demostrar» el fraude, se hizo que tres notarios cerrasen y sellasen la cocina de la casa. Tres meses después, los notarios rompieron los sellos, después de comprobar que todo estaba correcto. Lo que vieron los dejó atónitos: las caras habían variado. Uno de ellos llegó a reconocer que, en su opinión, el fraude era imposible. Los otros dos mantuvieron un cómplice silencio.

En época reciente, los rostros de la familia muerta de María Gómez Cámara, compuesta por el guardia civil Miguel Chamorro, su hermana Isabel Gómez y las cinco hijas, se sometieron a un estudio comparativo realizado por Salvador Ortega, fundador de la policía científica española. Para él, casi el 70 % presentan coincidencias significativas, lo que parece demostrar que no puede tratarse de algo casual: son ellos los que aparecen en las imágenes de las paredes y los suelos de la casa.

Un apunte más, para finalizar. El investigador y pionero de la parapsicología en España, Germán de Argumosa, grabó psicofonías allí. La primera fue espeluznante. La trascripción de la voz dice: «¡Es que yo sigo enterrada!». Por debajo del suelo de la misteriosa vivienda fueron hallados huesos humanos de niños.

El caso de Belchite es muy distinto, pero tiene relación con el mencionado fenómeno de las psicofonías. Este pueblo de la provincia de Zaragoza sufrió, durante la Guerra Civil, un asedio que lo redujo a escombros. Eso ocurrió en 1937. El general republicano Pozas había ocupado varios pue-

Belchite destruido por la guerra.

blos en la zona de Zaragoza. La ciudad se encontraba amenazada. Los nacionales estaban a punto de entrar en Santander y dominar el frente
Norte. La ofensiva republicana a Zaragoza pretendía frenarlo. En agosto
se presenta un escollo: Belchite. La guarnición tiene unos dos mil soldados nacionales, que intentan resistir en asedio. Se producen bombardeos
y asaltos constantes. En septiembre, finalmente, el pueblo cae. Queda
arrasado, como una sombra de lo que fue. Murieron allí unas seis mil personas en total, entre combatientes, vecinos y asediantes. Franco decidió
dejar el pueblo intacto como monumento al horror de la guerra.

Este pueblo llama mucho la atención de los investigadores de lo para-
normal. Allí se llevan a cabo numerosos investigaciones parapsicológicas.
Se recogen numerosas psicofonías con grabadoras dispuestas en los lugares del horror. La técnica consiste en colocar una o varias grabadoras, ya
sean analógicas o digitales, y con cuidado de no confundir ruidos externos
con verdaderas inclusiones inexplicables, ponerlas en marcha durante un
tiempo determinado. A veces se preguntan cosas, a veces se guarda silencio. O se dejan solas las grabadoras y luego se regresa a buscarlas.

Por lo general, las psicofonías son difíciles de escuchar y de entender.
¿Quién las produce? ¿Cómo se producen? ¿Son los difuntos? Las respuestas no son sencillas. A veces se recogen sonidos muy débiles; a veces son
más fuertes. Las preguntas no siempre obtienen respuesta, y además a menudo no son siquiera coherentes. Los lugares de dolor, como Belchite, fa-
vorecen la toma de psicofonías. Hay quienes creen que son los muertos
los que se «meten» en las grabaciones, y que se trata de almas en pena,
tristes, vagando atrapadas entre dos mundos.

Las primeras muestras de estos fenómenos se grabaron posiblemente en Siberia en los años veinte del pasado siglo, con aparatos muy rudimentarios. Pero la tradición dice que fue un sueco, Friedrich Jurgenson, quien descubrió las psicofonías por casualidad en 1959. Estaba registrando sonidos de la naturaleza en un bosque, concretamente el canto de un pájaro para un reportaje. Lo que grabó fue muy distinto: «Friedel, Friedel, ¿puedes oírme?». Ese era el modo en que le llamaba su madre, ya fallecida.

4

Franco y la masonería

EN los años cincuenta, en una de las audiencias civiles concedidas por el *Caudillo* en el palacio de El Pardo, figuraba entre la lista de asistentes un tal *Mr. Jakin Boor*, autor de una obra de cierto éxito que se publicó en 1952 con el título *Masonería*. Hasta aquí, todo más o menos normal, si no fuera porque el tal Jakin Boor no era otro que el mismo Francisco Franco, que hacía sus pinitos como experto en la masonería con la ayuda anónima de su íntimo colaborador Carrero Blanco (en esta ocasión, por tanto, Carrero Blanco hizo de *negro*).

Para una persona familiarizada con la simbología masónica, el nombre «Jakin Boor» es un pseudónimo [1] bastante obvio: *Jakin* y *Boaz* son los nombres de las dos famosas columnas del templo masónico, análogas a las que flanqueaban, según la tradición, la entrada del Templo de Salomón. Franco utilizó aquí este nombre de resonancias masónicas tan marcadas, si bien para otras labores usó el de «Jaime de Andrade» —en su novela, más tarde obra cinematográfica, *Raza*—, e incluso el mismísimo de «Juan de la Cosa», en un supuesto intento de parangonarse de algún modo con el conquistador cántabro que exploró África y América, y al que debemos como cartógrafo el célebre portulano [2] que lleva su nombre.

En la edición del libro *Masonería* de 1952 aparece este texto de solapa para «atraer» a los posibles lectores:

> El libro de J. Boor que presentamos al público de habla española trata todas aquellas cuestiones que ponen mejor de relieve lo que fue la Maso-

---

[1] Parece que ni los mismos creadores de este nombre se aclaraban con la grafía, pues aparece escrito de varias maneras distintas.

[2] Los portulanos, o cartas náuticas, son mapas que indican direcciones precisas de brújula para arribar a un puerto partiendo de otro dado.

nería en España, sus medios tenebrosos y sus fines, no por inconfesables menos conocidos: odio a la Iglesia y a la España tradicional. Por primera vez se afrontan clara y valientemente mil sucesos, hasta ahora silenciados o hábilmente modificados por una época historiográfica de tinte marcadamente liberal y masónico. Por primera vez se verán acontecimientos —añejos y recientes— tratados al desnudo, puestos al descubierto con sus causas verdaderas. Lo mismo el motín de Esquilache que la ferrerada, la lucha en el siglo XVIII contra la Compañía de Jesús como el apuñalamiento de la Monarquía o la pasada campaña contra España, todo viene tratado aquí. Es un libro del que nadie podrá ya prescindir, en cuanto que quiera conocer las causas principales de la decadencia española, debida a la enemiga de la famosa secta.

Alucinante. Sobre todo por la mezcla de conceptos diversos, por la reunión de problemas, por el confusionismo del texto. Además, al principio se hace creer al lector que se trata de un libro extranjero, que se presenta al «público de habla española»... Ay, entonces como ahora, se hace más caso al autor de fuera.

Pero olvidemos esto, que en el fondo no viene al caso aunque convenga recordarlo, y veamos cómo empieza la obra:

> TODO el secreto de las campañas desencadenadas contra España descansa en estas dos palabras: «masonería y comunismo». Antagónicas entre sí, pues ambas luchan por el dominio universal, la segunda le va ganando la partida a la primera, como en la Organización de las Naciones Unidas se viene demostrando.
>
> El hecho no puede ser más natural. Así como la masonería mueve las minorías políticas sectarias, el comunismo, más ambicioso, se apoya en una política de masas explotando hábilmente los anhelos de justicia social; mientras la primera carece de masas y tiene que vivir en la clandestinidad, que es su arma, el segundo dispone de la «quinta columna», con núcleos en los distintos países. La pasión personal de determinados masones hizo olvidar la conveniencia de la secta para enrolarse al carro de Moscú.

En otra parte del libro, concretamente el artículo titulado «¿Democracia?», pretende revelarnos lo que, según Franco, es el vergonzoso secreto de la Organización de las Naciones Unidas:

> España ha cometido el «gran pecado» de haber extirpado de su solar el cáncer masónico que lo corroía, la traición encubierta en sus logias bajo

los dictados de los superestados masónicos al servicio del extranjero. Por ello, y por su catolicidad, se ha constituido en blanco de las iras de la masonería atea y polariza las maquinaciones extrañas de que otros Estados se salvan por la condición de masones de sus jefes de Estado o de la mayoría de sus gobernantes.

Este es el gran secreto de las vergüenzas de la ONU, en que la voluntad de los pueblos se ve suplantada por la omnímoda pasión y compromisos de logia de sus representantes, y esta es la razón de que los asesinos y ladrones de nuestra Guerra de Liberación, amparados en la hermandad masónica, disfruten de la benevolencia y de la amistad de los que a sí mismos se titulan representantes de la democracia.

Si hemos de creer las opiniones contenidas en el libro de Jakin Boor, la Organización de las Naciones Unidas trabaja bajo el dictado de unos misteriosos «superestados masónicos» hostiles a España y al catolicismo. Cualquiera podría deducir de estas ideas la irracionalidad de una obsesión antes que reflexiones profundas sobre la política internacional. Parecen las ideas propias de un paranoico. Según han propuesto ciertos analistas, la denuncia por parte de Franco de una imaginaria conspiración masónica [3] no obedece a un frío cálculo político, sino que se trata de una verdadera convicción personal. Algunos de sus colaboradores más íntimos afirman que el *Caudillo* siempre les manifestó su convencimiento de estar estrechamente vigilado por los conspiradores masones.

Se tratara o no de una auténtica convicción, la eterna «amenaza» masónica que se cernía sobre España y su *Caudillo* se reflejó siempre en la propaganda política, desde los artículos del libro de Jakin Boor, hasta el último discurso pronunciado en la plaza de Oriente, el primero de octubre de 1975, donde sorprendió a su entusiasta auditorio con la siguiente frase lapidaria:

Todo lo que en Europa se ha armau (*sic*) responde a una conspiración masónico-izquierdista en la clase política, en contubernio con la subversión comunista-terrorista en lo social.

Los masones aparecen así como los causantes de todos los males de la patria, eternos conspiradores en la sombra contra el orden social reinante.

---

[3] La Falange española inició la persecución de la masonería a imitación del fascismo italiano y el nazismo alemán.

Franco y el almirante Carrero Blanco.

Pero ¿qué es realmente la masonería? ¿En qué consiste esta sociedad misteriosa por la que Franco decía sentir temor y odio, y en la que sin embargo pudo haber intentado ingresar? ¿Es una secta religiosa, o política? ¿Tiene un plan secreto para influir en la sociedad?

Qué es la masonería

El término francés *maçon* y el equivalente inglés *mason* significan «albañil» o, más concretamente, «cantero». *Franc-maçon* (inglés *freemason)* era originalmente un tipo de obrero cualificado. Las agrupaciones medievales de constructores mantuvieron una serie de rituales y signos distintivos, que servían para conservar sus conocimientos, distinguir a los obreros según su categoría y para mantener sus tradiciones e identidad en los diversos países en los que trabajaban. Entre esos conocimientos se encontraban las ideas que los antiguos griegos y romanos tenían acerca de la armonía y la simetría, que involucraban ideas místicas sobre la relación perfecta entre el hombre, el templo y el cosmos. El conjunto de estos conocimientos y estos símbolos, principalmente de tipo geométrico y arquitectónico, constituye la base ideológica y formal de lo que hoy en día es la Orden Masónica. De hecho, el símbolo más característico de los masones es la escuadra y el compás enlazados. Con la escuadra y el compás

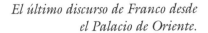

El último discurso de Franco desde el Palacio de Oriente.

se puede resolver todo tipo de problemas geométricos; pero, además, al superponerlos enfrentados, aparece la silueta de una estrella de cinco puntas o pentagrama. Esta estrella de cinco puntas, con una G mayúscula inscrita, es el símbolo fundamental de los masones. La G, cuyo significado ha sido discutido a veces por los simbolistas, no significa otra cosa que «geometría», si bien también se identifica con la inicial de la expresión «Gran Arquitecto del Universo». No han faltado adversarios de la masonería que han querido ver en ella la inicial de «Gnosis», la secta herética que en los primeros años de nuestra era mantuvo una dura pugna con el cristianismo, y es fuente de ideas y mitos para toda una serie de corrientes del judaísmo y el cristianismo hasta nuestros días. Por su parte, la estrella de cinco puntas, cuya construcción está relacionada con la «proporción áurea», era el signo distintivo de otro grupo del que la masonería se podría considerar heredera en muchos sentidos: la cofradía pitagórica. En la Antigüedad, los seguidores de Pitágoras constituían una sociedad de iniciados en la que se seguía un conjunto de normas rituales y de tipo religioso. Es conocida la leyenda de que los pitagóricos dibujaban el pentagrama en los lugares en que habían estado para identificarse y prestarse ayuda. No parece casual, por tanto, que los masones eligieran este símbolo pitagórico y relacionado con la proporción áurea como su emblema principal.

Los constructores medievales guardaron para sí todo un cuerpo de conocimientos geométricos y simbólicos, que aplicaron en la construcción de las grandes catedrales y cuya comprensión se perdió en gran parte al comenzar la Edad Moderna. A partir del Renacimiento, algunos hombres que no pertenecían al gremio de los constructores se interesaron por este tipo de conocimientos y tradiciones, y de esta manera fueron admitidos en sus agrupaciones en calidad de «masones aceptados». Durante el siglo XVII, el número de masones aceptados fue creciendo, lo que determinó la aparición en la siguiente centuria de lo que se conoce con el nombre de «masonería especulativa», o «simbólica»: una reunión de hombres interesados —según ellos mismos afirman— en discutir cuestiones filosóficas, y cuya relación con la construcción de edificios es solamente simbólica. A esto es a lo que llamamos hoy «Masonería».

Algunas veces se utiliza el término «Francmasonería» en lugar de «Masonería», y esto puede hacer pensar que son dos cosas distintas. Para evitar confusiones, a un miembro de una logia masónica se le llama en francés *franc-maçon,* mientras que el término *maçon* se refiere a un constructor. En español, en cambio, no ha existido nunca el término *masón* en referencia a la construcción, sino que se usa explícitamente para designar a los miembros de las logias masónicas. Por eso, en nuestro idioma, podemos usar indistintamente los términos «masón» y «francmasón».

Historia de los masones

La consolidación definitiva de la masonería simbólica tuvo lugar a principios del siglo XVIII, cuando las logias londinenses se unieron para formar la Gran Logia de Londres, que más tarde se convertiría en la Gran Logia de Inglaterra. Esta es una sociedad totalmente moderna, en la que los rituales de las logias de constructores se mantienen solo con un carácter simbólico. Sus miembros ya no son constructores, sino caballeros que se reúnen para discutir temas filosóficos y sociales. De este modo, los masones se definen a sí mismos como una sociedad filantrópica, heredera espiritual de los antiguos gremios de constructores, reunión de hombres de bien que proponen la unión fraternal que salve las barreras entre los componentes del género humano, respetando la religión y la ideología de los demás.

Para ellos, es la falta de información del público general la causa de todos los prejuicios y suspicacias creados en torno a su orden. Afirman que hoy en día no se puede considerar a la masonería como una sociedad secreta —en todo caso admiten el término «sociedad discreta»—, pues incluso masones autorizados han escrito obras de divulgación para el gran público. Menos aún se les podría considerar una secta, ya que se trata de una sociedad aconfesional cuyos miembros disfrutan de libertad religiosa y filosófica, siempre que su talante interior no entre en conflicto con los ideales de la propia masonería.

Por otra parte, no se puede negar que, desde sus comienzos, los masones han pretendido mantener en secreto el texto de sus rituales, que encierra un importante contenido simbólico y esotérico —aunque hoy en día es públicamente conocido—, y que además acostumbran a reservarse el derecho a declarar o no públicamente su pertenencia a la orden. El deseo de mantener una cierta dosis de misterio es evidente por parte de muchos masones. Hoy en día, esa voluntad de misterio es muy controvertida y a veces criticada duramente. De ahí que los masones se definan como «discretos», renegando abiertamente de la palabra «secreto». A tono con el particular estilo irónico de Umberto Eco, los masones son definidos en *El péndulo de Foucault* como los custodios de un secreto que nunca ha existido. Ese eterno secreto ha sido durante varios siglos discutido entre los mismos masones, provocando agrias polémicas, especialmente en el agitado siglo XVIII, cuando toman forma las estructuras y los rituales de la masonería tal como han llegado hasta nosotros. Durante ese siglo se agregó al simbolismo masónico inicial una gran cantidad de elementos esotéricos, principalmente alquímicos y cabalísticos, añadiéndose a los tres grados originales de *aprendiz, compañero* y *maestro* una serie de grados superiores de simbolismo místico y ocultista.

La masonería fue progresivamente perdiendo el recuerdo de su origen en las logias de los artesanos medievales, a favor de una serie de leyendas que proponían un origen mítico, ya en el Egipto faraónico, ya en los constructores megalíticos de la Edad de Piedra. Especialmente afortunada fue la «leyenda templaria», que tuvo muchos partidarios entre los miembros más inclinados al ocultismo, y que es uno de los temas centrales de la citada novela de Umberto Eco. La Orden Templaria fue disuelta bajo la acusación de herejía, y sus miembros, encabezados por su último gran maestre, Jacques de Molay, torturados y ejecutados. Este proceso se debió a los intereses políticos de Felipe IV el Hermoso de Francia, que se confabuló contra ellos con el papa Clemente V. Según la leyenda, algunos templarios que escaparon a la matanza crearon la Orden Masónica para luchar contra esta alianza del trono y el altar, esperando vengar algún día a Jacques de Molay en la figura de los descendientes de Felipe el Hermoso.

En el ideario masónico se ha mantenido el simbolismo de la venganza. Incluso entre los altos grados de la jerarquía masónica existen los caballeros vengadores, ya se trate de vengar a los caballeros templarios o a Hiram Abib, su fundador mítico, arquitecto del Templo de Salomón asesinado por tres obreros a los que había negado sus claves secretas.

En cualquier caso, alguien recordaba aún esta leyenda cuando, al caer la hoja de la guillotina sobre el cuello de Luis XVI, entre la multitud congregada en la *Place de Grève* se oyó claramente una voz que clamaba: «¡Jacques de Molay, has sido vengado!». En la imaginación del pueblo de Francia, los templarios, a través de una revolución instigada por sus sucesores masones, habían llevado a cabo finalmente su venganza.

No se puede negar que algunas de las figuras más destacadas de la Revolución Francesa pertenecían a la masonería, pero esto no significa necesariamente que la propia masonería sea causa de ninguna acción política. Ya se sabe que los masones pretenden no ser una institución de esa índole, sino de carácter filosófico. En realidad, los masones interpretan sus símbolos en relación con la defensa de la libertad y la justicia frente a los abusos de las tiranías. En el lado contrario, sus detractores han denunciado un claro afán por destruir el orden monárquico y cristiano, representado por la alianza entre el trono y el altar.

Del mismo modo, en los movimientos políticos que dieron lugar a las posteriores revoluciones del siglo XIX se ha querido ver la mano oculta de la masonería. Ocurre que la masonería, según las épocas y los países, ha adquirido un carácter marcadamente político. En las logias se pueden reunir de forma discreta grupos de personas que se oponen a un régimen o quieren influir en una sociedad, orientándose hacia un determinado tipo de ideas. Es a veces el refugio de los disidentes, o incluso de los que conspiran contra una corona o quieren preparar el camino a una revolución.

La masonería también ha sido utilizada por gobernantes interesados en crear grupos de poder afines a sus intereses. Este podría ser el caso de Napoleón Bonaparte, que, al parecer, se sirvió de la organización masónica para controlar la política de su país y también la extranjera. En España, la masonería se convirtió en un fenómeno político precisamente a partir de la invasión napoleónica. La gran proliferación de logias señala el inicio de una nueva época para la masonería española, si bien ya existieron algunos adelantados que habían introducido la masonería en suelo español.

La importancia de la masonería española en el siglo XVIII ha sido muy discutida. Los masones hablan de una gran persecución inquisitorial, mientras que sus detractores le restan importancia, considerando que era un asunto de algunos militares extranjeros de paso por nuestro país. El duque de Wharton fundó en 1728 la primera logia masónica española [4]. Fue la primera de la Europa continental, anterior incluso a las importantes logias francesas. Sus primeros miembros fueron militares británicos que residían en la capital de España. El propio Wharton se hallaba al servicio de Felipe V. Tras declararse partidario del fallido pretendiente al trono británico Jacobo II Estuardo, fue declarado traidor en su patria. Incluso participó con las tropas españolas en el asedio de Gibraltar, ya entonces en manos de la Corona británica, cayendo herido en el intento. Wharton no era un masón cualquiera. Había sido Gran Maestre de la Gran Logia de Inglaterra. Pero incluso con esos comienzos tan ilustres, la masonería española del siglo XVIII no echó raíces demasiado profundas. Quizá fue debido a la actitud adversa de los monarcas españoles [5], así como a la persecución de los inquisidores en su obediencia a los dictados papales.

A este respecto, el papa Clemente XII emitió en 1738 una bula que prohibía a los católicos pertenecer a la masonería bajo pena de excomunión. Los mandatos del Papa no eran aceptados de igual forma en todas las monarquías católicas, pero en España sí se aplicó con dureza esta prohibición, y la vigilancia de la Inquisición impidió que proliferara la masonería durante todo el siglo. Los pocos masones que hubo en el territorio español eran extranjeros, y algunos fueron procesados por el Santo Oficio.

Los nuevos «aires de libertad» entraron en España a golpe de bota con las tropas napoleónicas. La masonería era entonces en Europa casi un monopolio de la familia Bonaparte, y constituía un medio de propaganda y de proselitismo muy propicio a las ambiciones de Napoleón. Dos de sus hermanos eran los Grandes Maestres de las dos grandes obediencias masónicas de Francia: José, del Gran Oriente de Francia, y Luis, del Rito Escocés. De hecho, fue el mismo José Bonaparte el que introdujo en España, en 1808, un Supremo Consejo del Grado 33 del Rito Escocés Antiguo y Aceptado. Los masones españoles no ocultaron su lealtad a los invasores, y apoyaron decididamente al monarca que sería impuesto como rey de España por Napoleón, quien mantenía secuestrados en Francia a varios miembros de la familia real española.

En la zona libre de la invasión francesa, por el contrario, la masonería se mantuvo proscrita. Las Cortes de Cádiz, que constituían el reducto de

---

[4] En la popular calle de San Bernardo.
[5] No faltan leyendas que convierten en masón al mismísimo rey Carlos III, aunque siempre se manifestó contrario a la masonería.

la soberanía española frente a la ocupación francesa, fueron los creadores, en 1812, de la primera Constitución española. También ratificaron en ese año la prohibición de la masonería en territorio español. Si la masonería servía a los intereses de Napoleón, no era nada extraño que los liberales reunidos en Cádiz se opusieran decididamente a ella. Por contrapartida, según los masones afrancesados, las Cortes de Cádiz estaban contagiadas del espíritu oscurantista de los clérigos y los inquisidores.

La intervención de la masonería en la independencia de América es otro asunto muy discutido. Aunque hay quien no está de acuerdo en este punto, Simón Bolívar y el general San Martín fueron masones. Este último pertenecía a una logia llamada la Gran Reunión, con cuyos miembros se citó en Londres en 1811 antes de partir para América. Más tarde fundaría la logia Lautaro [6] con el objetivo de lograr la independencia americana. Como curiosidad, el simbolismo solar de la bandera de Argentina parece un elemento masónico bastante evidente.

Con el regreso del *deseado* Fernando VII, la Constitución de 1812 fue abolida y la Inquisición restaurada. La masonería se mantuvo en la clandestinidad durante su reinado con la excepción del paréntesis liberal que tuvo lugar tras el pronunciamiento de Rafael Riego. El propio Rafael Riego era masón, así como muchos de los hombres que gobernaron el país durante este periodo llamado «Trienio Liberal». El Rey regresó al cabo de esos tres años, con el apoyo de las potencias europeas conservadoras. Fernando VII, al prohibir de nuevo la masonería, la acusó como culpable de la revolución americana, y se convirtió en uno de sus mayores perseguidores y precursor en ello del general Franco.

La masonería seguirá proscrita en tiempos de Isabel II, y no será hasta la Revolución de 1868 y la proclamación de la Primera República cuando saldrá de nuevo a la luz. A pesar de todas las vicisitudes anteriores, gozará incluso de relevancia política en la restauración de la monarquía con Alfonso XII. Algunos masones ilustres ocuparon la presidencia de la nación, como Prim y Sagasta, este último Gran Maestro del Grande Oriente de España.

Al igual que las figuras de la independencia americana, Bolívar y San Martín, años antes, las principales figuras de la independencia de Cuba y Filipinas, José Martí y José Rizal eran también masones. En su lucha por

---

[6] Lautaro fue un indio que luchó contra los conquistadores españoles, y es uno de los personajes principales de la *Araucana*, de Alonso de Ercilla.

la sublevación e independencia fueron respaldados por las organizaciones masónicas de sus respectivos países.

Desde principios del siglo XX la masonería experimentó un gran crecimiento, que no se vio frenado ni siquiera durante la dictadura de Primo de Rivera. Al proclamarse la Segunda República, los masones, cada vez más influyentes, declararon su abierto apoyo a la misma. El Boletín Oficial del Consejo Supremo del grado 33 para España saludó al nuevo régimen con un titular que decía: «La República es nuestro patrimonio». De hecho, en este momento parece producirse, según señalan algunos autores, una especie de «asalto de la masonería al aparato del Estado», a través de la monopolización de los puestos decisivos del poder. El número de ministerios ocupados por masones es significativo. No supone revelar ningún secreto que la República tiene entre sus dirigentes a eminentes personalidades que militan en las filas de la masonería: Lerroux, Largo Caballero, Martínez Barrio, Muñoz Martínez, Companys. Esto culmina con el presidente más representativo históricamente, que lo fue durante la Guerra Civil: Manuel Azaña, favorable a los masones. No obstante, los propios miembros de la masonería afirman que esta presencia de sus correligionarios en los gobiernos republicanos no se reflejó en una legislación acorde con los principios masónicos.

Una breve charla con el presidente del Ateneo

El Ateneo[7] de Madrid es una institución de carácter privado en la que se reúnen, desde hace más de un siglo, personas liberales cuyo interés estriba en la búsqueda de la libertad, ya sea en sentido personal, político o de pensamiento. Aunque esto no siempre ha sido fácil, y todos los grupos tienen luces y sombras a pesar de sus intenciones —a veces impuestas por las circunstancias—, el Ateneo merece estar en un lugar de honor por su impulso de ese afán de libertad más allá de las ideologías políticas que tendenciosamente se le han atribuido. Contra vientos y mareas, desde el siglo XIX, el Ateneo ha tenido épocas fructíferas en lo que respecta al pensamiento, la ciencia, o la literatura.

A lo largo de esa historia, a menudo azarosa, han pertenecido al Ateneo muchas figuras prominentes de la sociedad española, personalida-

---

[7] Nombre derivado del antiguo templo de Minerva en Atenas, y que adoptan ciertos grupos con intereses literarios o científicos.

des relevantes, y entre ellas muchos masones célebres. En un sentido general, y como mero ejemplo, han estado vinculados al Ateneo grandes personajes de nuestra historia. Unos fueron masones y otros no. En el Ateneo compartieron un espíritu común, y hoy son honrados con un retrato en la galería de hombres ilustres: Azorín, Ramón de Mesonero Romanos, Dionisio Alcalá Galiano, Manuel Azaña, Ramón Gómez de la Serna, José Echegaray, Severo Ochoa, Juan Ramón Jiménez, Camilo José Cela, Benito Pérez Galdós, Mariano Fortuny, Federico Madrazo, entre otros.

A continuación responde a algunas de nuestras preguntas el presidente del Ateneo en el momento de imprimirse este libro, José Luis Abellán, catedrático de filosofía en la Universidad Complutense de Madrid:

—¿Cómo afectó la dictadura del general Franco al Ateneo?

—Yo, en mi juventud, ya fui socio del Ateneo, aunque no conocía entonces todas las interioridades de la institución. A pesar de la dictadura, entre sus muros se podía hablar de todo; eso sí, siempre que lo que se dijera no saliese de allí y no llamase la atención. Además de la presencia de policías políticos, los presidentes del Ateneo durante la época de Franco eran nombrados directamente por el Gobierno del Régimen, en contra de los estatutos propios de la institución y de su carácter democrático. Con Franco, el Ateneo estuvo intervenido por el Estado. En primer lugar, ya desde los primeros años posteriores a la Guerra Civil, la dictadura obligó a cambiar su nombre por el de «Aula de Cultura de Falange Española y de las *Jons*». El Ateneo recuperó el nombre en 1946, cuando accedió a su presidencia Pedro Rocamora. Lamentablemente, durante la época de Franco se expoliaron libros y documentos de su biblioteca. Sin embargo, no se tocó la galería de retratos de personajes ilustres, entre los que hay muchos de masones famosos y reconocidos.

—¿Cuál ha sido la relación entre el Ateneo de Madrid y la masonería?

—El Ateneo ha sido y es una institución de libertad, de debate libre y abierto, cuyos orígenes están relacionados con el liberalismo. Por eso, por esta apertura, todos los que tenían un mensaje distinto al oficial se refugiaban en el Ateneo; y así sucedió también con la masonería, desde siempre unida al desarrollo y expansión del liberalismo. En realidad, en este ambiente abierto podían tener cabida desde la teosofía hasta corrientes de pensamiento como el positivismo o, más tarde, el regeneracionismo. Todo lo heterodoxo, en suma.

—En su opinión, ¿por qué Franco odiaba tanto a los masones?

—Porque Franco odiaba el liberalismo. Todo lo que oliera a liberalismo, lo odiaba Franco, y especialmente la masonería. También influye seguramente el hecho de que quisiera entrar en una logia en su juventud y no fuera admitido.

Con esta tajante sentencia final, termina José Luis Abellán sus respuestas a las preguntas que le hemos formulado. Nos llama la atención que Franco permitiera el debate en el Ateneo siempre que sus consecuencias no trascendieran, no fueran más allá de los objetivos de esta institución; o dicho de un modo más castizo, mientras nadie «sacara los pies del tiesto». Es posible que Franco no quisiera enfrentarse con todas sus armas a los liberales que, aun ocultando la cabeza bajo el agua, aún se encontraban ahí. ¿Había fuerzas poderosas que no estaban dispuestas a permitir desmanes mayores de los ya cometidos?

En los primeros años del Régimen fueron fusilados muchos masones. Franco mismo, como se ha dicho, hizo desenterrar al duque de Wharton de su reposo en el camposanto del monasterio de Poblet. Y, sin embargo, otro hecho nos «descoloca»: el Cementerio Civil del Este, en La Almudena, está repleto de tumbas de masones, las cuales exhiben claros símbolos masónicos que atestiguan la filiación de sus eternos huéspedes. A finales de 1938, Franco había dado orden de eliminar de todos los cementerios ese tipo de símbolos. Curiosamente, el cementerio en el que hay un mayor número de notorios símbolos masones y tumbas de personalidades más relevantes de nuestra historia que lo fueron, está en plena capital de España. Muy visible y no se tocó.

Hoy este Cementerio Civil está algo descuidado pero intacto, a pesar de sus columnas truncadas, compases, escuadras, formas piramidales, martillos, plomadas... Como en el Ateneo, allí encontramos personalidades relevantes y cruciales de nuestra historia, masones y no masones: Pío Baroja, Francisco Pi y Margall, Estanislao Figueras, Nicolás Salmerón, Arturo Soria, Demófilo, Xavier Zubiri, José Martínez Guerricabeitia, Julián Grimau, Julián Besteiro o Francisco Largo Caballero, entre otros. Tres jefes de Estado, otros muchos políticos de renombre, laureados escritores, etc.

Por eso, no podemos atribuir a simple ignorancia el hecho de que el mismo Madrid esté repleto de símbolos claramente pertenecientes a la masonería: calles, estatuas, fachadas de edificios, etc., como el Ministerio de Agricultura, la Plaza y el Palacio de Oriente, el monumento a Emilio Castelar, o los propios nombres de las calles de Oriente, Luciente y

Mediodía. También entre los árboles que pueblan la muy poblada de árboles capital de España, predomina la acacia, asociada tradicionalmente con la masonería. Según Vaca de Osma, este hecho podría deberse a los alcaldes masones que a lo largo de su historia tuvo la ciudad.

Qué significa ser masón

El prestigioso abogado vasco Javier Otaola fue Gran Maestro-Presidente de la Gran Logia Simbólica Española (GLSE) entre 1997 y 2000, fusionada con el Gran Oriente Español Unido (GOEU). Él reconoce que la masonería tiene distintos perfiles. En Inglaterra, por ejemplo, el perfil es tradicionalmente conservador, mientras que en otros países llega casi a lo revolucionario. La masonería española es ilustrada y liberal, y a veces, en el pasado, anticlerical. También en España hay logias conservadoras y otras progresistas, según el tipo social que las integra.

Existen grupos más tendentes a hacerse públicos que otros. Las logias masónicas dan derecho a sus miembros para proclamar o no si son masones. Es algo personal, salvo en los cargos más elevados, que sí tienen obligación de dar la cara. El masón de a pie es el que puede o no reconocer su filiación, o no hacerlo, a su libre criterio.

La masonería es una corriente filosófica que pretende un esclarecimiento personal de cada miembro. Busca la autonomía personal, la no sumisión, la libertad de pensamiento y la capacidad crítica. Hoy la religión no se ataca desde la masonería porque tiene menos fuerza que antaño —los anglosajones no han tenido apenas conflicto con sus iglesias protestantes—. Y no se las atacaba por sus ideas, sino por su poder.

La masonería es una asociación legal, tiene páginas web y actividad pública. El secretismo masón, como institución, fue algo obligado por las circunstancias políticas de antaño. El halo de misterio y secreto de la masonería proviene de que, en efecto, mantiene actividades relativamente secretas, como sus rituales privados, actas y documentos; pero no hay más secretos que en un banco, por ejemplo. El secreto es más bien filosófico, pues solo se comprende cuando se experimenta. Fuera de la propia logia, muchas actividades podrían resultar hasta ridículas.

La experiencia personal de Javier Otaola comenzó hace más de veinte años. Se acercó al mundo masón pensando que era una cosa distinta de la que encontró. Creía que era una especie de ateneo o club de librepensadores, para debatir temas. Pero se trata de algo más: una metodología mucho más profunda. Apela al individuo de un modo existencial, sobre el proyecto vital de cada uno, e invita a la reflexión interior.

El hombre es un ser que siempre se está construyendo. El masón es quien maneja el mazo, es albañilería especulativa. El masón es una especie de albañil que usa la construcción como una metáfora de su propia vida, no incompatible con otras filosofías o religiones. No es anticristiano, por ejemplo. Hay muchos masones religiosos, como el propio Javier Otaola lo es. Nada tiene que ver una cosa con otra, pues depende de cómo lo quiera entender cada uno. Esa compatibilidad depende de las ideas globales. Es una actividad peculiar y no una doctrina. No se exige a los miembros que cumplan ningún ideario.

Cuando Javier Otaola entró en la masonería se sorprendió de que gente valiosa, importante, «hecha y derecha», se pusiera el mandil, siguiera la musiquilla, practicara el ritual... Le pareció sorprendente, antiguo, tradicional. Luego descubrió que ese elemento en apariencia trivial es valioso e importante. En ese rito formal y visual hay un método simbólico que sirve para crear un tipo de comunicación personal entre los miembros y darle sentido, a modo de inspiración.

Él fue Gran Maestro, lo que debe considerarse una función, un cargo, pero no un grado. España no tiene una gran importancia en la masonería mundial. Solo hay unos pocos miles de miembros entre todas las logias. Javier Otaola fue elegido por un periodo de tres años. Su labor, su función, resultó esforzada e interesante, con viajes diversos y establecimiento de numerosas relaciones personales. Esto último es para él una de las cosas más importantes de ser masón: que uno se relaciona con personas interesantes y se produce un gran intercambio de ideas.

La dictadura del general Franco arrasó la masonería en España. Pero se ha rehecho. En 1978 la sociedad era muy distinta a la de su época de desaparición, después de la Guerra Civil. Ha sido un proceso muy difícil. Ahora se puede decir que ya se ha recuperado el hilo conductor de la masonería auténtica. Es el principio del camino. Se ha salido del subsuelo. Es la primera fila de piedras después de desechar los materiales inservibles.

Hoy puede decirse que está rebrotando la masonería en todo el mundo, y también en España con especial fuerza.

Masones en el Cementerio Civil de Madrid

La avenida de Daroca separa, en Madrid, el Cementerio del Este (o de la Almudena) del Cementerio Civil. En este último descansan hoy los restos mortales de Dolores Ibárruri, la *Pasionaria*, y de Pablo Iglesias, fundador del Partido Socialista Obrero Español y nacido en el mismo Ferrol que durante muchos años llevó el apelativo de «del Caudillo», por ser también ciudad natal de Francisco Franco.

El Cementerio Civil se creó en 1884, cumpliendo un decreto del año anterior que establecía la construcción de cementerios en España para enterrar a personas que no pertenecieran a la religión católica. Esto abarca a protestantes, ateos, judíos —aunque existe una parte del cementerio propiamente destinada a los hebreos—, o personas de cualquier otro credo. La inauguración coincidió con la del Cementerio de la Almudena, de la cual el Cementerio Civil es una parte «separada», como se establecía en el

Tumba cargada de simbología masónica.

mencionado decreto. La primera persona que lo ocupó fue una chica de solo veinte años: Maravilla Leal González.

Como hemos dicho, muchos ilustres, hombres y mujeres, reposan en el Cementerio Civil, pero destacaremos ahora por la temática que nos ocupa a los masones más prominentes, así como la simbología masónica que puebla las tumbas sin ningún pudor. Paseando entre ellas, por las calles del cementerio, encontramos a masones tan célebres como Pi y Margall, Salmerón, Sanz del Río, Américo Castro o Giner de los Ríos.

Es muy notorio que, cruzando la vía que separa el Cementerio Civil del complejo general de la Almudena, las cosas cambien tanto. De símbolos masónicos o, más recientemente, socialistas y comunistas, pasamos a monumentos dedicados a la Legión Cóndor, los caídos en el Cuartel de la Montaña o los combatientes de la División Azul. En el primero, el águila nazi ha sido retirada. Un lema preside el segundo: «Ante Dios nunca seréis héroes anónimos». Un casco del ejército alemán demediado y una gran bandera española con el escudo del águila, adornan el último.

Las dos Españas que, al igual que los cementerios, ya no se separan más que por una calle, están ahora unidas.

Un masón eminente nos habla sobre la masonería

Amando Hurtado es una de las personas más autorizadas para hablar de la masonería española, en la que ocupa varios cargos de gran representatividad. Fundador de la Respetable Logia Génesis, es asimismo Soberano Gran Inspector General del grado 33 del Rito Escocés Antiguo y Aceptado, y Gran Oficial Honorario de la Gran Logia Nacional Portuguesa. Autor de varias obras sobre el tema, ha publicado en Editorial Edaf su libro *Nosotros, los masones,* obra de gran actualidad en la que se pretende ofrecer una imagen de la masonería desde dentro.

Este abogado, que se autodefine como persona de orden, cree que la masonería posee una importantísima riqueza filosófica. Según él, podría explicarse como una forma de entrar en lo trascendente por la vía laica. La clave consiste en la búsqueda de una realidad escondida tras las apariencias, un camino sumamente complejo pero necesario para alcanzar el conocimiento, que solo se consigue con espíritu de búsqueda.

Dentro del Rito Escocés al que pertenece, ocupa el grado 33, el más alto. Según Amando Hurtado, estos grados reflejan el camino alcanzado en esta aspiración al conocimiento, sin abandonar la humildad del aprendiz, que debe acompañar todo el camino recorrido. El masón de grado 33 es también un aprendiz, que ya ha pasado por una densa criba de pruebas en la búsqueda de una Sabiduría trascendente, la búsqueda de una Causa superior, quizá Dios. O, como los masones podrían llamarlo, el Gran Arquitecto del Universo; esta Sabiduría trascendente, tan misteriosa que algunos identifican con la fuerza que penetra el Universo y conecta todo con todo: «el Uno, el Todo» de los alquimistas alejandrinos o incluso la *Fuerza* de *La guerra de las galaxias,* esa épica de la luz y la oscuridad cuyos autores, según Amando Hurtado, son asimismo masones.

Comenzamos la entrevista con una cuestión tan discutida como la intención de Franco de acceder a la masonería.

—¿Quiso realmente Franco ser masón?

—Hay muchos que afirman que sí quiso entrar en una logia de Larache, en Marruecos. En esa época había muchos militares masones. Pero los que conocían bien a Franco lo rechazaron, porque no poseía las aptitudes necesarias para ser masón. Dijeron que era cruel, y que un hombre así no podía estar en ese lugar. Eso es lo que cuentan los que afirman que Franco realmente intentó ser aceptado en la masonería. Otros creen que no fue así, pero la verdad es que Franco quedó resentido y molesto, ya que su hermano era masón, como su padre. Por otro lado, algo ocurrió

El padre de Franco, Nicolás, fue masón.

en las relaciones entre sus padres que lo marcó, pues no tenía muy buen trato con ellos. Franco estaba muy en contra de su madre, y su padre lo consideraba un inútil. Tuvo grandes complejos, odios concentrados, que en su madurez desencadenaron un ataque terrible contra la masonería. Su propia mujer, Carmen Polo, era muy religiosa y antimasónica. Tras la guerra atacó duramente a los masones de acuerdo con sus rígidos principios católicos.

Amando Hurtado se refiere ahora, hablando de los rencores de Franco contra la masonería, a los polémicos *Protocolos de los Sabios de Sión*, que tratamos más extensamente en el próximo capítulo.

—Durante la República, Franco leyó los *Protocolos de los sabios de Sión*, y, según él afirmaba, eso «le abrió los ojos». Aunque vivía al día según las circunstancias, y eso fue realmente lo que lo llevó a su lucha contra la masonería. La derecha tradicional española también estaba en contra de ella.

Según Amando Hurtado, los motivos profundos de Franco eran antes pragmáticos que ideológicos.

—¿Era habitual que los militares ingresaran en logias masónicas?

—Desde su origen en Inglaterra, la masonería contaba con militares en sus filas. Cuando esta masonería pasa a Francia, con Jacobo II de Inglaterra, él desterrado y destronados los Estuardos, se va acompañado de seguidores que pertenecían a logias militares. La idea simbólica de la construcción (antes, el oficio de la masonería era construir edificios, hoy construir pensamientos), perdura en el ejército desde la época templaria primitiva. Esto era usual en los ejércitos inglés y escocés, sobre todo en lo que hoy llamaríamos cuerpo de ingenieros. Lo mismo ocurrió en España en cuanto al origen de la masonería. Hoy, los masones españoles consideran esto parte de una historia que pertenece al pasado remoto. El general Cabanillas, por ejemplo, era masón y apoyó a Franco. Más que eso, quiso que la República no se convirtiera en un «desmadre». Y hubo muchos más militares masones importantes en la historia de España, como los generales Serrano y Prim, etc.

Amando Hurtado nos habla ahora de los orígenes de la masonería bajo la influencia francesa: los Grandes Orientes (Oriente es el lugar por donde sale el Sol, el lugar de donde viene la luz, símbolo de iluminación y conocimiento).

—En la masonería de Francia hubo una tendencia muy socializante, científica, implicada activamente en la vida civil. Se empapó de la Revolución y de las ideas napoleónicas. Durante el XIX los masones eran bona-partistas, y esa tendencia se contagió a la masonería española. En ese siglo se fundan logias bajo la concepción francesa. Ese es el origen de la maso-nería que aún hoy existe en España, heredera de aquella. Entonces eran militares casi todos. Velarde, por ejemplo, era masón, aunque su perte-nencia a la masonería no era de tipo político. Muchos de los miembros de las Cortes de Cádiz eran contrarios a Francia pero afectos a las ideas ma-sónicas francesas. Los comienzos fueron difíciles. Y había masones de am-bos bandos, monárquicos y republicanos.

—Entonces, ¿era normal que los militares del tiempo previo a la Gue-rra Civil se hicieran masones?

—Sí, como ya dije antes, era algo común.

—¿Y Franco odiaba a la masonería solo porque fue rechazado?

—No solo por ser rechazado. Como también he dicho, tenía motivos prácticos para ello, así que en realidad la causa es una mezcla de todas esas circunstancias.

—Pero si Franco odiaba tanto a los masones, hasta el punto de man-dar desenterrar al duque de Wharton, ¿por qué dejó intacto el Cemente-rio Civil, cargado de simbología masónica?

—Desde el punto de vista católico, el Cementerio Civil no es terreno sa-grado. Por eso Franco no se inmiscuyó. Se consideraba un lugar condenado. Los símbolos que podemos ver en el Cementerio Civil son muy claros, pero el significado de las inscripciones no es tan evidente. Además, la presencia de esos símbolos le importaba poco a Franco, en su cinismo. Sus motivos eran pragmáticos y su obsesión no muy clara. De hecho, en la base de Torrejón permitió la existencia de una logia masónica, siempre que no se aceptara a miembros españoles y no tuviera ninguna repercusión en España [8].

—¿Creía realmente Franco que el sionismo internacional controlaba la masonería, o era también una maniobra política?

—Eso él no lo creía en absoluto. Él mismo era de origen judío. Y en su familia lo sabían. El apellido español «Franco» está emparentado con «Frank», que es de origen judío. Por eso ayudó a muchos de los judíos perseguidos por Hitler, y ellos también a él. Todavía hay judíos de Ma-rruecos que se salvaron de la persecución. Por otro lado, la Texaco, con-trolada por capital judío, concedía gasolina a crédito al régimen franquista.

---

[8] Esta logia fue autorizada en 1953, dentro del tratado de instalación de bases nor-teamericanas en territorio español.

Como digo, y repito, la familia de Franco conocía bien su origen judío. No era algo que ignoraran. A Franco lo del sionismo le traía sin cuidado, pero lo podía utilizar en su beneficio creando un ambiente xenófobo en el país, de modo que quien no apoyara al régimen debía ser rechazado. Franco era oportunista en todo.

Amando Hurtado recalca una vez más el carácter pragmático de Franco, que atacó a la masonería, en su opinión, por motivos de cálculo político.

Concluimos la entrevista comentando el renovado interés por la masonería en los medios de comunicación, que se refleja en el éxito de algunas obras que tratan este tema. Una de ellas, *Los masones*, de César Vidal, ha sido número uno de las listas de ventas en España de libros de no ficción.

—César Vidal, que no es precisamente un especialista en masonería, utiliza una serie de datos sin saber conjugarlos, escribiendo libros sin fundamento que se convierten en *best sellers*. De este modo, se mantiene una imagen politizada de la masonería, ya que la relaciona con el poder. En general, se habla mucho sin profundizar, insistiendo en esa obsesión por el poder. No se mencionan, sin embargo, los ideales humanísticos de la masonería. No es que la masonería implique un rechazo del poder, pero su objetivo no es conseguirlo. Su verdadero objetivo es una búsqueda de carácter personal. En realidad, la masonería no obliga políticamente a nada.

Quien quiera conocer lo que es la masonería desde dentro, puede comenzar con el citado libro *Nosotros, los masones*, de Amando Hurtado. Esta obra ha sido muy elogiada por alguien que, *a priori*, es contrario a las ideas masónicas, Luis María Ansón. Este famoso periodista ha afirmado que Hurtado habla de la masonería en su obra con auténtica claridad de ideas.

¿Franco judío?

La revelación hecha por Amando Hurtado sobre el posible origen judío de Francisco Franco nos hizo comprender, una vez más —pues las cosas a veces parecen *descomprenderse*—, que la realidad depara sorpresas inesperadas. Aunque había que tomar semejante afirmación con precauciones y comprobarla cuidadosamente. Hurtado nos habló, además, de la ayuda que Franco prestó a los judíos durante la Segunda Guerra Mundial, y eso era coherente con las afirmaciones de un historiador de ideología muy distinta a la suya, pero que coincidía en ese punto como una realidad histórica: Ricardo de la Cierva.

Al respecto del origen judío del apellido Franco, consultemos brevemente las fuentes heráldicas y sus bases de datos. El apellido germano
Frank, como en la célebre Anne Frank, no siempre es judío. Por ejemplo,
uno de los generales más importantes, pertenecientes al ejército y al régimen del III Reich, se llamaba Hans Frank. Tuvo categoría de ministro e
incluso llegó a ser nombrado gobernador de Polonia, con poca inclinación por beneficiar a los judíos (fue el que los mandó a los guetos). O incluso otro general, Von Solomon, que parece más notoriamente judío sin
serlo. Hay que tener cuidado. En España, por citar otro ejemplo, muchos
apellidos que tienen raíz lingüística árabe son de origen cristiano.

El apellido *Franco* no tiene, según los expertos, un origen del todo
esclarecido, aunque muchos indicios parecen situarlo en Francia. Los es-
tudiosos de la heráldica creen que se trata de un linaje muy remoto y muy
noble. Para unos, su origen hay que buscarlo en el antiguo nombre que
se daba a los franceses: «francos». De esta denominación parece cabal que
pudiera derivar el apellido, instituido primeramente en Galicia. De lo que
no cabe duda es de que hay personajes muy remotos que llevaron ya ese
apellido y se destacaron en hechos de armas y gestas.

Por otro lado, hay un linaje que también lleva el apellido Franco cuyo
origen es sefardí. La palabra que le da nombre se refiere a otro tipo de
francos, los comerciantes judíos «libres» de pagar impuestos por privilegio real. Este Franco sefardí está extendido por las comunidades judías de
muchos países europeos, y se cree común en Galicia.

La principal complicación estriba en que no todas las personas que se
apellidan Franco parten de un mismo tronco genealógico. En Galicia, diversas familias nobles llevaron ese apellido, tanto las de origen francés
como las de origen sefardí. Los datos solo son fiables en esta región de
España desde el siglo XVI. Las armas del escudo de los diversos linajes de
apellido Franco son:

— Galicia: Cruz floreteada de oro en campo [9] de azur [10].
— Castilla: Cruz hueca y floreteada de gules [11] en campo de oro,
   cantonada [12] de cuatro flores de lis de azur.

---

[9] Fondo del escudo.
[10] Color azul oscuro.
[11] Color rojo vivo.
[12] En las esquinas del escudo.

Escudo de Franco.

— Navarra y Aragón: Cruz floreteada de plata en campo de gules, con cuatro flores de lis de oro apuntadas al centro.
— Murcia: Cruz hueca y floreteada de gules en campo de oro.

Hoy en día, el apellido Franco abunda, además de en toda España, en Hispanoamérica. Aunque no está demasiado claro qué Franco pertenece a qué linaje. Francisco Franco podría ser, como cosa lógica, del linaje gallego. Así, cabe preguntarse cuál es el escudo de los anteriores que él usó... ¡Pues ninguno de ellos! Creó uno nuevo con las siguientes armas:

— Banda de oro engolada [13] en cabezas de dragantes [14] del mismo metal en campo de púrpura. A cada lado una columna de oro. La de la izquierda surmontada [15] de corona imperial y la leyenda «Plus»; la de la derecha surmontada de corona real y la leyenda «Ultra». El escudo se coloca sobre la Cruz Laureada de San Fernando.

¿Fue Franco masón?

El duque de Wharton fundó en 1728 la primera logia masónica fuera de las Islas Británicas. Murió en 1731, en el monasterio de Poblet. Más de doscientos años después, en 1952, Franco pidió al abad del monasterio que lo sacase de su tumba, en el atrio de la basílica, y esparciese sus ce-

---

[13] Insertada en la garganta.
[14] Dragón con la boca abierta.
[15] En su zona superior.

nizas por la tierra. Pero el abad solo cumplió los designios del *Generalí-simo* en parte: extrajo los restos del recinto sagrado, pero los volvió a enterrar fuera del templo. Franco le tenía odio a Wharton; un odio cerval. Y sin embargo, hay indicios para pensar que el mismo Franco pudo querer ser masón.

Las historias, muy conocidas sobre ello, y que se refieren al periodo anterior a la Guerra Civil, tienen fundamento. Que llegara a ser masón, eso es ya mucho menos probable; y de hecho, casi se podría afirmar tajantemente que no lo fue. Pero de las historias que lo relacionan con logias y con intentos de pertenecer a ellas, hay datos que nos permiten, cuando menos, sugerirlo con visos de autenticidad. Sobre todo una de ellas. Además, en su propia familia había antecedentes. Su padre y su hermano Ramón fueron masones, mientras que su otro hermano, Nicolás, no llegó a serlo, aunque sí perteneció a un club rotario, de corte parecido al de la masonería. Como sabemos, era normal que muchos militares ingresaran en logias masónicas.

En 1926, o en ese entorno temporal, estando destinado en la provincia marroquí de Tetuán bajo protectorado español —concretamente en la ciudad de Larache—, el por aquel entonces teniente coronel Francisco Franco trató, al parecer, de ingresar por vez primera en la masonería. El nombre de la logia no está totalmente esclarecido, aunque se apunta que fue una llamada Lukus. La «leyenda» dice que lo rechazaron algunos de sus compañeros de armas, al no considerar que Franco tuviera las cualidades necesarias, como ser lo bastante liberal, tolerante, etc. El segundo intento, menos claro, pudo ser en 1932, durante los inicios de la República y en Madrid [16].

Desde luego, Franco no era liberal. Eso es algo patente, a la vista de la historia. Muchos achacan su odio hacia la masonería a esos rechazos, que le provocaron un despecho furibundo. Orgulloso, víctima del rencor, y con el poder omnímodo en sus manos, Franco pudo querer vengarse de los masones que lo habían dejado a un lado. Es una teoría plausible, pero no definitiva. Los historiadores deberán seguir profundizado para dar una respuesta.

La familia de Franco, en cambio, sí era de corte liberal, lo cual no está reñido con que tuviera igualmente vocación militar. Ramón, el piloto, fue

---

[16] Lo que parece más que probable que solo sea una leyenda es el episodio en que su propio hermano Ramón le impidió ser aceptado por medio de su voto en contra, colocando en la bolsa la piedra negra que significaba rechazo al aspirante.

Ramón Franco.

un héroe de la conquista del cielo, en tiempos de aventuras aéreas realmente hermosas, y románticas hasta lo épico. Era muy liberal, antimonárquico reconocido y llegó a manifestarse públicamente en contra de la dictadura del general Primo de Rivera. Como pionero de la aviación, y gracias a sus proezas, ganó fama en todo el mundo. Su vuelo más famoso, que se convertiría en uno de los míticos en la historia del aire, es el del hidroavión *Plus Ultra*, que realizó el viaje desde la localidad de Palos de Moguer, en la provincia de Huelva, hasta Buenos Aires, capital de la Argentina.

Hombre impulsivo y audaz, Ramón Franco estuvo en prisión y consiguió fugarse. Más tarde, antes de que instaurara la Segunda República, junto con otros aviadores de ideas republicanas, participó en el robo de varios aeroplanos en Cuatro Vientos, cargados con bombas. El plan de estos hombres era arrojarlas sobre el Palacio de Oriente, pero no llegaron a hacerlo. Fue a raíz de este episodio cuando lo encarcelaron. Tras su huida de prisión, se exilió de España [17]. No pudo regresar hasta el año siguiente, ya con la República, pero eso no le hizo cambiar en su vehemente manera de ser. Aunque se le permitió volver a ingresar en las filas del ejército, y hasta recibió el nombramiento de director general de

---

[17] En 1931 ingresó en París en la logia masónica Plus Ultra.

Aeronáutica —cargo del que fue más tarde expulsado—, se le relacionó con los grupos de anarquistas andaluces.

Prefirió abandonar su carrera militar para lanzarse del todo y de un modo directo a la política. Increíblemente, consiguió un puesto como diputado republicano a Cortes presentándose en Barcelona. Por eso es extraño hasta lo enigmático que se uniera a su hermano Francisco al estallar la Guerra Civil, a pesar de los recelos de aquel. Quién sabe cómo habría acabado todo si Ramón Franco no hubiera fallecido en un accidente de hidroavión en 1938.

La persecución franquista a la masonería

La manía persecutoria de Franco en relación con la masonería, al margen de sus presuntos intentos de ser aceptado en una logia, parece que pudo tener su origen durante los años de la República, cuando ocupó el cargo de jefe del Alto Estado Mayor. Entonces advirtió que siempre colocaban junto a él a militares masones, con el objetivo de tener controlados todos sus movimientos. Para él, los masones tenían también la intención oculta de minar su brillante carrera y disminuir su capacidad de acción.

Pero con el Alzamiento, el general Franco pasaría de supuesto perseguido a perseguidor implacable y encarnizado. El hecho de pertenecer a una logia fue considerado «delito de lesa Patria», y un gran número de masones que no pudieron huir de la zona nacional fueron fusilados o asesinados. En algunos lugares la situación rozaba el esperpento, como en Granada, donde las tropas sublevadas contra la República pretendían organizar un auto de fe con los masones de dicha ciudad, a los que pretendían hacer desfilar en procesión con sambenito antes de ser ajusticiados de un modo público. Finalmente, desistieron intimidados ante la posible repercusión del hecho a nivel internacional.

El objetivo de Franco era la extinción total de la masonería en suelo español, así que, una vez finalizada la guerra, intentó promulgar una ley con carácter retroactivo para poder fusilar a todos los ciudadanos españoles que pertenecieran o hubieran pertenecido en algún momento a la masonería. La idea en sí misma era descabellada, pues, en los tiempos de la República, la masonería estaba aceptada socialmente como un signo de prestigio, y difundida entre las clases altas y los ciudadanos respetables. Muchos militares pertenecían asimismo a la masonería, e incluso miembros del propio Alzamiento.

No se salió con la suya el *Caudillo* en esa ocasión, pero se desquitó poco después, con una ley en la que la masonería se asociaba con otro de los enemigos acérrimos del régimen: el comunismo. La ley de 1 de marzo de 1940 sobre «represión de masonería y comunismo» imponía penas de cárcel e inhabilitación perpetua para todos los masones. Un ciudadano que hubiera pertenecido a la masonería no podía ocupar ningún cargo público, ni tan siquiera el consejo de administración de una empresa privada.

Franco no respetó ni siquiera a los muertos. Ya conocemos lo que ordenó hacer en los cementerios en que había masones, o el caso del duque de Wharton, a quien el *Caudillo* definió como «uno de los hombres más malvados de su siglo». El hecho es que, por unas razones o por otras, la persecución franquista de la masonería fue implacable.

Pero todavía queda una pregunta que formular. ¿Guarda este odio a la masonería relación con la famosa «conspiración judeo-masónica a la que Franco tantas veces apeló? Naturalmente, sí. En el siguiente capítulo veremos qué es y en qué consiste esa famosa conspiración que, para Franco, representaba un contubernio enquistado dentro de *su* España.

5

La conspiración judeomasónica

A la supuesta «conspiración judeomasónica» atribuía Franco todos los males del mundo y de la patria. En sus discursos se repite profusamente junto con el «contubernio», esa maquinación de quienes tienen por fin destruir el orden social instituido. En la memoria histórica española quedaban las guerras de independencia americanas, que durante el reinado de Fernando VII llevaron a la separación de España de la mayor parte de las naciones hispanoamericanas. A pesar de que el catalizador de los movimientos libertarios está en la oportunidad que dio la ocupación napoleónica, hubo más factores involucrados. Uno de ellos, la extensión de las ideas ilustradas, difundidas por los masones criollos [1], es algo que a Franco le resultaba una púa insoportable clavada en la historia de España. En *Raza*, la película basada en un relato suyo, que escribió bajo el seudónimo de Jaime de Andrade, se repite la mención al «desastre» de Cuba y Filipinas, en su mente originado y provocado por los masones. Era su lucha personal contra un grupo de personas cuya filiación masónica no condicionaba en sí su modo de ser y de pensar. En el caso de América, los masones que inspiraron las guerras de independencia eran antimonárquicos y anticlericales, pero esto no es un rasgo definitorio *per sé* de la masonería, a pesar de que a lo largo de la historia haya tendido a ello. Así debemos enfocar ese primer odio de Franco, basado casi en una leyenda y no en el conocimiento exacto de las cosas, que lo llevó a un odio mucho mayor a lo largo del tiempo, aumentado por otros motivos añadidos.

Volviendo al tema central de este capítulo, la conspiración judeomasónica es algo concreto, por muy nebuloso que estuviera en la cabeza de

---

[1] Los líderes revolucionarios Simón Bolívar, José de San Martín y Francisco de Miranda eran todos ellos miembros de logias masónicas.

los españoles e incluso, ciertamente, del propio *Generalísimo*. Vamos a tratar de acercarnos a su significado y a la rocambolesca historia de la creación de este mito; un mito que se extiende a tiempos y personajes insospechados. El almirante y presidente del Gobierno, Luis Carrero Blanco, estaba leyendo los *Protocolos* cuando fue asesinado por ETA, ya que preparaba un escrito basado en ellos, tomados por auténticos al menos sobre el papel. Y aún más sorprendente, rayano en lo insólito, es que ciertas fuerzas españolas aseguraran que nuestra propia Constitución de 1978 responde al espíritu de la masonería, y quizá muestra tintes de la *Conspiración*.

Los *Protocolos de los Sabios de Sión*

En 1897 un grupo de 200 delegados, procedentes de diversos grupos de la diáspora judía, se reunió en la ciudad suiza de Basilea para crear el programa de un nuevo movimiento político. Su promotor, el periodista austrohúngaro Theodor Herzl, se convertía así en el fundador de lo que se dio en llamar «sionismo».

Sobre lo que es realmente el sionismo existe una gran confusión hoy en día, pues la leyenda se impone en muchos casos a la realidad, acusando a sus promotores de las más extrañas conspiraciones y culpándolos de todos los males de la humanidad. A principios del siglo XX tuvo lugar un hecho decisivo, cuando un espía del zar de Rusia, llamado Sergei Nilus, sacó a la luz un texto que, según él, desenmascaraba a los sionistas, mostrando los proyectos más insólitos y siniestros de su «conspiración» internacional. El texto en cuestión fue publicado con el nombre de *Protocolos de los sabios de Sión* y, desde entonces hasta ahora, se ha convertido en un *best seller* de la propaganda política al que cualquier curioso puede acceder en la Babilonia informática de Internet. Para los aficionados a la «teoría de la conspiración» en cualquiera de sus variadas formas, los *Protocolos* son un clásico, y podemos encontrar alusiones a los mismos en toda la literatura antisemita producida durante el siglo XX, especialmente la escrita por grupos de corte totalitario en Italia, Alemania y España.

Según el agente ruso, los protocolos eran los mismísimos documentos secretos del congreso sionista de Basilea, es decir, que contenían el proyecto «oculto» del sionismo, un terrorífico plan para conseguir el dominio del mundo por parte de una minoría de judíos que lograría controlar todas las instituciones de la sociedad moderna a través de sus aliados secretos: los masones. La masonería se convierte así en un mero instrumento al servicio del sionismo internacional. Esto es lo que se ha dado en llamar «contubernio judeomasónico». Hitler afirmaba la autenticidad de esta conjura judeomasónica, y se enfrentó a los medios periodísticos de su época que afirmaban rotundamente la falsedad de los *Protocolos*. Según el *Führer*, el hecho de que la prensa los rechazase como apócrifos garantizaba definitivamente su autenticidad.

Esta idea de que la masonería trabajaba a las órdenes de un grupo judío con perversas intenciones de dominio mundial no era nueva en la época de Sergei Nilus. La leyenda, muy antigua, del control global por medio de una minoría aristocrática secreta es conocida con el nombre de «sinarquía». La idea se basaba en el principio de que la soberanía de las naciones no puede estar en manos de una masa ignorante y adocenada. Los ciudadanos de todas las naciones solo mantendrían, según la teoría sinárquica, un poder político ilusorio a través de unos representantes parlamentarios que serían meros «fantoches», manejados por un grupo de sabios ignotos y desconocidos.

El carácter secreto de la masonería —o «discreto», como sus acólitos prefieren definirlo— es un factor determinante para la gestación de la leyenda. A ello se une la estructura jerárquica propia de la masonería, es decir, su división en grados. Los masones pueden acceder a un mayor conocimiento de los misterios de la orden según van ascendiendo de grado. En los escalafones superiores se encuentran grupos cada vez más reducidos y con mayor poder. Según esta teoría, los privilegiados que ocupan la cúspide de esta estructura piramidal, es decir, los Grandes Maestres de las grandes logias internacionales —cabeza de un amplio grupo de logias menores diseminadas por todo el mundo—, ejercen un inmenso poder desde la sombra, afectando a todos los acontecimientos de la política y la economía global.

Por ello, masones y no masones se han preguntado a lo largo de la historia qué fantásticas revelaciones podrían obtener al alcanzar los grados más altos. Así, en el siglo XVIII, cuando la influencia de la masonería se hace patente en los grupos de poder de las monarquías europeas —llegando a pertenecer a la misma figuras destacadas de las familias reales e incluso de la curia romana—, nace la leyenda de los «superiores desconocidos», una creencia que aún hoy muchos sostienen, apoyándose, claro está, en el secreto o discreción mantenido por este tipo de asociaciones.

A mediados del siglo XVIII se pensaba que los «superiores desconocidos» eran el filósofo Voltaire y el rey Federico II de Prusia. De este modo, utilizando su influencia en los grupos avanzados de las nuevas ideas ilustradas, el monarca alemán habría conseguido influir secretamente en el desarrollo de la historia europea. Esta leyenda nace de la amistad entre Voltaire y Federico de Prusia, que fue durante años su protector. En todo caso, el filósofo francés también mantuvo una cordial relación con otros grandes personajes de su siglo, incluido el papa Benedicto XIV, uno de los hombres más cultos de su tiempo, y que siempre mantuvo una actitud de simpatía hacia las nuevas ideas ilustradas. Este mismo Papa, a pesar de su carácter abierto y de su buena voluntad hacia los ilustrados, lanzó, siguiendo los pasos de su predecesor en el solio pontificio, una bula condenatoria proscribiendo la masonería en el mundo católico[2]. También fue prohibida expresamente la masonería en las principales naciones europeas, pese a las simpatías que por entonces suscitaban en las familias reales. A partir de ese momento, la masonería subsistió con sus objetivos más o menos secretos, bajo sospecha de encubrir en sus logias a los que conspiraban contra la autoridad de las diversas monarquías europeas y, en general, contra el orden establecido.

Pero fue en el paso del siglo XIX al XX, en una Europa agitada por la lucha de clases y bajo la amenaza de una revolución de masas, cuando Sergei Nilus entregó a la imprenta los citados *Protocolos de los Sabios de Sión*. Según él, se trataba de un documento secreto que decía haber encontrado en la caja fuerte del cuartel general de la Sociedad de Sión. En el prefacio de los *Protocolos*, Nilus afirma que estos son el programa de una «conjura judeomasónica mundial», es decir, el plan para la conquista del mundo por parte de los judíos por medio de la masonería. El espía ruso añadía al relato una serie de aventuras propias de todo un Rocambole, por medio de las cuales había llegado a sus manos el citado documento.

Muchos aún creen que los *Protocolos de los Sabios de Sión* eran realmente los documentos secretos de una reunión sionista en Basilea del año 1905, así como que el sionismo es un programa político que persigue el dominio del mundo a través de la influencia judía en las diversas naciones. Sin embargo, todo esto viene a ser más bien lo contrario del verdadero sionismo, que persigue la construcción de una nación judía —Israel— amparada por el Derecho internacional.

---

[2] Se ha llegado a decir que la masonería está secretamente infiltrada en el Vaticano. Si hiciéramos caso de la delirante teoría de los *Protocolos*, esto sería como afirmar que los sionistas son quienes mueven sus hilos.

Pero la cuestión es que la idea de la conjura judeomasónica tuvo un éxito enorme, y los *Protocolos* se convirtieron en un clásico de la política-ficción. Los motivos de su éxito quizá se deben al carácter maquiavélico, incluso diabólico, con que se presenta a los conspiradores judíos, cuyos métodos aparecen como la expresión de un cinismo sin límites y una voluntad de poder insaciable. Tales conspiradores se habían propuesto la derogación de todas las libertades civiles, la destrucción de las economías nacionales, la eliminación de las religiones excepto la judía, la idiotización y corrupción de la juventud y, en general, la enajenación mental de los ciudadanos para convertirlos, finalmente, en esclavos al servicio de su poder omnímodo. Una especie de pesadilla futurista inenarrable.

Pero ¿de dónde surge esta monstruosa conjura que amenaza a toda Europa y al mundo? ¿De la imaginación de Sergei Nilus? En realidad, se debe admitir su autoría de los *Protocolos* en parte, pero no podemos decir que simplemente los inventó. Su falsedad quedó demostrada en 1920, cuando fueron confrontados con un documento mucho más antiguo, publicado en 1864 bajo el título de *Diálogo en los infiernos entre Maquiavelo y Montesquieu, o la política de Maquiavelo en el siglo XIX*. Al comparar ambos textos, los *Protocolos* resultaron ser casi un calco del *Diálogo,* en el que se habían cambiado los nombres de los protagonistas. Toda una decepción para los antisemitas y los enemigos acérrimos de la masonería; si bien, a veces, las personas creen lo que les conviene creer, y esta es la razón de que, aún hoy, los *Protocolos* sean presentados como auténticos por quienes están interesados en que lo sean. Solo la paranoia antimasónica de Franco y su entorno hizo posible que Carrero Blanco se inspirara en ellos al redactar las notas que se debían leer en Consejo de Ministros aquel 20 de diciembre de 1973 en que lo asesinaron. Un explosivo colocado por terroristas de ETA bajo el suelo de la calle Claudio Coello lanzó su Dodge blindado por los aires, convertido en un amasijo de hierros.

Extractos de los *Protocolos*

«El Derecho de la Fuerza.»

Del texto del primero de los *Protocolos* puede extraerse un pensamiento que coincide perfectamente con la ideología del mismísimo Adolf Hitler, que tanto odiaba a los judíos. Algo que él dice en su funesto *Mein Kampf:* «La Fuerza es el Derecho». En el primer protocolo se afirma: «Fijándonos en la Ley Natural, el Derecho reside en la Fuerza». Y como hoy se analizan postulados de Hitler —aunque no se reconozca o se haga a regañadientes—, en los estudios de publicidad y mercadotecnia, los *Protocolos*, como código de manipulación de masas, podrían muy bien, y en gran parte, ser el ideario de algunos publicistas, que inundan la televisión y otros medios de comunicación de masas con sus mensajes vacuos y manipuladores.

Vamos a exponer a continuación algunos extractos de los *Protocolos de los Sabios de Sión*. La verdad es que no tienen desperdicio. Ha sido muy difícil elegir las sentencias más interesantes de entre todos ellos. Merece la pena leer el texto completo. Al menos, esperamos dar una visión global y de conjunto de los mismos.

Pintada en el cartel de uno de los aparcamientos de la cadena de televisión de la Comunidad de Madrid.

PROTOCOLO I

La violencia y la intimidación son preferibles a los discursos elegantes cuando se trata de gobernar el mundo.

Hay que seducir al pueblo, que es incapaz de reflexionar profundamente, con representaciones ridículas; la mayoría está guiada por ideas mezquinas, costumbres, tradiciones y teorías sentimentales.

El fin justifica los medios [3].

Haremos a todos los gobiernos esclavos del nuestro.

Fuimos nosotros los primeros en gritar ante el pueblo: libertad, igualdad y fraternidad [4]. Estas palabras las repiten frecuentemente desde entonces irreflexivas cacatúas de todas partes del mundo.

PROTOCOLO II

Los gobernantes, elegidos de entre el pueblo por nosotros mismos en razón de sus aptitudes serviles, serán individuos no preparados para el gobierno del país.

La prensa encarna la libertad de palabra. Como los Estados no han sabido explotar dicha potencia, nosotros nos hemos apoderado de ella. Mediante la prensa hemos adquirido una gran influencia desde el anonimato.

PROTOCOLO III

¿De qué le vale a un proletario, debilitado por el trabajo y oprimido por su triste suerte, que a un charlatán se le conceda el derecho de hablar y a un periodista el de publicar tonterías? El proletariado no recoge más que las migajas que les damos por sus votos para la elección de nuestros agentes.

---

[3] Esta famosa sentencia no pertenece a Maquiavelo. Tradicionalmente se atribuye a los jesuitas.

[4] Ideales masónicos popularizados en la Revolución Francesa.

Nuestra misión es aparecer como los libertadores del trabajador. Debemos hacerles creer que van a salir de la opresión si ingresan en nuestros ejércitos socialistas, anarquistas y comunistas. Debemos hacerles ver que les ayudamos con espíritu de fraternidad, que estamos animados por esa solidaridad humana que pregona nuestra masonería socialista.

PROTOCOLO IV

La logia masónica sirve para encubrir nuestros designios.

Es preciso arrancar del espíritu de los cristianos la concepción misma de Dios, sustituyéndola por cálculos aritméticos y por las necesidades materiales de la vida.

PROTOCOLO V

Para tener libertad de acción, el capital debe monopolizar la industria y el comercio. Una mano invisible esta logrando ya esto en casi todo el mundo.

Debemos hacerles perder el hábito de pensar, porque la reflexión engendra oposición.

PROTOCOLO VI

Para arruinar la industria de los gentiles y activar la especulación, favoreceremos el amor al lujo. Aumentaremos los salarios, lo que no proporcionará ventaja alguna a los obreros, puesto que, al mismo tiempo, elevaremos los precios de todos los géneros de primera necesidad.

PROTOCOLO VII

Tenemos que estar preparados para lidiar con quienes se opongan a nuestros proyectos. Si fuera necesario, que el país vecino le declare la guerra a la nación que pretenda obstaculizarnos. Pero si ambos se unieran contra nosotros, entonces desencadenaremos una guerra mundial [5].

---

[5] Hay que decir que esto se escribió antes de la Primera Guerra Mundial.

PROTOCOLO VIII

Tendremos en nuestro entorno una pléyade de banqueros, industriales, capitalistas y, sobre todo, millonarios; a la postre, el dinero lo decidirá todo.

PROTOCOLO IX

Aprovechando las redes ferroviarias y los alcantarillados, echaríamos a volar las grandes metrópolis con sus instituciones y todos sus documentos de Estado.

PROTOCOLO X

Cuando hayamos dado nuestro golpe de Estado, les diremos a los pueblos: todo marchaba espantosamente mal, todos habéis sufrido más de lo que se puede sobrellevar. Hemos venido a despedazar las causas de vuestros tormentos: las nacionalidades, las fronteras y la diversidad de monedas.

Nuestra finalidad es establecer el despotismo de la mayoría, algo inalcanzable con la concurrencia exclusiva al voto de las clases inteligentes.

Teniendo así habituada a la gente a la idea de su propio valer, acabaremos con la importancia de la familia cristiana y su valor educativo.

Un plan de gobierno debe salir de una sola cabeza, ya que este resultaría incoherente si diversos intelectos se diesen a la tarea de establecerlo [6].

PROTOCOLO XI

¿Para qué creéis que hemos inventado y les hemos inspirado a los cristianos toda esta política sin dejarles comprenderla? ¿Para qué sino para conseguir secretamente lo que nuestra raza dispersa no podría alcanzar abiertamente? Esta ha sido la base de la francmasonería secreta.

---

[6] También lo decía Hitler, y lo puso en práctica.

PROTOCOLO XII

Los impuestos acabarán con el vano deseo de escribir, y el miedo a la sanción someterá a los literatos.

Los periódicos que editemos serán, aparentemente, de tendencias y opiniones opuestas. Esto habrá de infundirles confianza a todos y habrá de atraer, sin recelo, a adversarios que caerán en la trampa y se volverán inofensivos.

PROTOCOLO XIII

A fin de despachar la reflexión, desviaremos el pensamiento del pueblo hacia los juegos, las diversiones, las pasiones, las casas de prostitución, etcétera.

Los hombres, desacostumbrándose cada vez más a pensar por sí mismos, acabarán por hablar unánimemente de nuestras representaciones.

PROTOCOLO XIV

En los países que se denominan avanzados hemos creado una literatura loca, sucia y abominable. Cuando lleguemos al poder, la estimularemos aún mas [7].

PROTOCOLO XV

Mientras preparamos nuestro reinado, crearemos y aumentaremos las logias masónicas en todos los países del mundo.

En las sociedades secretas ingresan generalmente los ambiciosos, los aventureros y demás personas que, por una u otra razón, quieren abrirse paso. Esta es gente sin escrúpulos, con la que nos será fácil entendernos para hacer avanzar nuestra causa.

---

[7] ¿Está ocurriendo esto ya hoy?

PROTOCOLO XVI

Cada clase social habrá de estar educada dentro de estrictos parámetros, según el destino y trabajo que la aguardan.

PROTOCOLO XVII

Ya hemos tomado medidas para desacreditar a los sacerdotes cristianos y desorganizar así una evangelización que nos resultaría molesta. Su influencia sobre el pueblo disminuye cada día. La libertad de conciencia se proclama por todas partes [8].

PROTOCOLO XVIII

Si alguno se esforzara en llegar junto al Rey para presentar una suplica, los que estén en su entorno habrán de acoger la demanda y, delante del solicitante, presentársela al soberano para que todos sepan de qué se trata; así se consigue publicar que existe un control del mismo Rey. Es conveniente que el pueblo pueda exclamar: ¡Si el Rey lo supiera! ¡Cuándo el Rey lo sepa! [9].

PROTOCOLO XIX

Para desprestigiar a sus autores y restar eficacia a los crímenes políticos, llevaremos a los acusados por estos delitos al banquillo de los delincuentes comunes, lo mismo que se lleva al ladrón, al asesino y a cualquier criminal despreciable.

PROTOCOLO XX

Hemos producido crisis económicas entre los cristianos con el fin de retirar el dinero de la circulación. Cuando los grandes capitales se estancan, los Estados tienen que recurrir a las mismas fortunas que han producido el aprieto para obtener dinero. Estos emprésti-

---

[8] Contra esto lucha el papa Benedicto XVI.
[9] Hitler pasó por «defensor de los judíos» en los inicios del Gobierno nazi.

tos cargan de deudas por intereses a los Estados. La concentración de la industria en manos de los capitalistas ha destrozado a la pequeña empresa y se ha tragado el empuje del pueblo.

PROTOCOLO XXI

Nos hemos valido de la corrupción de los administradores y de la negligencia de los gobernantes para recibir cantidades dobles, triples y aun mayores, prestando a los gobiernos de los cristianos el dinero que no necesitaban.

PROTOCOLO XXII

Tenemos en nuestras manos la mayor fuerza del mundo, el oro, y podemos en dos días retirar de nuestros depósitos todo el que queramos. ¿Necesitáis aún más para ver demostrado que nuestro gobierno es el predestinado por Dios?

PROTOCOLO XXIII

Un soberano habrá de desplazar a los gobernantes actuales. Estos mandatarios se tienen que desenvolver en las sociedades desmoralizadas por nosotros, en cuyo seno aparece por todas partes el fuego de la anarquía. Han tenido que renegar hasta del poder de Dios.

PROTOCOLO XXIV

Solamente aquellos que sean capaces de gobernar con firmeza, que sean inflexibles hasta la crueldad, recibirán las riendas del gobierno de manos de nuestros sabios.

Con el fin de que el pueblo conozca y ame a su Rey, es necesario que el este se relacione con el primero en los lugares públicos. Estos encuentros producen la unión imprescindible de las fuerzas que hemos dividido previamente por medio del terror.

FIRMAS: REPRESENTANTES DE SIÓN DEL GRADO 33

El hecho de que firmen los *Protocolos* unos «Representantes de Sión del grado 33» implica algo de suma importancia. El grado 33 es el más alto de las sociedades masónicas. Al autoproclamarse los autores de los *Protocolos* como tales, dan a entender que controlan a la masonería desde la cúpula de su poder y sus más altos estamentos. E incluso que ellos son los míticos «superiores desconocidos».

El museo de Franco sobre la masonería

En el Archivo de Salamanca se guarda toda clase de documentos. A medida que la Guerra Civil se iba desarrollando, un equipo de militares recogía los papeles que pudieran servir a su bando una vez terminada la contienda: la información es poder, y además permitía establecer las bases de una futura represión y limpieza social y política de elementos indeseables al régimen. Sobre esa base, la organización de documentos fue creada por red muy eficiente de personas dedicadas a ese «espionaje de andar por casa». Dentro del Archivo, por supuesto, un lugar central lo ocupan los masones. Incluso se creó un museo de la masonería, un templo masón repleto de elementos reales mezclados con otros imaginarios, al estilo de las ideas que Franco pretendía difundir para *demonizar* a los componentes

El museo franquista de la masonería.

de las logias españolas, sin hacer distinción entre logias cristianas y laicas. Todos fueron a parar al mismo saco.

En el Archivo, la Sección Especial es la dedicada a la masonería. La Sección Político-Social comprende, entre otras cosas, los documentos del Tribunal Especial para la Represión de la Masonería y el Comunismo. Hoy, el Archivo de Salamanca tiene otros contenidos adicionales, al margen de los citados, pero en su base fue ideado por un sacerdote catalán. Este religioso, Joan Tusquets, es según Paul Preston el creador del mito del *contubernio*, a través de la «conspiración judeomasónica y comunista». Tusquets afirmaba que la República estaba dominada totalmente por masones, judíos e izquierdistas, responsables de todos sus males.

El sacerdote inició la recopilación de datos para el archivo de masones en España. Su «base de datos» —a veces con registros erróneos— llegó a estar integrada por miles de fichas, que son la base citada del Archivo de Salamanca. Tusquets fue colaborador muy estrecho del general Emilio Mola y del mismo Franco en Burgos. Apreciado moralista, llegó incluso a convertirse en el confesor personal de Carmen Polo, aunque tras la guerra lo abandonó todo y se retiró a la oración solitaria, sin que Franco pudiera convencerlo de que siguiera colaborando con el Régimen. El motivo por el cual lo hizo es un misterio que seguramente nunca se desvele.

6

Franco, los judíos y el racismo

S I Franco tenía o no antepasados judíos, o si él mismo lo sabía en caso de respuesta afirmativa, no son hechos demostrados. Lo que sí es un hecho reconocido por los historiadores es que Franco y su Gobierno ayudaron a miles de judíos y los salvaron de morir a manos del III Reich. Las cifras varían, así como los motivos, las intenciones, la responsabilidad. Hay quienes niegan que Franco en persona ordenara las actuaciones de sus subordinados que salvaron la vida a tantas personas, perseguidas por tan inmoral motivo como la pertenencia a una raza determinada.

Los historiadores judíos reconocen la labor de España, así como que el régimen franquista no asistió ni compartió con el de Hitler su persecución de los judíos en ningún momento, ni antes del comienzo de la Segunda Guerra Mundial ni durante el desarrollo del conflicto. Uno de estos historiadores judíos, el rabino Chaim Uri Lipschitz [1], se entrevistó personalmente con Franco en el palacio de El Pardo el día 8 de julio de 1970. Además de regalarle como muestra de gratitud un cáliz ceremonial, en su nombre y el de otros setecientos rabinos de la Alianza Rabínica de los Estados Unidos, le preguntó por los motivos que lo llevaron a ayudar a quienes eran perseguidos por sus teóricos amigos alemanes. Franco respondió que aquella persecución estaba mal hecha, que era inhumana e injusta y que no se podía consentir. Con toda llaneza. Sus convicciones caritativas y cristianas —o a eso apeló— le impidieron seguir el juego a Hitler.

En varios países de Europa hubo unos *Schindler* españoles que emularon también la labor de otro salvador, el conde sueco Folke Bernadotte.

---

[1] Autor del libro *Franco, Spain, the Jews and the Holocaust* —sin edición en español—, en el que reconoce la ayuda de Franco aunque reprueba severamente el sistema político franquista.

Hoy, miles y miles de seres humanos viven gracias a Franco. Eso no se puede negar, y es algo admirable aunque lo hiciera un dictador[2]. Pero veamos cómo fue todo...

Para empezar, y como dato histórico que se hunde en el lejano siglo VIII, mencionaremos una de las tesis que han apoyado el antisemitismo en España: la afirmación de que los judíos asistieron a los árabes en la invasión de la Península en el año 711. Lo que importa no es su veracidad, sino su influencia. De hecho, el profesor Claudio Sánchez Albornoz, diputado y rector durante la República y, luego, durante el franquismo, sostuvo esa tesis que ha sido tan discutida.

En la fanática Edad Media hubo otra causa para que en el mundo cristiano se odiara a los judíos, causa que nada tenía que ver con la raza: la religión misma. La *Mishná*, primera parte del *Talmud*[3], recoge algunos pasajes referidos a Jesucristo. En estos pasajes, el Nazareno aparece como un traidor a Israel, blasfemo, adulterador de las palabras de los sabios y falsario. Se llega a afirmar que Jesús era hijo bastardo de una mujer adúltera; ladrón, mago, hechicero egipcio, condenado al infierno entre excrementos. Aunque no todo son descalificaciones e insultos. También se mencionan cosas positivas de Jesús, como algunas de sus enseñanzas.

En cualquier caso, los judíos que vivían en el mundo cristiano eliminaron del *Talmud* los pasajes en que se insultaba al que para sus huéspedes era el auténtico Hijo de Dios. Si hoy nos parecen fuertes algunas de las acusaciones de la Mishná, imaginemos en los tiempos oscuros de la Inquisición... Las persecuciones llevadas a cabo por los cristianos a quienes profesaban una fe distinta, pero compartida en parte —lo cual la hacía más dolorosa—, desaconsejaban, por precaución, mantener semejantes pasajes en sus textos sagrados.

También la inflamada religiosidad que inspiraron las Cruzadas contribuyó a aumentar el antisemitismo. Las expulsiones de judíos en Europa, sin embargo, y particularmente en España en 1492, no fueron óbice para que los descendientes de conversos llegaran a figurar en el panteón cristiano, como la misma Santa Teresa de Jesús, Doctora de la Iglesia[4]. Las persecuciones se disfrazaron de religión pero llegaron a hundir los pies en

---

[2] La siempre neutral Suiza, sede de la Cruz Roja, se negó a acoger a muchos judíos alemanes y de otras nacionalidades. Seguramente por miedo a las represalias de Hitler.

[3] Libro que contiene la tradición, las doctrinas, las ceremonias y los preceptos de la religión judía.

[4] Justamente defendida por el rey Felipe II.

el fango del racismo más evidente. La «limpieza de sangre» se aplicó contra los que tenían antepasados conversos.

Todo ello, por supuesto, dejó su impronta en el pueblo español. Pero, con todo, España fue uno de los países menos antisemitas en el siglo XIX, momento de gran virulencia del antisemitismo en Europa. Los españoles, a lo largo de la historia, fluctuaron entre el racismo y el no racismo: se hizo ciudadanos a los indios de América, pero luego se comerció con esclavos africanos. En el primer tercio del siglo XX, época del surgimiento de los fascismos, España no fue un país especialmente racista, ni por su pueblo ni por su régimen, como sí lo era Alemania —el paradigma— y su *Führer* desde 1933. España era más bien intolerante en materia de religión.

Al respecto de lo dicho anteriormente, es preciso que hagamos aquí un pequeño paréntesis para hablar del antisemita más feroz de la historia del mundo, Adolf Hitler.

El «problema judío» de Hitler

El fascinante espécimen llamado Adolf Hitler, acaso el ser humano más malvado *a conciencia* que ha hollado el mundo, proveniente por añadidura de una nación culta, Alemania, repleta de filósofos, músicos, científicos, pensadores, describió en su obra *Mein Kampf,* dictada a su ayudante Rudolf Hess en prisión por el llamado *Putsch* de Múnich, todo su odio al pueblo judío y a los judíos como criaturas individuales. Es muy interesante leer unos breves extractos de este texto, para comprender que Franco, por mucho que simpatizara inicialmente con él, no podía compartir semejantes planteamientos:

> En aquella época abrí los ojos ante dos peligros que antes apenas si conocía de nombre, y que nunca pude pensar que llegasen a tener tan espeluznante trascendencia para la vida del pueblo alemán: el marxismo y el judaísmo.
>
> Me sería difícil, si no imposible, precisar en qué época de mi vida la palabra judío fue para mí por primera vez motivo de reflexiones. En el hogar paterno, cuando aún vivía mi padre, no recuerdo siguiera haberla oído. Creo que el anciano habría visto un signo de retroceso cultural en la sola acentuada pronunciación de aquel vocablo.
>
> ¿Había por virtud un solo caso de escándalo o de infamia, especialmente en lo relacionado con la vida cultural, donde no estuviese compli-

cado por lo menos un judío? Un grave cargo más pesó sobre el judaísmo ante mis ojos cuando me di cuenta de sus manejos en la prensa, en el arte, la literatura y el teatro.

En Viena, como seguramente en ninguna otra ciudad de la Europa occidental, con excepción quizá de algún puerto del sur de Francia, podía estudiarse mejor las relaciones del judaísmo con la prostitución y, más aún, con la trata de blancas.

Sentí escalofríos cuando por primera vez descubría así en el judío al negociante, desalmado calculador, venal y desvergonzado de ese tráfico irritante de vicios de la escoria de la gran urbe. Desde entonces no pude más y nunca volví a tratar de eludir la cuestión judía; por el contrario, me impuse ocuparme en adelante de ella.

Me hallaba en la época de la más honda transformación ideológica operada en mi vida: de débil cosmopolita debí convertirme en antisemita fanático.

La doctrina judía del marxismo rechaza el principio aristocrático de la Naturaleza y coloca en lugar del privilegio eterno de la fuerza y del vigor, la masa numérica y su peso muerto. Niega así en el hombre el mérito individual e impugna la importancia del nacionalismo y de la raza abrogándose con esto a la humanidad la base de su existencia y de su cultura.

Así creo ahora actuar conforme a la voluntad del Supremo Creador: al defenderme del judío lucho por la obra del Señor.

Nuevamente comencé a asimilar conocimientos y llegué a penetrar el contenido de la obra del judío Karl Marx [5] en el curso de su vida. Su libro *El Capital* empezó a hacérseme comprensible, y asimismo la lucha de la socialdemocracia contra la economía nacional, lucha que no persigue otro objetivo que preparar el terreno para la hegemonía del capitalismo internacional.

El espíritu de sacrificio del pueblo judío no va más allá del simple instinto de conservación del individuo. Su aparente gran sentido de solidaridad no tiene otra base que la de un instinto gregario muy primitivo, tal como puede observarse en muchos otros seres de la naturaleza.

En la vida parasitaria que lleva el judío, incrustada en el cuerpo de naciones y Estados, está la razón de eso que un día indujera a Schopenhauer a exclamar que el judío es el «gran maestro de la mentira».

Aun en tiempos de Federico el Grande a nadie se le habría ocurrido ver en los judíos otra cosa que un pueblo «extraño», y el mismo Goethe

---

[5] También Hitler se opuso a otros judíos de apellido Marx, los famosos *hermanos* estadounidenses del cine, hasta el punto de que sus películas quedaron prohibidas en Alemania.

se horrorizaba ante la idea de que en el futuro la ley no prohibiese el matrimonio entre cristianos y judíos. ¡Por Dios!, que Goethe no ha sido ni un reaccionario ni un ilota. Lo que expresó no fue más que la voz de la sangre y de la razón.

Junto a la francmasonería está la prensa como una segunda arma al servicio del judaísmo.

Karl Marx fue, entre millones, realmente el único que con su visión de profeta descubriera, en el fango de una humanidad paulatinamente envilecida, los elementos esenciales del veneno social, y supo reunirlos, cual un genio de la magia negra, en una solución concentrada para poder destruir así con mayor celeridad la vida independiente de las naciones soberanas del orbe. Y todo esto al servicio de su propia raza.

El pueblo francés que cada vez va siendo en mayor escala presa de la bastardización negroide, entraña, debido a su conexión con los fines de la dominación judía en el mundo, una amenaza inminente para la raza blanca en Europa.

La prohibición de las sociedades masónicas secretas, la persecución puesta en práctica contra la prensa internacionalizada del país, así como la progresiva destrucción del marxismo, frente a la consolidación creciente de la concepción fascista del Estado, harán, en el curso de los años, que el gobierno italiano pueda consagrarse más y más a los intereses de su propio pueblo, sin dejarse influenciar por el silbido de la hidra judaica universal.

Mein Kampf, *el libro de Hitler.*

Los judíos de Franco

Es evidente que, a la luz de sus actuaciones con los judíos perseguidos, Franco no sentía ni pensaba lo mismo que Hitler. Sus «romances» con el tirano alemán se basaron en otras cuestiones, más relacionadas con lo militar y lo militarista. Franco salvaba judíos mientras que Hitler los asesinaba o Mussolini admitía que fueran deportados. No es algo idílico y reluciente, ya que la actuación de España tuvo claroscuros. Las cosas resultaron más o menos de esa manera en un sentido global, aunque imperfecto.

Por las consecuencias del odio racial, hoy vemos la trascendencia de cuestiones como que la Iglesia católica tuviera entonces a los judíos de tiempos de Jesucristo como pérfidos en los actos litúrgicos de Semana Santa. Las circunstancias de la Guerra Mundial harían cambiar todo esto en el Concilio Vaticano II, pues la convulsión hitleriana alteró de un modo contundente el punto de vista de todas las miradas. Ya no era aceptable mantener planteamientos que podían llevar a crímenes contra la humanidad más allá de lo imaginable [6].

En el caso de Franco, hay que separar el judaísmo del sionismo, es decir, la raza de los hijos de Judá de la supuesta *conspiración* de quienes pretendían *dominar el mundo*. Franco salvó judíos pero luchó contra el fantasma del sionismo. Al menos, en este caso, lo positivo tuvo una vertiente real y material en personas concretas que no murieron a manos de los nazis, mientras que la segunda parte se quedó en un combate contra un enemigo invisible o simples molinos de viento. Solo algunos personajes de los sucesivos gabinetes de Gobierno franquistas, o de la alta administración, utilizaron fraseología y actitudes antisemitas. Esto no representa en modo alguno la actitud general del régimen ni mucho menos del pueblo español [7].

En lo que no hay acuerdo es en las cifras de judíos salvados ni en la responsabilidad de haberlo hecho. Al respecto de esto último, hay histo-

---

[6] En su *Poema de la Bestia y el Ángel* (1938), José María Pemán, por su parte, atribuye al capitalismo internacional judío la mayor responsabilidad en desencadenar la Guerra Civil española. Evidentemente, esto no tenía las connotaciones que actualmente se ven con claridad, no por carecer de ellas, sino porque hoy sabemos la trascendencia de estas cosas dichas con cierta ligereza.

[7] De hecho, en 1967, tras su victoria en la Guerra de los Seis Días, la popularidad del tuerto general israelí Moshé Dayan fue tal en España que hasta se puso de moda llevar un parche en el ojo.

riadores que niegan la intervención de Franco en las actuaciones específicas de sus diplomáticos en varios países, que según ello, habrían actuado *motu proprio*.

Para empezar a concretar, en 1940 Alemania invadía Francia con aplastante autoridad[8]. Muchas familias, aterradas frente a la perspectiva de vivir bajo el yugo nazi, escaparon por los Pirineos a través de la frontera española. Entre ellos había numerosos judíos, a los que no se puso traba alguna para buscar en España la salvación. Era obvio que las mismas leyes de Núremberg que los nazis aplicaban en sus territorios se extenderían a Francia, como ya lo habían hecho en Polonia o Austria. El miedo empezaba a atenazar sus corazones, aunque todavía no se había emprendido la solución final, el *Genocidio*. Cuando más adelante Hitler ordenara la ocupación del resto del territorio francés, el número de judíos que atravesó la frontera aumentó significativamente.

Pero las mayores acciones no fueron relativamente pasivas, como esta, y se dieron ya en pleno intento nazi de exterminio de la raza judía. En Hungría, desde 1943, la legación diplomática española ofreció protección a los judíos, y no solo a los de origen sefardí sino también a los askenazíes[9]. Parecía lógico que España diera cobijo a los judíos de la comunidad sefardita, que vivió en la Península Ibérica durante la Edad Media, y que hablaba el ladino, un español antiguo cuya grafía es hebrea. Pero nuestros diplomáticos se las arreglaron para extender esa ayuda a los judíos de las comunidades de Europa Central y del Este. El personaje principal de este acto humanitario fue Ángel Sanz Briz, encargado de la oficina de negocios en Budapest y más tarde embajador, al que se atribuyen más de cuatro mil vidas salvadas. Lo que está en discusión es si este admirable hombre actuó según las indicaciones de Franco o por iniciativa propia y bajo su cuenta y riesgo. Sobre ello, el que fuera cónsul de España en Zúrich, Simón Marín, atestiguó que todo se hizo por órdenes directas de Franco. Pero la controversia entre historiadores y expertos sigue abierta.

En Dinamarca, la embajada española consiguió cientos de pasaportes y documentación para judíos. En Rumanía fueron varios miles. También se sacó a judíos de Bulgaria o incluso de Austria, la *Ostmark* de los nazis,

---

[8] En parte gracias a un genio militar llamado Erwin Rommel.

[9] Un decreto de 1924, emitido por el Gobierno del general Primo de Rivera y rubricado por el rey Alfonso XIII, permitía solicitar la nacionalidad española a los judíos de origen sefardí.

que la anexionaron a la llamada Gran Alemania. En Grecia las cosas resultaron más complicadas. El mismo cónsul de España y su familia, de origen judío sefardí, fueron deportados a Alemania, concretamente al campo de concentración de Bergen-Belsen, una antesala de los temibles campos de exterminio. La queja formal del Gobierno español logró que fueran liberados, junto con otros mil judíos más.

España recibió por tanto varios millares de personas que huían de la muerte segura. En nuestro país, después de la Guerra Civil, la situación económica no era demasiado boyante; al contrario, había penuria, la sociedad estaba empobrecida y muchos de los medios de producción habían quedado destruidos. El Gobierno pidió ayuda a los aliados para derivarla a los judíos, necesitados de ella. La ayuda llegó, pero en una proporción inferior a la necesaria.

Tan solo cinco años después del final de la contienda, la organización judía estadounidense American Joint Distribution Committee hizo público que, según sus estudios, al menos sesenta mil judíos habían logrado escapar del genocidio nazi gracias a la actuación de las autoridades españolas que les acogieron en España y les buscaron un refugio seguro. Esta cifra no es compartida por todas las organizaciones judías, pero aun así se considera que al menos se salvó a treinta mil personas. Comparadas con las cerca de seis millones de asesinadas, parece poco. Pero, como se sabe, los judíos creen que el que salva a una sola persona salva al mundo. Y en cierto modo es verdad [10].

Sin embargo, las luchas políticas, el alineamiento de España con los países árabes tras la guerra, la negativa del Gobierno a reconocer el Estado de Israel, todo ello hizo que esta nueva nación se negara a que nuestro país fuese admitido en la ONU, de la que había sido excluido tras el abandono voluntario de España de la antigua Sociedad de Naciones durante su apoyo a Alemania. En esas condiciones, el embajador israelí ante Naciones Unidas, Abba Eban, denunció al régimen español como fascista y moralmente culpable de los padecimientos de los hebreos bajo el nazismo, aunque España no había intervenido ni tenido participación en el genocidio nazi. Nada se mencionó sobre la ayuda española a judíos perseguidos.

---

[10] También recibió Franco —y esto resulta enormemente significativo— el agradecimiento de Leible Katz, presidente de una asociación masónica judía. Katz incluso viajó a España y se entrevistó con Franco.

La Alemania prenazi veía a los judíos como enemigos de Cristo y culpables de todos los males del mundo.

No sería hasta 1956, tres años después de la firma de los acuerdos con Estados Unidos y el Concordato con la Santa Sede, cuando España lograra por fin ser admitida en la ONU. La Guerra Fría tuvo mucho que ver, al buscar el mundo occidental apoyos en todas partes. Ya se sabe, amigos hasta en el infierno...

Después de todo esto, cabe aún preguntarse si Franco era personalmente antisemita. Sus actos pudieron ser realizados, como él mismo dijo, por humanidad. Si su catolicismo era tan profundo como parecía en realidad, y en la época que le tocó vivir, no sería de extrañar en él algún rasgo antisemita de corte religioso. Casi se puede decir que eso estaba en la tradición cultural española cristiana, igual que el rechazo a los protestantes, que no lo pasaron demasiado bien durante la dictadura hasta, al menos, el año 1967.

A despecho de los judíos salvados, también hubo —aunque en muchos menos casos— algunas deportaciones a territorio bajo el dominio del III Reich. César Vidal cita incluso las terribles listas creadas por la Falange de judíos en España [11]. En todo caso, al igual que los regulares moros combatieron junto a Franco, también hubo judíos en el bando nacional, que fueron aceptados sin restricciones. Lo único que podemos afirmar es lo histórico: que el número de judíos salvados del genocidio nazi gracias a las autoridades españolas es, como mínimo, de diez mil, y

---

[11] Como dato contradictorio al respecto del posible racismo, la Falange tuvo entre sus filas a dos afiliados negros.

quizá incluso se decuplique. Si Franco en persona lo ordenó, si los intereses fueron realmente humanitarios, si las intenciones pueden ponerse en tela de juicio, todo eso no lo sabemos. Conoció la puesta en marcha de la Solución Final y no se opuso públicamente a ella. Resulta un tema tan complejo que quizá lo mejor sea quedarse con lo absoluta e incuestionablemente positivo: esos miles de personas que hoy viven porque se evitó que Hitler y las SS de los campos de exterminio las asesinaran.

¿Fue la España de Franco racista?

Una de las críticas de la comunidad judía al régimen franquista es que a los judíos se les atacó mucho en los medios de prensa, que mostraron a menudo hacia ellos una abierta hostilidad. Sin embargo, el antisemitismo no era ni es común en España, quizá al margen de algunas regiones y no con demasiada virulencia. Aquí siempre se criticó al Estado de Israel al tiempo que se admiraba su resistencia y su tenacidad en subsistir rodeado por enemigos. No hay que olvidar que el primer barco de refugiados judíos a tierras palestinas, antes del famoso *Exodus,* comenzó su travesía desde España. Si los lazos hispanoárabes más tradicionales llevaron al Gobierno español a mostrar una postura oficial contraria a los israelitas, el pueblo no tenía ni un sentimiento proárabe ni, por el contrario, antisemita.

En todo caso, era hasta cierto punto lógico que España, alineada con los países árabes por lazos históricos y conveniencia política, desde la exclusión de nuestro país de la ONU, no reconociera al Estado de Israel proclamado en 1948. Hay que comprender también la postura del embajador israelí en Naciones Unidas. El dolor del pueblo judío había sido gigantesco y tan brutal que resulta inconcebible. Israel, como Estado, se hallaba en medio de un polvorín político y militar. Pero más adelante, con los ánimos calmados, esta postura cambió en aras de la justicia histórica [12].

Aunque España fue el país contrario a la esclavitud y concedió la ciudadanía a los indios del Nuevo Mundo, también es cierto, como hemos

---

[12] En 1960 y 1961 España obtuvo el permiso de las autoridades marroquíes para que casi tres mil judíos se establecieran en Israel. De Marruecos pasaron a Melilla, de donde viajaron hasta Málaga y luego a tierras palestinas, todo ello en colaboración con el Mossad.

dicho, que más adelante comerció con esclavos africanos incluso después de que los mismísimos Estados Unidos o Inglaterra abolieran la esclavitud. Pero en nuestro país no hubo discriminación ni *apartheid*, como, por ejemplo, sí sufrieron los soldados negros del ejército estadounidense hasta más allá del fin de la Segunda Guerra Mundial. España tuvo generales indios, oficiales guineanos, jefes militares de la guardia mora. En las universidades nunca fue necesario que la Policía o la Guardia Civil protegieran a un alumno por ser hispano, negro o magrebí.

La Edad Media resultó distinta. Ese Toledo mítico de la convivencia perfecta de las Tres Culturas no existió tan modélicamente antaño. Existe solamente hoy en día, en la imaginación de algunos. No es que no hubiera convivencia, pero no fue precisamente *perfecta*. Es un mito, como tantos otros promovidos por lo «políticamente correcto» más que por el afán de veracidad. De hecho, tenemos en España apellidos como Matamoros, o poblaciones con nombres tan *amables* como Castrillo de Matajudíos. ¿Se imagina alguien a un embajador en Rabat que se apellidara Matamoros?

Cuando Franco salió vencedor de la Guerra Civil, España contaba con un *Imperio* que nada tiene que ver con el «legendario y tradicional» del que el *Caudillo* hablaba tanto en sus primeros discursos. En América no quedaba nada. En Asia, lo mismo. Nuestros últimos territorios eran africanos: el protectorado de Marruecos, el protectorado del Sahara Occidental, la provincia de Guinea Ecuatorial (isla de Fernando Poo y comarca del río Muni) y cuatro islotes desperdigados por el mar.

Como muestra del comportamiento español y del talante de las autoridades en las colonias, vamos a citar brevemente algunos párrafos muy significativos y aclaratorios del pensamiento de la época. Se trata de una larga conferencia dada por Juan Fontán y Lobé, el primer gobernador colonial nombrado por Franco, todavía en 1937, es decir, en plena Guerra Civil.

Un día de junio de 1937, la voluntad del Caudillo me designó para un cargo de gran responsabilidad y, desde luego, enormemente superior a mi preparación. En los últimos días de diciembre de 1937 tomaba posesión del Gobierno General de nuestra última colonia del África ecuatorial, y la tomaba bajo la impresión de la vehemencia con que el Caudillo me hablaba de sus preocupaciones por los habitantes de aquellos territorios, de su afán por civilizarlos, por mejorar su vida espiritual y material.

Tras cinco años en Guinea, Juan Fontán y Lobé regresa a España y es nombrado director general de Marruecos y Colonias. Sus experiencias con los negros africanos son, por tanto, prolongadas y profundas, aunque esto suene a chanza obscena. Él mismo se define como aficionado a la antropología y la etnología, y reconoce que su primer interés al llegar a la colonia fue conocer a los habitantes de la misma, saber cómo eran, qué los movía, qué les importaba, cuáles eran sus costumbres, etc. Esto es, para Fontán, una tarea imprescindible si se quiere colonizar *a la española*, es decir, «extender la religión de Cristo Nuestro Señor y orientar toda la política a mejorar al indígena en su alma y en su bienestar». Ya que es «nuestra labor colonizadora, trabajo altísimo que sirve a Dios y ensancha la Patria».

Para comenzar su explicación de cómo es el *negro*, refiere en su conferencia la anécdota de un ingeniero agrónomo español, a quien unos nativos de un poblado le aseguraron que «la carne de mono es muy buena, es muy dulce, casi como la carne de persona». Esta ingenuidad, al creer que el ingeniero no tenía ninguna relación con las autoridades españolas, puede tornarse, según Fontán, en vanidad, recelo y odio.

> La primera reacción del negro ante el premio es la sorpresa. Su falta de fijeza, de atención, su poco interés por el trabajo, nos permiten asegurar que ningún esfuerzo puso de su parte para conseguir el premio. Pero esa sorpresa del primer instante deja paso bien pronto a la cualidad más característica de la raza negra: la vanidad. Y esta vanidad le plantea en su fuero interno el siguiente razonamiento: «Cuando el blanco me premia, es que algo muy extraordinario he debido hacer». Y, acariciada esta idea constantemente, llega a la conclusión de que, para aquello tan extraordinario, el premio que le han concedido es pequeño. Y así, lo que debía ser un sentimiento de gratitud se transforma en el dolor del que sufre una injusticia, o sea, en un sentimiento de odio.

Vamos ahora a entrar en un terreno más escabroso: el de la educación y la inteligencia de los nativos. En la experiencia de Fontán, las cosas son como sigue:

> El niño negro es en sus primeros años un tipo despierto, con excelente memoria e inteligencia clara [...]. Los exámenes que por sorpresa se hacen en una escuela del bosque y que impiden toda preparación, nos asombran siempre agradablemente. Pero al llegar a los quince o dieciséis años, no

solo se detiene el desarrollo intelectual, sino que baja, y ya a los veinte años tienen una inteligencia equivalente a la de los doce. Este hecho, señalado por todos los pedagogos que han educado negros, fue resumido por el doctor Cureau en un gráfico que publica en su libro *Las sociedades primitivas del África Ecuatorial* [...]. A los técnicos corresponde analizar el hecho. Mi opinión es que este derrumbamiento de la inteligencia del negro está fuertemente ligado a la cuestión sexual, que en la sociedad negra no tiene freno alguno, ni es fácil ponérselo.

Sobre el carácter de los guineanos, Fontán afirma que:

> Quizá de la flojedad de carácter se derive la debilidad de la voluntad, pero lo cierto es que el negro es inconstante, desigual en su trabajo, perezoso, y estas cualidades, conjugadas con la superstición, tienen como consecuencia el hacerlo versátil, susceptible, caprichoso, mentiroso, ladrón e inmoral; pero bien entendido que a estos calificativos no se les debe dar el mismo valor que tienen para los europeos, pues entonces llegaríamos a la conclusión, completamente errónea, de que el negro es un ser depravado cuando nada hay más lejos de la realidad.

Luego cita a un investigador llamado Wilbois, para añadir:

> El negro tiene del niño la lógica infantil, que le hace despreciar la experiencia, una lógica de acción caracterizada por deseos vehementes e invencibles, una vanidad extrema, una generosidad espontánea y una confianza que se pierde tan fácilmente como se conquista.

El peso de siglos de *salvajismo* hace que sea difícil y complejo educar a los indígenas. Pero Franco tenía una idea:

> Quizá está en lo cierto nuestro glorioso Caudillo cuando concibe la educación en la colonia a base de una separación absoluta del ambiente familiar, y ya se habría llevado a la práctica su ambiciosa y noble idea si no existiera el temor de que un cambio tan excesivamente brusco pudiera trastornar la estructura actual de la sociedad negra.

Antes prohibidas, bajo el mando de Fontán se permite a los guineanos tener sus propias fincas. Al principio, las autoridades españolas confían poco en que el experimento salga bien. Sin embargo:

A tres años fecha podemos decir que el resultado fue exactamente opuesto al que habíamos previsto, y hoy tiene nuestro continente algo del orden de 7.000 hectáreas de nuevas plantaciones de café, hechas por los indígenas. Esto supondrá un aumento de bienestar, que quizá a su debido tiempo haya que frenar, pues otra de las características del negro es que no sabe vivir en la opulencia sin perder el control.

Oficiales guineanos en presencia de Franco.

En sentido positivo, el gobernador reconoce que:

En la actualidad, el negro tiene verdadero afán por aprender, por ilustrarse. Especialmente le atrae la lectura. Todo se une a esta atracción: el interés de lo nuevo, la satisfacción de un amor propio infantil, la esperanza de obtener con lo que aprende un porvenir mejor.

También en un sentido más o menos positivo, aunque con una mentalidad bastante trasnochada, Fontán afirma:

Otras buenas cualidades del negro, consecuencia quizá de las condiciones miserables en que vivió en la sociedad primitiva, son una excelente memoria verbal y un don de observación muy desarrollado, que se manifiesta a veces en una disposición grande para los trabajos femeninos y también para la escultura.

El caso de los gitanos

En España hay varios cientos de miles de gitanos, seguramente un millón. Los primeros llegaron a Europa, provenientes de la India, en el siglo XIV. Al principio se creyó que venían de Egipto, y por eso se les dio el nombre de «gitanos», que deriva de «egiptanos», otra forma de decir egipcios. En sucesivas migraciones, que los llevaron a propagarse por todo el continente, alcanzaron España. Eso sucedió en el siglo XV. Los reinos musulmanes los trataron con mejor disposición que los cristianos. Aquí, a partir del término de la Reconquista, su situación empeoró, culminando en 1499 con la promulgación de leyes contra ellos. Hasta casi el siglo XIX hubo normas restrictivas que discriminaban a los gitanos, y que se mostraban contra su lengua[13] o sus costumbres. Este tipo de legislación también la hubo en otros países, e incluso cosas peores, como esclavitud, persecuciones y represión, o expulsiones como las de los judíos. De hecho, al igual que estos, el III Reich inició su exterminio y asesinó aproximadamente a un cuarto de millón de personas de etnia gitana. Hay quienes elevan esta cifra hasta el medio millón, ya que las poblaciones gitanas no estaban, por lo general, correctamente censadas.

En todos los siglos que los gitanos llevan coexistiendo con otras comunidades no han sido asimilados por estas. Siguen constituyendo un grupo étnico con carácter propio. En España suelen vivir en zonas del extrarradio de las ciudades o ser seminómadas. Desde que en 1978 se aprobara la Constitución, quizá por vez primera gozan fehacientemente de igualdad ante la ley. No existe la discriminación racial en los territorios españoles.

Con Franco las cosas eran algo diferentes. Los gitanos estaba asociados en la mentalidad popular con dos actividades básicas: el latrocinio y el folclore. Aquellos a los que se tenía como pertenecientes al primer tipo, eran despreciados y huían de la Guardia Civil nada más verla. Los del segundo tipo, conducían Mercedes o vivían en mansiones. El Régimen, muy a favor siempre de todo lo que pudiera ser divertimento «sano» del pueblo, gustaba de las representaciones de cante y baile gitanos. En ese sentido nunca hubo discriminación. La discriminación era con el resto, en el círculo vicioso de no poder prosperar y recurrir por ello al hurto y al engaño, y de este modo seguir sin poder prosperar.

---

[13] El romaní.

7

El poder de los símbolos
y el régimen franquista

Los símbolos han sido considerados por el hombre como elementos de poder. Un símbolo puede esconder conocimiento, sabiduría, creación. No es extraño, entonces, que la simbología de los regímenes políticos de la historia sea algo atractivo desde el punto de vista del conocimiento, y revelador en todas las épocas. Por su interés, vamos a echar una ojeada a algunos de los símbolos básicos del franquismo.

Cuando se llega a Madrid por la autopista de La Coruña, hay un momento en el que esta se convierte en la Avenida de la Victoria, en cuyo final, justo en la entrada a la ciudad, se alza el Arco del Triunfo. Este arco fue mandado erigir por Franco para conmemorar su victoria en la Guerra Civil, y es de tamaño imponente aunque pueda caber en una de las aberturas de su hermano mayor de París. En lo alto, la estatua de un enorme auriga con una lanza apoyada en el suelo, subido en el carro de su cuadriga, observa el horizonte tras sus briosos corceles. Por debajo, a ambos lados del arco, sendas inscripciones en latín —en un latín bastante rimbombante y artificioso, la verdad— se muestran a los ciudadanos que levantan la mirada hacia sus alturas:

> ARMIS HIC VICTORIBUS
> MENS IUGITER VICTURA
> MONUMENTUM HOC
>
> D.D.D [1]

---

[1] Dato Decreto Decurionum, esto es, Concedido por Decreto de los Ediles (del Ayuntamiento de Madrid).

A LAS ARMAS AQUÍ VENCEDORAS
LA MENTE SIEMPRE VICTORIOSA
ERIGE ESTE MONUMENTO

MUNIFICENTIA REGIA CONDITA
AB HISPANIORUM DUCE RESTAURATA
AEDES STUDIORUM MATRITENSIS
FLORESCIT IN CONSPECTU DEI

FUNDADA POR LA MAGNIFICENCIA DE UN REY
Y RESTAURADA POR EL CAUDILLO DE LOS ESPAÑOLES
LA CIUDAD MADRILEÑA DE LOS ESTUDIANTES
FLORECE BAJO LA MIRADA DE DIOS [2]

La lista de símbolos que acompañaron al franquismo es nutrida, y su utilidad o intencionalidad diversa. Alguien dijo una vez [3] que los regímenes totalitarios tienen estética, mientras que las democracias tienen ética; y eso hace a los primeros más vistosos y atractivos para cierto grupo de personas que quedan deslumbradas por los desfiles, los uniformes, las banderas, la puesta en escena casi *operística*. Benito Mussolini, el líder del fascismo italiano, afirmó que las películas serían el medio supremo de difusión de la cultura, y hoy vemos que Estados Unidos ha difundido la suya a través del cine de Hollywood. Adolf Hitler estaba convencido de que las elecciones en el futuro se ganarían o perderían gracias al buen uso de la radio —que actualmente extendemos al uso de la televisión—. El mismo *Führer* organizó actos multitudinarios que encargó filmar a la genial cineasta Leni Riefenstahl, y que todavía nos sobrecogen por su dramatismo.

Todo ello responde a esa puesta en escena en la que los símbolos desempeñan un papel central. Incluso al margen de interpretaciones metafísicas u ocultistas, un símbolo bien elegido y proyectado sobre una idea, es capaz de aglutinar en torno a él a los adeptos a esa idea. Quizá el símbolo que más éxito haya tenido a lo largo de la historia sea la cruz cristiana.

---

[2] Queremos recordar aquí al profesor de latín Jesús Camiña.
[3] Nos referimos al abogado y jurista Juan Mollá, ex presidente de CEDRO.

El águila de San Juan

El Águila de San Juan, símbolo de la Reconquista presente en el escudo de los Reyes Católicos, vuelve al escudo de España adoptado por el régimen de Franco, deseoso de rememorar la antigua gloria de la monarquía hispánica. Pero tiene además añadido el disco solar que se halla por detrás de la negra cabeza del águila. Esta se considera ya de por sí una criatura solar, es decir, que se relaciona con el Sol, dado que, según los bestiarios, es el único animal que puede mirarlo directamente sin cegarse. Por eso es símbolo de Zeus, el dios supremo del panteón griego, al igual que el Sol es el astro supremo.

El águila de San Juan tiene un significado «cabalístico» también, como uno de los cuatro animales del *Tetramorfos* en la visión bíblica de Ezequiel: Dios se muestra en un carro sustentado por las cuatro Bestias Santas que reaparecerán en el Apocalipsis, cada una compuesta a su vez por cuatro seres, el león, el toro, el hombre [4] y, por fin, el águila. A cada evangelista se le representa junto a uno de estos entes. A San Juan le corresponde el águila.

En cuanto al disco solar en el escudo franquista, se trata de un nimbo en la iconografía cristiana; una corona luminosa que distingue a los santos, y que es la luz de la transfiguración que señala la trascendencia y la inmortalidad. El disco solar está presente en la mitología egipcia como el dios supremo Ra, o dios Sol.

El escudo de España en la bandera nacional franquista muestra también las Columnas de Hércules, con su leyenda «Plus Ultra». Este lema, que originalmente era «Non Plus Ultra», se cambió al hallarse el Nuevo Mundo: desde entonces sí había un «más allá». Todo esto proviene de la mitología griega. Se suponía que Hércules había puesto esas columnas en el fin del mundo, que era el extremo occidental donde se localizaba el Jardín de las Hespérides con sus manzanas de oro. Para los griegos quizá esa región era Italia, pero se asoció a España en un sentido poético.

Por debajo están presentes el yugo y las flechas del escudo de los Reyes Católicos, que adoptaría la Falange como emblema y que tienen origen en la simbología imperial romana. Las cinco flechas aluden a los cinco

---

[4] Figura humana que a menudo se cita como «el ángel».

El águila de San Juan adaptada al franquismo.

reinos de España, y el yugo es la unión de todos ellos [5]. Estas flechas son similares a los rayos de Zeus, que simbolizan su poder divino.

Por último, el lema que se muestra en una cinta sobre las alas del águila, y que, en referencia a la nación española, reza «UNA GRANDE LIBRE», puede explicarse en su sentido literal: UNA patria unida, GRANDE en la historia y LIBRE frente al mundo.

El vítor

Salamanca, sede del gobierno civil franquista durante la guerra, dedicó un vítor [6] a Franco con el objetivo de dar testimonio para siempre del Alzamiento Nacional y del *Generalísimo* a su frente... Lo inusual de este hecho es que el vítor tiene un sentido puramente universitario, ya que simboliza que un alumno ha alcanzado el grado de doctor. Seguramente por ello, a Franco no se lo concedió el claustro académico, ajeno al particular. También es inusual que el símbolo no se alojara en la universidad, sino en la catedral.

En concreto, el vítor de Franco contiene los siguientes símbolos: la Tau arriba, cruz que para los masones simboliza el signo de Caín a través de la maldición bíblica. Era la señal para distinguir a los hijos de Caín. Cualquiera que tocara a uno de estos sería castigado. También encontramos el símbolo alquímico y astrológico del Sol y del oro. La V partida por la I es una flecha hacia abajo, que puede simbolizar una destilación alquímica. La R, junto con la T superior, se asemeja al símbolo de Saturno. La C y la parte superior de la R son dos lunas, creciente y men-

---

[5] La Constitución española de 1978 está originalmente sellada con el escudo de la bandera franquista. En la sede de la Unión Europea se halla expuesta una copia con este escudo. También es de notar la bandera con este escudo que se muestra en el sello conmemorativo de la Constitución, emitido el 29 de diciembre de 1978.

[6] Según el diccionario de la RAE: «Letrero escrito directamente sobre una pared, o sobre un cartel o tablilla, en aplauso de una persona por alguna hazaña, acción o promoción gloriosa. Suele contener la palabra víctor o vítor».

guante. La T también es el símbolo de Tauro (entre el 20 de abril y el 20 de mayo). Incluso todo el símbolo, con la A invertida, podría representar a «TAURO». La T, y la O del oro, con la Tau Aureus, que significa (en la novela *Iacobus* de Matilde Asensi) la Tau templaria; luego Tauro, y Tau Aureus, el oro de los templarios. También OT es *Orbis Terrarum*, el mapamundi medieval.

El símbolo del vítor invertido parece contener una escuadra y una plomada. Las dos C que se miran son el huevo cósmico abriéndose, las dos mitades de ese huevo cósmico, el *Hiranyagarbha* hindú. Según Julius Évola, la espada y el círculo son símbolos complementarios de lo masculino y lo femenino, respectivamente, el fuego y el agua. La espada se corresponde con la cruz, con el fuego y con el azufre; y el círculo es el símbolo del mercurio. La T y la V formarían el símbolo del azufre, y las dos medias lunas, junto con la T, el del mercurio.

El vítor de Franco.

El líder supremo con cetro y armiño

Francisco Franco era jefe del Estado Español, jefe de Gobierno, Caudillo de España, jefe nacional del Movimiento y Generalísimo de los Ejér-

Franco con todos los atributos del poder.

citos de Tierra, Mar y Aire. Al asumir en su sola persona todo el poder y las más altas dignidades del Estado, sin compartirlas con nadie, parecía seguir el antiguo dicho catalán —bastante tendencioso, todo hay que decirlo— que reza «Mejor mío que nuestro». Era un césar moderno, tocado por los laureles de todas las coronas.

En algunos de sus múltiples retratos, Franco aparecía vestido con una serie de elementos y símbolos de su poder absoluto. El armiño en torno a su cuello es signo propio de la alta nobleza e insignia de la monarquía. Lo lucían los reyes y los papas. El bastón de mando, o bengala, es indicativo del mando militar que solo porta el jefe de las tropas. Franco, así, se identifica como jefe de un Estado militar en el que todos los ciudadanos son, en alguna medida, soldados de su ejército.

Franco y Santiago Apóstol

Una de las estampas más singulares de la iconografía franquista es aquella que representa al *Caudillo* como cruzado, vistiendo una reluciente armadura y estrechando junto a su pecho un mandoble[7]. Es de sobra co-

---

[7] Gran mural que decora una pared del Servicio Histórico Militar, en Madrid.

nocida la expresión «Cruzada» para referirse a la Guerra Civil, que los vencedores, en su concepto de una España cristiana sin fisuras, entendieron como una lucha contra las fuerzas del mal representadas por el ateísmo y el comunismo.

En la imagen del mural, por encima de la figura de Franco, como telón de fondo, se distingue al apóstol Santiago, patrón de España, que aparece montado sobre un caballo blanco y empuñando una espada, la representación habitual del apóstol como Santiago Matamoros. Lo curioso es que Franco, que luchó al mando de tropas nativas de Marruecos y que dispuso en torno a sí la llamada guardia mora hasta 1956, aparezca aquí como una especie de «doble» terrenal del guerrero celeste Santiago. Precisamente un musulmán, El Mizzian, fue capitán general de La Coruña, cuya catedral ostentaba la imagen de Santiago con los moros a los pies de su caballo. Como es sabido, cada 25 de julio se realiza allí una ofrenda al patrón de España y, para no herir susceptibilidades, el cabildo tomó la decisión de cubrir con flores las imágenes de los moros, de forma que se viera al apóstol cabalgando sobre un decorado más amable. El deseo de no ofender a un grupo social no es cuestión tanto de política como de sensibilidad y buena fe.

La imagen de un caudillo que es a la vez un cruzado, respaldado por la protección celestial del apóstol Santiago, puede resultar hoy día un tanto paradójica o exagerada, pero es un buen ejemplo de la mentalidad y la ideología del bando nacional y, más en concreto, de las ideas que Franco podía tener sobre sí mismo y su labor como estadista. Él mismo siempre se consideró un humilde servidor de la nación, un luchador que sacrificaba su entera existencia para mantener el orden y salvar a la patria frente a los que él consideraba sus enemigos acérrimos.

La herencia que Franco quiso dejar a la historia quedaba bien patente en la gran obra monumental que emprendió: una cruz inmensa en la cumbre de un monte de la Sierra de Guadarrama. La Santa Cruz del Valle de los Caídos emerge de la marea del mundo como la roca de salvación o el monte Ararat en que descansa el Arca de Noé, donde no llegan las aguas del diluvio que barre la maldad del mundo. Franco cree que la España cristiana se ha salvado gracias a una cruzada en que derrotó la amenaza del laicismo masónico y el ateísmo soviético.

La idea de una España que resurge de sus cenizas salvando el feroz acoso de sus enemigos se asocia, en el mural de Franco cruzado, con la imagen de Santiago luchando al lado de los españoles cristianos. Santiago aparece así, detrás de Franco, tal como se le representa luchando en la batalla de Clavijo: sobre un caballo blanco, la espada en su puño y la bandera blanca con una cruz roja, la «Cruz de Santiago». En esta famosa batalla las fuerzas cristianas de Ramiro I de Asturias se enfrentaron a las musulmanas, acaudilladas por Abderramán II. Los musulmanes tenían clara ventaja numérica, pero, en el momento decisivo de la batalla, apareció el apóstol empuñando su espada y arremetiendo contra los moros, lo que decantó la victoria hacia el ejército cristiano.

De igual forma que Franco acudía a esta mítica aparición de los tiempos de la dominación musulmana, los hombres medievales que forjaron la leyenda de Santiago luchando en la batalla de Clavijo recogían ya una imagen muy anterior. Esta imagen procedía de los tiempos en que los primeros cristianos eran asimismo perseguidos, y estaba presente en el libro que cierra la Biblia: el Apocalipsis de Juan. Este es un texto en el que a los acosados cristianos se les promete la esperanza de una salvación cercana, tras la batalla celeste que derrotará a las fuerzas demoníacas.

Es en los tiempos en que el invasor musulmán acosaba ferozmente a las fuerzas cristianas, cuando aparece el famoso *Comentario sobre el Apocalipsis* del Beato de Liébana [8], una obra muy divulgada y que causó gran impresión en su tiempo. La difusión de este libro popularizó la imagen del jinete celeste que lucha espada en mano contra los ejércitos del mal, que para los cristianos podían muy bien identificarse con la triunfante milicia musulmana.

En el capítulo 19 del Apocalipsis encontramos la figura de un caballero sobre un caballo blanco: «Luego vi el cielo abierto, y apareció un caballo blanco; el jinete se llama el fiel, el veraz, y juzga y lucha con justicia». Más adelante: «Y los ejércitos celestes lo acompañan sobre caballos blancos, vestidos de lino fino, blanco y limpio». La guerra contra las huestes infernales se desarrolla así: «Y vi a la bestia y a los reyes de la tierra y a sus ejércitos reunidos para hacer la guerra contra el que estaba montado en el caballo y contra su ejército».

El Apocalipsis en sí mismo es la narración de este gran «combate en el cielo», en el que el Verbo Divino y su hueste celestial entablan batalla con las fuerzas maléficas. Esta guerra en el cielo es una idea procedente de la mitología oriental, y aparece en el libro bíblico por influencia del maniqueísmo, una creencia que sintetiza diversas influencias, entre ellas la

---

[8] Año 776.

Franco cruzado con Santiago apóstol.

de la antigua religión persa. De aquí proviene el mito de los dos ejércitos celestes, el de la luz y el de las tinieblas, que se hallan enfrentados desde antes de ser creado nuestro mundo, y que encuentran en este un nuevo campo de batalla.

Estas ideas orientales se acercan al cristianismo por diversos medios, entre ellos el de las corrientes judías heterodoxas. Por ejemplo, los esenios afirmaban ser hijos del bando de la luz y librar un combate espiritual contra los hijos de las tinieblas. Para ello contaban con el apoyo del ejército de los ángeles, que los acompañaba en su oración y en su liturgia secreta. Igual influencia oriental se refleja en la cábala. *El Zohar* dice: hay un «arriba» y un «abajo», una «derecha» y una «izquierda». «Arriba» y «abajo» son la existencia espiritual y la material, pero dentro del plano espiritual existen los opuestos: luz y oscuridad, que son la «derecha» y la «izquierda». Así, el combate espiritual entre la luz y la tiniebla se refleja en el mundo material.

Debido a estas similitudes, a mediados del siglo XIX el ocultista francés Eliphas Levi [9], masón más o menos versado en la Cábala hebrea, llegó

---

[9] Su verdadero nombre era Alfonse Constant, pero hebraizó su nombre, convirtiéndolo en Eliphas Levi.

a afirmar que el Apocalipsis era un escrito cabalístico, lo cual es a todas luces un anacronismo histórico, ya que la Cábala surgió en la Edad Media.

Con independencia de la procedencia de las ideas que impregnan el Apocalipsis, estas se mantienen en la corriente subterránea del cristianismo esotérico y surgen de tiempo en tiempo en la obra literaria de algún autor con afición al ocultismo, como es el caso de J. R. R. Tolkien. Este filólogo, versado en la alquimia y las ciencias ocultas, representa en su obra la lucha entre el bien y el mal, proporcionando poderosas imágenes llenas de sugerencias y revelaciones. Tras el advenimiento del nazismo y la Segunda Guerra Mundial, Tolkien, desde su perspectiva cristiana, muestra la necesidad de combatir el mal en la obra épica *El señor de los anillos*. Desde un punto de vista a la vez moderno y mítico se pone en juego una vez más el combate eterno entre el ejército de las tinieblas y el ejército de la luz, este último acompañado por un transfigurado mago Gandalf, resplandeciente en sus albas vestiduras y su montura de color blanco.

A muchos les choca que el mago de *El señor de los anillos* aparezca en la contienda con el mismo aspecto que el patrón de España en la batalla de Clavijo, pero, como hemos visto, no se trata sino de manifestaciones similares de una antiquísima tradición.

8

Un templo egipcio en Madrid

Un halo de misterio envuelve todo lo que respecta a uno de los emblemas de la ciudad de Madrid: se trata, aunque parezca increíble, de un templo egipcio, situado en medio de unos jardines que rodean la loma que ocupó el famoso Cuartel de la Montaña, famoso por la cruenta batalla que allí se libró al principio de la Guerra Civil; un templo egipcio a cuyos muros y relieves, el célebre Jean-François Champollion, que descifró la escritura jeroglífica con ayuda de la no menos célebre piedra de Rosetta, fue a probar la validez de sus descubrimientos lingüísticos en 1829.

Quien conozca un poco Madrid sabrá ya a qué edificio monumental nos referimos: el templo de Debod, el mayor de todos los templos egipcios que hoy están fuera del país de los faraones. La segunda presa de Asuán (la *Gran Presa*) amenazaba con dejarlo cubierto enteramente por las aguas, aunque desde 1908 ya sufría parciales anegamientos debido a la primera presa, construida por los británicos. A pesar de su nula tradición egiptológica, España donó mucho dinero para conseguir su adjudicación e invirtió igualmente mucho para traerlo a Madrid; y a Egipto no le importó esa falta de tradición española.

En cuanto a la ubicación del templo en Madrid, está muy próximo a la simbólica Plaza de Oriente. Se mantuvo su orientación este-oeste original. Hay tintes masónicos. Hubo excavaciones extrañas [1]: ¿Qué significa todo esto?

---

[1] Llevadas a cabo por arqueólogos polacos.

Una donación poco usual

Empecemos por el principio... El templo de Debod fue una donación a España del Gobierno de la República de Egipto, mediante la que reconocía y agradecía la ayuda recibida para preservar una parte importantísima del patrimonio cultural y monumental del país africano, en especial el templo de Abu Simbel. La construcción de la nueva presa de Asuán, un ambicioso proyecto de ingeniería civil para el aprovechamiento del Nilo, tenía muchos beneficios pero también graves inconvenientes: el principal, dejar sumergidos vastos yacimientos arqueológicos de la región de Nubia, entre ellos algunos templos relevantes.

Originalmente, el templo nubio de Debod se levantaba en medio del desierto, sobre una pequeña meseta a dieciséis kilómetros de la ciudad de Asuán, y era el más grande de todos los que las autoridades egipcias tenían previsto donar. Bastante antes de que estas y la UNESCO [2] acordaran que lo recibiera España, fue desmontado piedra a piedra y llevado a una isla llamada Elefantina. Allí reposarían las piedras durante varios años hasta que les llegara la hora de ser trasladadas a Madrid. El itinerario parte de esta isla Elefantina a la ciudad de Alejandría, viaje en barco por el Mediterráneo al puerto de Valencia, y último trayecto por carretera en camiones a Madrid, hasta volver a erigirse en la Montaña del Príncipe Pío. Un proceso que comenzó en 1960, con el beneplácito del presidente Nasser, y culminó el 18 de julio de 1972 con la inauguración del templo por las autoridades españolas franquistas.

El embrión del templo de Debod fue mandado construir hacia el 200 a. de C. por el rey meroítico [3] Adijalamani en honor, curiosa e inusualmente, de dos deidades: Amón e Isis. Esta primera construcción fue agrandada por otros reyes, ya ptolemaicos, es decir, del Egipto helenístico. Incluso, más tarde, hicieron algunas contribuciones los emperadores romanos Octavio Augusto y Tiberio.

El llamamiento internacional del Gobierno egipcio para salvar las joyas arqueológicas de Nubia, como el famoso caso de Abu Simbel, se produjo en los años 50 con escaso éxito inicial. Pero las peticiones de ayuda

---

[2] United Nations Educational, Scientific, and Cultural Organization: Organización para la Educación, la Ciencia y la Cultura de las Naciones Unidas.
[3] Meroe fue durante cierto tiempo un reino independiente de Egipto, constituido por los reyes etíopes en una parte del actual Sudán.

continuaron y lograron finalmente respaldo. España creó en 1960 el Comité Español para el Salvamento de los Tesoros Arqueológicos de Nubia. A este comité le fueron encargadas diversas labores, tanto de excavación de yacimientos como copia de relieves, documentación, etc.

El desmontaje del templo de Debod se ordenó en 1960 y se inició a principios de 1961. Por desgracia, el templo estaba medio derruido, por causa de un terremoto que sacudió la zona en 1868.

Aunque la contribución de España, en términos económicos, fue muy generosa [4], y superó a la de Gran Bretaña, se quedó por detrás de las donaciones de Holanda, Francia, Alemania o los Estados Unidos. Esto no parece corresponderse con el hecho de que el Gobierno egipcio donara a España el mayor y más importante de los templos otorgados en gratitud por la ayuda recibida. Quizá influyera favorablemente en la decisión la postura española de apoyo a los países árabes en la crisis de Oriente Próximo. A pesar de la oposición de franceses y británicos, Egipto concedió la donación el 30 de abril de 1968. Las 1.359 cajas con 1.724 bloques de piedra que pesaban aproximadamente mil toneladas, viajarían a Madrid para deleite de los ciudadanos de la capital de España. A otras ciudades que lo solicitaron, como Barcelona, Elche o Almería, les fue denegado.

En el solar del antiguo Cuartel de la Montaña no solo se reubicaron los sillares de piedra, sino que se reconstruyó el templo en su totalidad. Para preservarlo más y proteger su zona superior, la terraza fue cubierta con un techo que nunca existió con anterioridad. Los trabajos llevaron dos años, hasta 1971, aunque su inauguración se hizo en 1972. Resulta curioso que el templo de Debod fuera uno de los templos en que se celebraba un rito egipcio en honor de la victoria, ya que la fecha elegida para su inauguración fue el 18 de julio, inicio para los franquistas de la Guerra Civil por el llamado Alzamiento Nacional y, para las tropas nacionales, inicio de su ulterior triunfo (1936 era el «primer año triunfal» en la fraseología del régimen).

Por mucho que se trate de un monumento de la fabulosa cultura egipcia, choca que un país como España, sumergido en el catolicismo de Estado, ubicara un templo pagano en medio de la capital. Los sacerdotes

---

[4] Julio Verne decía en *De la Tierra a la Luna* que España era un país muy atrasado, y que por eso no contribuyó apenas al ficticio proyecto de conquista de nuestro satélite, base argumental de la novela. Por suerte, esto ya no podría decirse un siglo después.

El templo de Debod.

de los antiguos moradores de la región, los encargados de los rituales por quienes lo construyeron, realizaban ritos en honor del dios principal del panteón egipcio, Amón, y de Isis, la diosa hermana y esposa de Osiris, señora de la magia.

Nacho Ares nos habla del templo de Debod

También encontramos en el templo de Debod signos misteriosos, como una especie de calendario geométrico que se ha interpretado y reinterpretado de muy diversas maneras. Para intentar comprenderlo visitamos a Nacho Ares, director de la *Revista de Arqueología* del grupo MC Ediciones, conferenciante y autor de varios libros y un sinfín de artículos sobre el país de los faraones, investigador y profesional riguroso, pero siempre con la mente abierta a lo insólito, a lo que escapa de los despachos de sabios apolillados.

—Háblanos de ese misterioso «calendario».

—En el muro exterior sur de la antigua capilla original del templo, hoy pared interior de un corredor ciego paralelo a la escalera que da acceso al piso superior, hay grabado en la piedra un extraño dibujo geométrico. Es grande, aunque su estado de conservación y la poca iluminación del corredor, hacen que el grabado pase inadvertido a los visitantes. Se trata de un gran círculo en cuyo interior hay otro más pequeño. Ambos círculos, concéntricos, se hallan divididos por el corte de dos ejes de coordenadas en cuatro porciones de idéntico tamaño. Nadie sabe la fecha y el significado de este misterioso dibujo. Algunos especialistas lo han catalogado como un *gnomon,* que es un instrumento utilizado por los antiguos griegos —en realidad en todo el mundo helenístico, como lo fue Egipto a partir de los Tolomeos— para medir las horas nocturnas y el paso de determinadas constelaciones por la bóveda celeste. Pero realmente nadie parece ser capaz de dar una respuesta satisfactoria y definitiva al enigmático grabado. Recientemente se ha emitido una nueva hipótesis, sugerida por la egiptóloga Teresa Bedman. Según ella, la figura geométrica podría ser un mapa del cielo muy sencillo y esquemático, similar al que se halla en Dendera, grabado en el techo de la capilla sur del templo de Hator, la diosa de la fertilidad y del cielo, señora del firmamento. Además, Teresa Bedman afirma que el grabado de Debod se asemeja a la expresión geométrica del «Triángulo de Oro», que entre otras cosas contiene el número Pi. Y, ya sabéis, el número Pi posiblemente está presente también en la pirámide de Kéops...

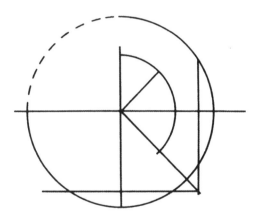

El supuesto gnomon del templo de Debod.

—¿Qué tiene de importante el templo de Debod?
—El templo de Debod, la verdad, no es una maravilla ni artística ni arquitectónica. Fue, en cambio, uno de los centros de peregrinación más importantes de Egipto. La tradición nos dice que en ese preciso lugar, la diosa Isis, embarazada de Horus, el dios halcón, por su relación con Osiris, el dios de la muerte, comenzó a sentir los dolores previos al parto. El templo disponía además de un lago sagrado en el que se recreaba el origen

del mundo desde las aguas del caos. Algo tenía que haber en Debod, o significar, para que el mismísimo emperador Augusto lo visitara. Muchas ganas debió de tener para adentrarse en una región tan desolada como el desierto nubio, máxime cuando esa clase de visitas eran muy raras en Augusto. Y lo más curioso de todo: la tradición egipcia cuenta cómo Imhotep, visir divinizado del faraón Zoser, recibió sus ilimitados conocimientos en Debod por medio de un libro que allí le vino del cielo.

—Centrándonos en Franco, ¿crees que él podía tener algún interés personal, específico, en el templo de Debod o el arte sagrado egipcio? Porque, por ejemplo, el primer proyecto o modelo del Valle de los Caídos fue una pirámide gigantesca, más alta incluso que la de Kéops [5].

—Sí —asiente Nacho con una amplia sonrisa reveladora—, aunque era distinta en sus formas relativas; una cosa bastante extraña, la verdad. Bueno, respecto al templo de Debod, cuando menos resulta curioso que viniera a España, un país sin tradición egiptológica. El templo más grande de todos los donados por el Gobierno egipcio era deseado por los norteamericanos, que se cogieron un buen enfado al perderlo. Es difícil decir cómo sucedió, pero es un poco raro, que no acaba de cuadrar muy bien. Se hicieron grandes gastos, pero menores que otras naciones. España participó en diversas excavaciones. El hecho de que trajera un templo egipcio sorprendió a todo el mundo. En aquellos tiempos los españoles no estaban tan interesados como ahora en Egipto, al que viaja todo el mundo en verano, en invierno. Antes no tenía tanta repercusión mediática ni trascendencia como habría tenido ahora en España. Además, Nasser, el presidente egipcio de entonces, estaba aliado con los rusos, que incluso financiaron la nueva presa.

—¿Sabes algo de las excavaciones de los polacos bajo el templo de Debod?

—No, de eso no sé nada. Ignoro qué podían buscar allí. Todos los templos tenían criptas, eso es cierto. Como dato notable, al haberse conservado en Madrid exactamente la misma orientación original que el templo tenía en Egipto, hace unos años, a mediados de los noventa, se llevó a cabo una experiencia que pretendía establecer una conexión psíquica entre la Gran Pirámide y el templo de Debod. No funcionó, al parecer.

---

[5] En realidad, más que proyecto inicial de lo que sería el Valle de los Caídos, la pirámide tenía un fin similar.

La ubicación del templo de Debod en Madrid se relaciona con el Palacio Real y la Plaza de Oriente [6]. Es curioso este nombre, porque ese lugar no se halla en el este de la ciudad. Hay quien dice que el Palacio de Oriente se denomina así porque su fachada más conocida da precisamente hacia ese punto cardinal, pero eso no está nada claro. Parece que se dio esa explicación al nombre *a posteriori*. El templo de Debod se ha querido relacionar con toques masónicos, como el Palacio de Oriente. Muchas veces los símbolos masones recuerdan a motivos egipcios. Podría perfectamente haber un nexo de unión, del que se ha hablado y especulado.

—Ya para terminar, ¿crees que Franco puede tener, directamente, alguna relación oscura, oculta, extraña, mágica, con el templo de Debod?

—Es difícil de decir, pero quizá por el momento en el que vino el templo a España, sí. Algo hay. Tiene que haberlo. Sin echar demasiado la imaginación a volar, Franco, al igual que le sucedía a Felipe II, que era el rey defensor del catolicismo y la ortodoxia, y luego tenía la biblioteca de El Escorial repleta de libros de magia... Franco podría haber tenido ese mismo interés, como lo tuvo en las tradiciones judías o masónicas, aunque las criticara en sus discursos y sufrieran permanentes ataques por su parte. Franco daba hacia el exterior una imagen de hombre recto, estricto, firme en sus convicciones cristianas; pero era un hombre con dos caras. No se puede negar que cuando llegó a la jefatura del Estado, por algo sería. Era un hombre inteligente y con otras inquietudes que escondía ante el pueblo. Él tenía intereses ocultos. Seguramente estuvo relacionado con sociedades secretas, masonería, rosacruces. Algo tiene que haber. Eso sí, en el templo no se practicaron rituales en aquellos últimos años del franquismo, porque eso hubiera sido demasiado notorio.

Nos sorprende todo esto. Cada vez vemos más puntos de unión entre Franco y Felipe II. Quizá el primero quiso verse como una versión moderna del segundo. Demasiadas cosas parecen unirlos.

—Bueno, Nacho, como experto en Egipto, ¿hay algo más que quieras contarnos?

—Ya que hemos hablado de la presa de Asuán, os contaré una curiosidad que estoy seguro de que os gustará. El templo de Debod se salvó, y otros menores, como el de Dendur, que fue adjudicado a los Estados Unidos, o el de Ellesiya, a Italia. Pero no se salvó todo, ni mucho menos.

---

[6] El «Oriente» tiene una clara significación masónica.

Numerosos restos de gran valor arqueológico quedaron sepultados bajo las aguas del lago Nasser, resultado de la construcción de la presa de Asuán. Es un lago artificial gigantesco, que ha dejado fuera de la vista templos míticos, como el de Ramsés II en Gerf Hussein, el de Tutankamón en Faras o el de Tutmosis III en Kumma. Son veintidós en total. Se ha llegado a plantear, y esto es lo curioso, organizar una visita subacuática. ¡Una visita bajo el agua en el desierto de los faraones!

Ciertamente era algo increíble. Aunque no menos increíble era que Franco estuviera tan íntimamente relacionado con un rey tan peculiar como Felipe II. Sus intereses eran similares. Quizá se veían a sí mismos, igualmente, como elegidos del Destino. Confiaron en las reliquias y quisieron conocer sabidurías que ellos mismos habían prohibido. Compartieron también la fascinación por la simbología y la arquitectura ciclópea y seguramente mística. El poder dirigido por fuerzas superiores. Eso es posiblemente lo que a ambos los absorbía en la búsqueda de conocimientos que les dieran luz sobre la verdad de su propia existencia y misión en el mundo.

Madrid masónico

El entorno de la Plaza de Oriente de Madrid forma parte, como otras zonas de la capital, de un proyecto relacionado con la masonería y sus símbolos. También el Palacio Real que preside esa plaza, y que se conoce precisamente como «de Oriente», muestra elementos claramente masónicos. Este edificio sustituyó en el siglo XVIII al antiguo alcázar de los Austrias, que se hallaba en la misma ubicación, donde antes incluso también se alzó el alcázar árabe. El Palacio de Oriente fue mandado construir por Felipe V, el primer Borbón español, hombre siempre nostálgico de su Francia natal. El plan era ambicioso: superar al Palacio de Versalles en tamaño y esplendor. España se afrancesaba en sus usos y gustos, y un palacio real nuevo debía cumplir los nuevos requisitos de la Corona borbónica.

Enseguida empezó el palacio a rodearse de leyendas: la extraña muerte de obreros, apariciones fantasmales, moradores abrumados por sucesos inexplicables, etc. Y, por supuesto, el lugar que ocupaba el edificio empezó a relacionarse con esos acontecimientos. Quizá nunca debió de abandonarse el proyecto inicial de ubicación, que no era donde se encuentra en realidad, sino cerca de la Plaza de España.

Cuando Napoleón ocupó —que no invadió— España y se hizo con el control del país, impuso como rey a su hermano José [7]. Este eligió sin vacilaciones el Palacio de Oriente como residencia. Desde 1808 hasta el inicio de la expulsión de los franceses en 1812, año en que José Bonaparte tuvo que huir de Madrid, el hermano del *Empereur* tuvo entre manos un extraño y oscuro proyecto que nunca llegó a finalizar. Desde su llegada, como acuciado por la prisa, emprendió la reforma de la zona que daba a la fachada oriental del Palacio Real, la que hoy conocemos como «Plaza de Oriente».

José Bonaparte trazó la forma y configuración de la plaza, según ideas muy concretas y relacionadas con lo masónico. Su grado de Gran Maestre de la masonería en Francia lo llevó a tratar de impulsarla en España, a imagen y semejanza de la que florecía en su patria. Es necesario resaltar una vez más que los masones españoles actuales son básicamente herederos de esta «masonería bonapartista», y no tanto de la que tuvo raíces inglesas en el siglo anterior. A partir del siglo XIX se establece en España una masonería organizada y floreciente, que ya nunca desaparecerá del todo a pesar de las diversas persecuciones de las que sería objeto en los tiempos venideros.

En lo exterior, el proyecto de José Bonaparte tenía como objetivo que Madrid gozara de una zona ajardinada semejante a los parisienses Campos Elíseos. Pero había otro fin interior y oculto, secreto a los ojos de quienes no participaran de él o fueran iniciados en su conocimiento. De este, del plan escondido bajo el notorio, no se sabe exactamente cuál era su fin específico, ya que no se terminó y los investigadores actuales no se ponen completamente de acuerdo.

Los jardines debían unir la Plaza de Oriente con la Plaza de Cibeles, la iglesia de San Francisco y el Palacio Real, eje que tendría un enlace también con la Puerta del Sol. Mayor simbolismo, imposible: el Oriente masónico es la aurora, el retorno al Supremo Hacedor, las almas que van del mundo —el Occidente— a su trascendencia, el origen de la sabiduría; el Sol, por mediación de la alquimia, representa así la eternidad, la luz trascendente, el «ojo que todo lo ve», el ojo de la Providencia y el Alma del Mundo; la diosa frigia Cibeles, la *Magna Máter* y esposa de Atis, identificados ambos por los masones con el matrimonio divino encarnado por Isis y Osiris del panteón egipcio.

---

[7] Llamado por el pueblo «José Botella», aunque, al parecer, era abstemio.

Las masónicas cariátides del Ministerio de Agricultura en Madrid.

Así, los masones, que se consideran descendientes espirituales de aquellos antiguos egipcios que practicaban, en secreto, los Misterios de Isis y Osiris —religiones para un grupo selecto de adeptos—, se sentían arropados por sus símbolos en una ciudad entera, como un talismán de poder. La acacia, el árbol que tanto abunda en Madrid, es la madera del arca mortuoria de Osiris. Las fuentes y corrientes subterráneas de la ciudad, los «cuatro elementos» representados en torno a la diosa Cibeles en la plaza madrileña... Todo responde a ese plan simbólico inconcluso del hermano de Napoleón, que reinó en España menos de cuatro años y no pudo concluir su obra.

9

El eje Escorial-Valle de los Caídos

AL echar atrás la mirada nos sorprende ver cómo Francisco Franco y el rey Felipe II presentan tan numerosos puntos de conexión. El monarca Habsburgo fue el más poderoso que han conocido los siglos. En sus manos tenía medio mundo, y el resto experimentaba temor de él. Sin embargo, vivía con una austeridad que hoy nos parece rayana en el fanatismo [1]. Un fanatismo cuya vertiente religiosa le hacía estar más atento a lo divino que a lo humano. Si es que Felipe II era un fanático...

Franco también quiso vivir con austeridad. Una austeridad personal, íntima, que no le impidió disfrutar de un yate de recreo o de un pazo en Galicia. Sin embargo, sus habitaciones eran sobrias, su cuarto de baño, como el de cualquier español de clase media; su televisor vetusto y en blanco y negro hasta el final. Vivía en un palacio, pero no a todo lujo. Igual que un Felipe II que, más allá aún, parecía un monje en lugar de un rey absoluto.

Quizá Franco fijó su mirada en el admirado monarca, al que elevó a lo más alto de las añoradas glorias de España. En su visión sentimental, Franco pudo buscar en Felipe su modelo. La palabra clave es «Providencia». Además de con Felipe II, que era su modelo más evidente, Franco se sentía claramente identificado también con los Reyes Católicos y con el emperador Carlos V. Todos estos monarcas se identificaban a su vez con los temas recurrentes que Calderón de la Barca expresaría más tarde en sus dramas: honor, Dios, determinismo, destino.

Esta amalgama de valores inspiró a Felipe II la construcción del monasterio de El Escorial, la llamada *Octava Maravilla del Mundo*. Pero tam-

---

[1] Para Felipe II, cuanto más austera era la vida exterior, más rica la interior; cuanto menos se pensara el cuerpo, más grande sería el espíritu.

bién los aires renacentistas y los conocimientos herméticos y esotéricos. El poderoso rey era hombre culto e interesado en las ciencias y las artes; sabía música, tocaba la vihuela [2], leía libros prohibidos y los relatos bíblicos de las visiones de Ezequiel, adquiría enigmáticos cuadros del Bosco... Su memoria ha sido elevada o ensuciada quizá con la misma vehemencia y falta de veracidad. Ni fue tan oscuro ni fue la pureza encarnada.

Para construir el inmenso monasterio granítico que «diera testimonio eterno de su memoria y loa y gloria al Creador», Felipe II tomó a su servicio al arquitecto Juan Bautista de Toledo [3]. Entre ambos trazaron el plano básico con la mente puesta en el mítico «Templo de Salomón», cuyas trazas el rey David recibió de Dios y transmitió a su hijo Salomón, encargado de erigirlo. Sin embargo, Felipe II no quería copiar ese templo, sino inspirarse en él haciendo, en realidad, una obra original y propia que maravillara a la cristiandad en aquellos tiempos de luchas religiosas.

Felipe II solía retirarse a orar y buscar la iluminación divina en lugares que habían sido centros de oración de hombres santos. Frecuentaba grutas y pequeñas ermitas, quizá en busca de las energías de esos lugares y de quienes los habitaran.

En su deseo de inspirarse en el Templo de Salomón, o bien a través de medidas místicas recibidas en sus retiros espirituales, lo que es seguro es que el rey dio algunas directrices a Juan Bautista de Toledo —su *Hiram Abib*— que debían cumplirse en los planos de la nueva construcción: cuatro serían las entradas al templo y siete los peldaños hasta el atrio. Las cuatro esquinas, orientadas hacia los cuatro puntos cardinales [4], en representación de los cuatro ríos del Paraíso Terrenal [5]: el número de la firmeza, de los cuatro elementos: aire, agua, tierra y fuego.

Los símbolos cósmicos estarían presentes a través de las figuras geométricas del círculo, el triángulo y el cuadrado, y sus relaciones. La correspondencia entre las proporciones humanas y arquitectónicas estudiada por Vitrubio [6]. El concepto místico de armonía de Pitágoras. La trascendencia universal.

---

[2] Especie de guitarra antigua.

[3] Discípulo, nada menos, que de Miguel Ángel Buonarroti.

[4] Esto no se cumplió, como veremos más adelante.

[5] Fisón, Geón, Éufrates y Tigris.

[6] Arquitecto clásico romano que creó el mayor tratado sobre arquitectura de la época: los diez libros de arquitectura de Vitrubio.

El círculo no tiene fin. Representa lo que ha sido, es y será; el equilibrio y la justicia. Es la eternidad, la inmortalidad. El triángulo es la figura que surge de un mínimo número de líneas rectas: representa a la Trinidad. Dos triángulos conforman la estrella de David para demostrar que lo mismo es lo de arriba que lo de abajo. Somos la imagen del Creador. El cuadrado, por su parte, es la segunda figura perfecta. También deriva del triángulo y simboliza la tierra, los cuatro puntos cardinales y las cuatro componentes del ser humano: cuerpo, mente, alma y espíritu.

Gran carga simbólica. Un lenguaje sagrado estaría así presente en el Monasterio de El Escorial; un lenguaje que da poder al que lo conoce y lo utiliza.

Fachada principal del monasterio de El Escorial.

Se cree que, al igual que el Templo de Salomón estaba, en Jerusalén, sobre la roca del monte Moria [7], Felipe II quiso erigir su monasterio-fortaleza en lo más alto del monte Abantos. Pero no lo hizo así, quizá por no tentar a Dios. El lugar elegido fue a la postre otro. El Rey mandó crear un grupo de arquitectos, médicos y filósofos que juntos se encargaran de

---

[7] En el monte Moria Abraham llevó a Isaac para sacrificarlo.

buscar la ubicación más propicia para lo que él había proyectado, contando con la fe cristiana y también con la doctrina de Vitrubio.

Volviendo a la orientación del monasterio de El Escorial, las cuatro esquinas no se situaron finalmente hacia los cuatro puntos cardinales, sino que sufrieron un giro de dieciséis grados de arco, algo que supone aproximadamente un veintidosavo de la circunferencia completa, la cual tiene, como es sabido, trescientos sesenta grados sexagesimales. Con el número 16 podemos formar, sumando los dos dígitos, el 7. Este es el número mágico por excelencia. Representa la eternidad y la divinidad. Es el único número entre los diez primeros que no divide ni es dividido por ninguno de los otros [8]. Está presente en los siete peldaños que llevan al atrio y en las siete torres del monasterio de El Escorial.

Por su parte, la relación 22/7 es también enormemente simbólica. Esta es la relación entre el perímetro de la circunferencia y su diámetro, un valor que usaban los arquitectos antiguos como aproximación al número Pi, supuestamente conocida ya por los mismos egipcios. Según Robert Graves [9], la razón por la que el alefato, o alfabeto hebreo, tiene veintidós letras podía deberse a esta relación 22/7, ya que siete era el número de Jehová y de los hebreos, el número mágico sobre todos los demás, como hemos dicho. Precisamente, el 22 y el 7 son también los números fundamentales de la Cábala judía tal y como aparecen en el libro fundacional de la misma, que es el *Sefer Yetzirah* [10].

También el número 5 está presente en El Escorial con todo su simbolismo. Representa los cinco sentidos del ser humano; los puntos cardinales más el centro; el pentagrama, estrella de cinco puntas o Sello de Salomón [11]; los cuatro elementos más la quinta esencia, el *éter*, la sustancia mítica en la que giran los astros.

Además de en el altar mayor, como era costumbre, Felipe II mandó guardar reliquias de santos en otro lugar del monasterio. En el cimborrio del templo, hacia la parte central de la aguja y próximo a ella, hizo que se dejara un hueco para guardar allí algunas de sus preciadas reliquias. Luego

---

[8] Según la Mátesis, es decir, la *matemática mística* de los pitagóricos.

[9] El famoso autor de *Yo, Claudio* y estudioso de los mitos griegos.

[10] Obra anónima de los primeros siglos de nuestra era.

[11] La Biblia no especifica cuántas puntas tenía el Sello de Salomón, aunque desde el siglo XIX se suele asociar con la estrella de seis puntas. Casanova tenía una estrella de cinco puntas a la que llamaba «Sello de Salomón». Por su parte, la estrella de seis puntas es emblema de los judíos desde que lo usaron como símbolo los sionistas del siglo XIX.

se tapó ese hueco con una pancha metálica dorada al fuego, el famoso «Ladrillo de Oro» de El Escorial. Corresponde ya este cimborrio al arquitecto Juan de Herrera, sustituto de Juan Bautista de Toledo a su muerte y tras un breve ínterin poco relevante. En el cimborrio, Herrera abrió ocho ventanas, al igual que en la linterna que lo corona, símbolo este número del poder, el vigor, la superación, el juicio y el triunfo.

Aún encontramos algo más extraño en este edificio tan singular. Se trata de un elemento del tabernáculo que nos «descoloca» ante un monarca tan aparentemente recto en su catolicismo y tan fijo en la doctrina de la Iglesia. Es una medalla, probablemente ideada y diseñada por Juan de Herrera, en honor de Felipe II y repleta de elementos astrológicos claramente exhibidos. Además de signos zodiacales, conjunciones, ascendentes, encontramos también una leyenda en latín que reza: *SIC . ERAT . IN . FATIS;* cita del poeta latino Ovidio que significa «Así lo decidió el destino».

El patio de los Evangelistas, diseñado por Herrera y uno de los mayores de estilo renacentista que se mantienen intactos, antaño estaba adornado de flores, pero en la actualidad solo hay boj. Este arbusto, de dura madera y hoja perenne, que proviene de Europa del sur y Asia, se emplea muy comúnmente como planta decorativa. En la Antigüedad fue emblema de la inmortalidad del alma, del ciclo de la vida y símbolo funerario consagrado a la diosa Cibeles, Venus y Plutón. Lo que muchos no saben es que también hubo pueblos que no lo tuvieron en ninguna estima, ya que para ellos el boj simbolizaba la esterilidad. Curiosos sentidos.

Mención aparte merece la biblioteca que fundó Felipe II. Su intención era convertirla en la mejor y más rica del mundo y de su tiempo, la más «sabia», la que atesorase las obras más importantes. El rey quiso que esa colección de libros fuera su contribución máxima y su legado al futuro: un cenáculo del saber dentro de su gran monasterio-fortaleza. Y para organizar esta biblioteca deslumbrante se llamó a un teólogo que se había destacado en el Concilio de Trento, humanista que ayudó en el diálogo entre adversarios en los territorios españoles de Flandes, y a quien Felipe II ya había encargado dirigir una edición en varios idiomas de la Biblia: Benito Arias Montano. Un hombre al que la Inquisición investigó por luchar contra el fanatismo y que, sin embargo, y a despecho de ello, el rey quiso tener a su lado.

Paseando hoy por esa biblioteca, entre las estanterías de madera repletas de libros, las ricas mesas, las esferas armilares, los restaurados frescos de los techos, uno se siente embargado por la magnificencia de la gran sala, que se halla en la parte superior de la entrada principal. Se respira el aire del conocimiento, la quietud de la reflexión, la serenidad del alma que, como un seto en manos del jardinero, va adquiriendo una forma que lo aleja del desarrollo salvaje. Los techos, pintados por Pellegrino Tibaldi, nos muestran representaciones de la aritmética, la música, la geometría, la astronomía, la gramática, la retórica y la dialéctica. Por debajo, en las zonas altas de los muros, las historias que están en ellos hacen referencia a las artes. Sobre la entrada y la pared del fondo, pinturas dedicadas a la filosofía y la teología. Estos diseños se atribuyen por lo general al padre Sigüenza, pero hay un estudioso, René Taylor, que sostiene que los crearon Felipe II y Juan de Herrera, o incluso Arias Montano.

La biblioteca de El Escorial.

Un maravilloso lugar dedicado al saber en el que, de pronto, uno se siente quebrado y desgarrado cuando, en la región del techo dedicada a la aritmética, ve con sonrojo ¡un error en una simple suma! Paseando por la biblioteca acompañados del estudioso escurialense Luis Saiz Vida —que es quien nos advierte del error—, nos reímos con ganas: toda la ciencia de los creadores de El Escorial no bastó para que supieran efectuar correctamente la sencilla adición de dos números... En realidad, y salvo un oculto o hermético motivo, lo más probable es que este fallo se deba a las labores de restauración. Y, si es así, el que lo hizo, desde luego, se cubrió de gloria. ¡O es arte abstracto!

Pero volvamos a Felipe II. ¿Era este rey, fundador de El Escorial, el hombre en quien Francisco Franco buscaba un espejo en el que mirarse o en quien encontrar un parangón cuatro siglos antes de él? Es posible que solo lo hiciera a partir de una imagen *ideal* de Felipe II, no *real*; pero también puede que no. Quizá Franco sí conocía perfectamente estas «aficiones» del rey Habsburgo y precisamente por eso buscara la comparación y el modelo. Por otro lado, y a la luz de todo lo dicho, ¿es el monasterio de El Escorial la mano impresa de Felipe II en los siglos como testimonio de su fe, o es algo más? ¿Se repite algo de su aparato simbólico y oculto en «El Escorial de Franco», es decir, el Valle de los Caídos? Veremos que allí también hay misterio. Pero antes hablaremos de otro proyecto del que decir que es curioso se queda corto y sabe a poco.

Una pirámide para Franco y los caídos

El periodista y escritor Daniel Sueiro, en su libro *La verdadera historia del Valle de los Caídos,* cita un proyecto increíble que pudo convertirse en el lugar de reposo de los muertos —«héroes y mártires»— durante la cruenta Guerra Civil. Franco tuvo deseos de crear algo así desde el principio de la misma contienda, para los caídos *futuros,* pero el proyecto real no empezaría a materializarse hasta un año después de que el conflicto acabara, con su victoria militar frente a la República. Al margen de ello, entre finales de 1936 y principios de 1937, tres hombres afectos al Alzamiento, atrapados y escondidos en Madrid, que era zona republicana, idearon un monumento al cual *faraónico* no resulta un simple adjetivo calificativo. Un noble y militar, el vizconde de Uzqueta, un arquitecto, Luis Moya, y un artista, el escultor Manuel Laviada, realizaron juntos una serie de diseños que comprendían un arco de triunfo —que no es el que realmente se construyó en Moncloa— y un monumento funerario. Sus trabajos y diseños fueron publicados en septiembre de 1940 en la revista de la Falange *Vértice,* ya terminada la contienda y tras ese primer aniversario de la victoria, el 1.º de abril, en que Franco anunció la construcción de un memorial para los caídos.

El arco de triunfo mostraría, por un lado, la imagen de Santiago Apóstol sobre una bandera española formada con piedras de colores, y por el otro lado, unos españoles plantando un árbol como emblema del resurgir de la patria. El monumento funerario, por su parte, es lo que verdaderamente nos sorprende hoy, pues se trataba de una pirámide de base triangular y ciento cincuenta metros de altura, más alta que la Kéops en la meseta de Gizeh, lo que la hubiese convertido por tanto en la mayor del mundo.

Esta pirámide hueca, iluminada por medio de un buen número de ventanas en forma de arco abiertas en los laterales, albergaría en hornacinas las cenizas de los caídos en la Guerra Civil, y se pretendía ubicarla cerca del lugar en que se levantaba el Hospital Clínico, destruido en la guerra. Todo ello sin contar con Franco, que no aceptó el proyecto. Aunque es curioso que años después pusiera tanto empeño en conseguir que el templo egipcio de Debod viniera a España. En todo caso, el *Caudillo* optó para los caídos por un monumento de clara significación cristiana —al menos en apariencia—, y para ello promulgó el decreto fechado el día 1.º de abril de 1940. Aunque en su mente, como hemos dicho, la idea había fraguado mucho antes, casi cuando aún no había caídos que enterrar. Más que un monumento a los caídos, él concibió un monumento a los que iban a caer.

En cuanto a las ideales actuaciones arquitectónicas no quedó la cosa en el arco y la pirámide, al menos en las mentes de algunos dirigentes del recién nacido franquismo. Seguramente influidos por la monumental y grandiosa arquitectura fascista italiana, y más aún por la nazi, encarnada por Albert Speer, se llegó a plantear la construcción de un nuevo Madrid como capital «purificada» de la España emergente. El proyecto tenía como meta alcanzar el año 2000 como fecha de finalización. El Madrid del año 2000, monumental, cabeza del legendario Imperio, sería un lugar de renovado espiritualismo, un renacimiento de la Hispanidad [12]. Se establecería su ubicación fundiendo las áreas de Pozuelo, Aravaca y el Plantío. Una enorme calzada lo cruzaría, prolongándose hasta alcanzar nada menos que El Escorial. Además, en la Casa de Campo se pretendía levantar un gran «Faro Ibérico» de sesenta metros de altura, cerca del Man-

---

[12] Esta idea, muy del gusto de Serrano Suñer, fue publicada en la revista *Horizonte*, 1.º de agosto de 1939.

El Valle de los Caídos como es en la realidad.

El Valle de los Caídos como podría haber sido con la pirámide.

zanares, en una gran vía de ochenta y cinco de anchura adornada por dieciséis arcos, pilonos de estilo egipcio. La Puerta del Sol también sería nueva, en forma elíptica y mucho mayor.

Y luego dicen que solo los norteamericanos piensan a lo grande... Pero dejemos el *Madrid 2000* y volvamos a la *pirámide de los caídos*.

Según el arquitecto Álvaro Vázquez, el proyecto de Uzqueta, Moya y Laviada habría constituido un esfuerzo económico aún mayor que el del Valle de los Caídos real. La pirámide, incluso hueca, hubiera necesitado una estructura para su erección más compleja y costosa que la ya de por sí compleja y costosa de la Santa Cruz.

—Lo de la pirámide es una auténtica *bestialidad*. En cuanto a materiales, transporte, ejecución, mano de obra. Algo desmesurado. Requeriría una estructura interna muy compleja, dadas las dimensiones proyectadas. La cimentación tendría que ser extremadamente fuerte para soportar el enorme peso.

—¿Y, al margen de la pirámide, no es ya una obra titánica la que se llevó a cabo en la realidad, con la excavación de la montaña en un túnel más largo que la nave central de la basílica de San Pedro de Roma?

—Sí, lo es. Pero probablemente sea técnicamente más fácil que haber construido la pirámide hueca. Sobre todo por las dimensiones. En todo caso, se trata de una obra espectacular para su época, incluso para la época actual. Hoy es impensable que alguien acometiera una obra de semejante magnitud solo para hacer un monumento. Esto recuerda un poco al famoso Cenotafio de Newton, diseñado por el visionario de la arquitectura Étienne-Louis Boullée. Algo descomunal e irrealizable. Ahora se invierte el dinero en obra civil, autopistas, túneles para los trenes de alta velocidad; pero no para un monumento megalómano. Los jefes de gobierno actuales tienen mandatos limitados, y dependen de la voluntad del pueblo. Ese no era el caso de Franco.

—¿Qué piensas del Valle de los Caídos desde el punto de vista arquitectónico y artístico?

—Hay que diferenciar dos cuestiones. El Valle de los Caídos genera una sensación de grandiosidad por sus dimensiones desaforadas, como sucede en la plaza de San Pedro. Bernini consiguió en la más famosa plaza del mundo generar unas sensaciones similares y aun superiores, con sus efectos ópticos para generar sensaciones perfectamente calculadas de antemano. El Valle no es tan «artístico», pero sí genera sensaciones impactantes. Arquitectónicamente no tiene nada especial, ni la basílica ni la cruz; aunque esta última sobre todo sea una gran obra de ingeniería. En conjunto, se trata de elementos bastante simples en cuanto a la arquitectura. A mí me impacta, pero roza lo vulgar. Como obra podemos calificarla de compleja y grandiosa, pero artísticamente es algo sin valor.

—Hombre, ¿tú crees que...?

Álvaro Vázquez se muestra tajante:

—¡Sin duda! No es nada del otro mundo. Eso sí, consideración aparte deben tener algunos grupos escultóricos. Los arcángeles de Juan de Ávalos son muy meritorios. Por cierto, que el Valle de los Caídos tiene muchos elementos herrerianos. Recuerda a El Escorial, pero es una especie de *refrito* y de copia poco acertada.

Álvaro Vázquez se había percatado, sin saberlo, de un hecho que Franco sí tuvo en cuenta y no es fruto de la casualidad: la relación espiritual entre su Valle de los Caídos y el convento-fortaleza de su admirado Felipe II.

Una obra no menos faraónica: El Valle de los Caídos

Desde enormes distancias en la Comunidad de Madrid se puede distinguir, en los días despejados, la gigantesca cruz del monumento nacional a los caídos, el *mausoleo del faraón-Franco*, una gigantesca tumba y, en cierta medida, un monumento al soldado desconocido. Por la autopista de La Coruña, antes de llegar a Guadarrama, un desvío en la carretera conduce, a menos de dos kilómetros de distancia, hasta el acceso de la finca en que se halla el complejo monumental del Valle de los Caídos. Todas las cifras relacionadas con este conjunto arquitectónico situado en la sierra noroeste de la provincia de Madrid resultan asombrosas: el tiempo que tardó en construirse, el número de personas que trabajaron en él [13], el coste total de las obras, la cantidad de piedra utilizada, las dimensiones de los tres elementos principales, la basílica, la cruz y la hospedería benedictina al pie.

Dos fueron los arquitectos responsables del diseño y la construcción, primero Pedro Muguruza y luego Diego Méndez. Y el escultor Juan de Ávalos dejó también su huella en el Valle de los Caídos, dándole su principal valor artístico. Sin embargo, no cabe duda de que el auténtico padre es Francisco Franco. A él se deben las ideas básicas sobre el monumento que daría homenaje a los caídos en la Guerra Civil española, así como la elección del lugar donde este habría de alzarse (o *excavarse*). También fue él personalmente quien revisó y eligió entre todos los proyectos presentados. Gran aficionado a la arquitectura, a lo largo de los años de construcción nunca dejó de supervisar la marcha de las obras ni de hacer sugeren-

---

[13] Uno de los mitos que rodean esta obra es el número de muertos en su construcción, que fue sorprendentemente pequeño, ya que la cifra más alta es de dieciocho en total y ninguno en la cruz, y eso en casi veinte años de trabajo. Otro mito se refiere a la mano de obra. Los trabajos finos y de oficio los realizó personal especializado y contratado, no los presos *semiesclavos*.

cias a los responsables de las mismas. En un arranque muy al estilo de Pemán, Diego Méndez dijo que a Franco «todo le parecía pobre, chato, mezquino para la alta grandeza de los perecidos por la mejor de las causas... No le importaba [...] que los necios tuvieran por locura la fábrica asombrosa». No era extraño, por tanto, que el propio Franco eligiera la basílica para su inhumación, junto al altar mayor, donde también reposan los restos del fundador de la Falange, José Antonio Primo de Rivera.

Las cenizas de entre cincuenta mil y setenta mil combatientes de ambos bandos de la Guerra Civil —aunque muchos más nacionales que republicanos— los flanquean a lo largo de las capillas laterales de la cripta. Se trata de un auténtico monumento funerario cristiano. Esto es más patente gracias a la Santa Cruz que corona la montaña, de ciento cincuenta metros de altura y cuarenta metros de crucero, lo cual la convierte en la mayor del mundo. Y aún más grande podría haber sido de haberse aprobado otro proyecto, de ambición superior incluso a la del real, de hacerla *visitable*, con una biblioteca en su interior y hasta un restaurante abierto al público [14].

Como hemos dicho, fue Franco en persona, acompañado por el general Moscardó, quien eligió el lugar exacto para la ubicación del monumento que deseaba convertir en el «templo grandioso de nuestros muertos, en que por los siglos se ruegue por los que cayeron en el camino de Dios y de la Patria». Este lugar fue la llamada finca de Cuelgamuros [15], y el templo se conocería en el futuro como «Valle de los Caídos». Allí se enterraron miles de muertos de los dos bandos [16] con una condición: ser católicos. Dentro de lo «desaforado» del monumento, esto último es natural aunque discutible, ya que se trata de una iglesia consagrada y cristiana, y no un monumento laico. Más discutible todavía es la parte de «caídos por Dios», cosa poco probable en muchos de los combatientes republicanos, aunque fueran católicos.

---

[14] Esta posibilidad fue siempre negada por el arquitecto Diego Méndez como absurda.

[15] Toda esa zona era frecuentada por Felipe II en sus jornadas de camino entre El Escorial y Guadarrama. También lo fue El Pardo, que Franco eligió como residencia oficial. Los paralelismos entre ambos hombres son muchos y muy diversos. Quizá «Cuelgamuros» sea una corrupción del nombre «Cuelga Moros», que al parecer se daba antaño a ese pinar.

[16] Este particular no se decidió desde el principio, sino en 1950, y no se oficializó hasta años después.

En cuanto a la arquitectura del conjunto, no puede decirse que esta sea homogénea, ya que los arquitectos que se encargaron de los diseños y proyectos no pudieron trabajar con plena libertad. El monumento era una proyección de la mente de Franco, y como tal, él en persona lo supervisó todo, lo decidió todo. En esto, como en tantas otras cosas, puede comparárselo con Felipe II, supervisando desde su silla de piedra el avance de las obras del monasterio de El Escorial. De Franco es muy especialmente el deseo de perforar la montaña para crear una cripta subterránea.

La cripta fue consagrada como basílica menor en 1960 por el papa Juan XXIII. En deferencia a la catedral de San Pedro de Roma, se dividió el espacio longitudinal en varias partes, una de las cuales está excluida de la consagración para que la basílica no fuera más larga que la sede papal. En todo caso, el túnel mide veintidós metros de alto y doscientos sesenta y dos metros de largo, es decir, aproximadamente lo mismo que el mítico trasatlántico *Titanic*.

Uno de los tapices del Apocalipsis.

Símbolos y significados ocultos del Valle de los Caídos

El Escorial había sido el refugio esotérico de Felipe II en vida y después de la muerte. El Valle de los Caídos fue la morada, también esotérica, escogida para el eterno descanso de Francisco Franco. El primero fue llamado *la Octava Maravilla* por quienes lo vieron, y el segundo *la Novena Maravilla* por el diario *ABC*. Al igual que El Escorial se quiso construir sobre el monte Abantos, la primera idea para la Santa Cruz fue la coronación de un cerro adyacente, de altura ligeramente superior a la que ocupa en la realidad. También se desechó el proyecto, al ser poco consistente para tal carga la zona donde habrían de ubicarse los cimientos de la cruz. Permítasenos dudarlo. Demasiada coincidencia, demasiado paralelismo con el Escorial y su inicial proyecto para la cima del monte Abantos.

Antes de llegar al monumento propiamente dicho, recorremos una carretera en la que, en cierto lugar de la misma, aparecen en pie cuatro enormes moles de granito como columnas sin adornos, completamente cilíndricas. Flanquean de dos en dos esa vía por la que ha de pasar quien quiera llegar al Valle de los Caídos. Son los Juanelos, de los que ya hemos hablado al principio de este libro. ¿Nadie sabe con certeza cuál es su utilidad, o por qué dos son ligeramente más bajos? ¿Son acaso un simple adorno? Lo cierto es que costó mucho dinero y esfuerzos llevarlos hasta el lugar en el que se alzan, en camiones de transporte de carros de combate que solo podían avanzar unos quince kilómetros al día [17]. Dada la rareza, una imagen nos viene a la mente. Si el Valle de los Caídos es una especie de Escorial de Franco, y aquel fue el «Templo de Salomón» de Felipe II, ¿no serán los Juanelos algo así como las columnas de Jakin y Booz duplicadas, un remedo de las columnas que daban acceso al templo del bíblico rey hebreo? Sin embargo, fue Franco quien rechazó la primera idea de colocar los Juanelos justo a la entrada de la cripta. Quizá eso era demasiado notorio. Rechazó también otras ubicaciones hasta que fue de su agrado la que ocupan aún hoy.

Tengan o no los Juanelos un sentido oculto, en el Valle de los Caídos encontramos una curiosa mezcla de simbolismo cristiano y esotérico, que nos recuerda, una vez más y siempre, al Monasterio de El Escorial. Al llegar ante la fachada principal de la basílica, nos topamos con los primeros de estos símbolos: la escalinata que conduce al arco de entrada a la cripta, de cien metros de anchura, está formada por diez escalones. Este número, desde el punto de vista cristiano, es símbolo de los diez mandamientos.

---

[17] Uno de los miembros del equipo de transporte sería, al correr del tiempo, la voz española del *abuelito* de Heidi.

Si se considera a los escalones como grados de conocimiento, que el «profano» recorre para alcanzar la ascensión espiritual, el diez puede simbolizar los *sefirot* [18] de la tradición cabalística, identificados con los peldaños de la escalera de Jacob. Igualmente diez son los peldaños del Templo de Salomón.

Por delante de la montaña, la fachada, un semicírculo que forma una galería de arcos, preside la enorme explanada cuya superficie supera a la de cuatro campos de fútbol. Sobre el arco de entrada, la Piedad de Ávalos, como símbolo de acceso al Paraíso con que se identifica a la Virgen María. La nave es el interior de su cuerpo, que será fecundo para el que acceda a él en busca de la iluminación y el contacto con Dios.

Ya dentro, el túnel que conduce al altar mayor y la cúpula, es decir, la cripta propiamente dicha, fue excavado en la roca de la montaña. Su altura inicial era de once metros. Luego se amplió por expreso deseo de Franco, hasta los veintidós metros definitivos. Este número es el de las letras del alfabeto hebreo, aunque ello no parece muy relevante en este caso. Lo más notorio, sin embargo, es el hecho de excavar la roca viva para crear una gruta; una gruta para los difuntos, que, al igual que El Escorial, rebosa piedra granítica. El granito simboliza lo duradero, la resistencia, la fortaleza, asociada a menudo con la propia nación española. La roca es también Dios, como refugio inexpugnable. La cueva, la gruta como tal, es muy significativa: simboliza el universo y también la iniciación [19]. Todos los grandes sabios, como Pitágoras, han sido iniciados en una cueva. En una situada en el interior del monte Carmelo, la leyenda dice que los caballeros templarios recibían la iniciación del verdadero cristianismo primitivo. Los alquimistas creían que la ciencia oculta se hallaba en el interior de la tierra, que era el seno materno. Representaban la montaña y la cueva mediante los dos triángulos del sello de Salomón: algo que está presente en el Valle, un monte de piedra excavado en su seno como la gruta del monte Moria, que en la tradición sirvió de sepulcro a Adán, el primero de los hombres. Y sobre la tumba de Adán se alzó, según una leyenda medieval, la cruz de Cristo. Aunque todo esto globalmente sea imposible e incluso absurdo, el simbolismo está innegablemente ligado a ello como algo omnipresente.

---

[18] Los *sefirot* son los grados progresivos de ascensión espiritual en la tradición judía de la Cábala, en la búsqueda de unión con Dios.

[19] René Guénon dice que el centro espiritual primordial de la humanidad estaba, simbólicamente, en lo alto de la montaña. Pero este centro se traslada al interior de la gruta cuando el conocimiento sagrado se convierte en oculto. Es el nacimiento de la gruta iniciática.

Por otro lado, es probable que el mismo Jesús naciera en una cueva, y no en un pesebre. San Ignacio de Loyola, soldado, recibió la iluminación divina en el interior de otra, adonde se retiró durante diez meses después de haber sido herido en una batalla. También el dios Mitra, originario de la India y Persia, había venido al mundo en una cueva [20], lo cual pasa al cristianismo a través de los Evangelios apócrifos.

Entre el vestíbulo de la cripta y el atrio, a ambos lados, las estatuas de dos arcángeles con espadas, sobre sendas pilas de agua bendita —hoy secas—, flaquean la entrada de los visitantes. Desde el atrio hay que bajar ocho escalones para entrar en la antesala de la zona más amplia del túnel, donde hay una verja con motivos militares y religiosos que preside Santiago Apóstol. El ocho simboliza, de nuevo, la entrada al Paraíso. Es el número de peldaños que componen la escalera del atrio interior en el Templo de Salomón.

También son ocho los tapices que recrean escenas correlativas del Apocalipsis de San Juan, que Franco mandó trasladar desde La Granja y colocar en los espacios entre las capillas laterales de la nave central de la cripta. Al parecer, hay cierta confusión acerca de quién tuvo la idea de llevar los tapices al Valle. Lo más probable es que Franco solo «sugiriera» el traslado, que fue tomado como indicación por el arquitecto Diego Méndez y por el almirante Carrero Blanco, que lo autorizó. Actualmente los tapices son copias de los originales, que pertenecieron a Felipe II y estuvieron en la cripta hasta que las humedades desaconsejaron su mantenimiento allí a costa de un deterioro rápido y definitivo. En todo caso, originales cuando lo fueron y copias después, los numerados como pares ocupan el muro de la derecha y los impares el de la izquierda, lo cual tiene también cierta relación con la tradición cabalística [21].

La primera parte del túnel está dividida, a su vez, en tres secciones. La segunda parte, la más grande y ancha, muestra seis capillas consagradas a diversas vírgenes, tres a cada lado, y tres son los escalones que las separan del nivel general del suelo. De nuevo, son tres secciones las que componen la tercera parte del túnel. El tres, tan presente, representa la Santísima Trinidad de los cristianos. Es el número perfecto, que los neoplatónicos asocian a la divinidad. Tiene «aires masónicos» bien conocidos por haber

---

[20] Muchas son las similitudes de Mitra con Jesús, ya que, entre otras cosas, se le atribuye en nacimiento el día del solsticio de invierno, su madre fue una virgen, fue adorado por magos, realizó milagros y se sacrificó por los hombres.

[21] En rigor, con la tradición numerológica pitagórica y cabalística.

sido los masones receptores de la tradición mística pitagórica y neoplatónica. En cuanto al seis, presente en las capillas, es el número de la Virgen.
Este número, en las tradiciones cristianas primitivas, se asimiló también de
la tradición pitagórica y neoplatónica, en la que representaba a Venus, la
diosa del amor y la armonía del universo.

El último tramo que atravesamos antes de llegar al crucero es quizá el
que muestra un aire más tétrico. Es como una galería fantasmal flanqueada,
en su zona superior, por ocho figuras que visten manto y capucha, de ar-
caico aspecto marcial, cuatro a cada lado. Simbolizan las Fuerzas Armadas
y sus milicias. Parecen guardianes serenos pero siempre alerta, dispuestos al
combate.

Al llegar al crucero, donde se encuentran el altar mayor y la gran cúpula (de cuarenta y un metros de alto), nos damos cuenta de que es circular. El citado altar ocupa el centro del círculo, y no la capilla del fondo.
Un hecho muy singular es que en esto se asemeja al altar de un templo
pagano. De hecho, circular es la capilla del Grial, más próxima a lo pagano
que a lo cristiano. El círculo representa a la divinidad, es la forma que
nunca acaba, el infinito.

Para llegar a la mesa del altar hay que subir siete escalones, divididos
en dos grupos, uno de cuatro y otro de tres peldaños. El cuatro representa aquí la materia, la tierra, el mundo físico; el tres, el espíritu y a Dios.
Al ascender los siete peldaños pasamos simbólicamente del mundo material al espiritual, de la tierra al cielo. Cuatro y tres son también las virtudes cardinales, las cuatro que ya conocían los griegos más las que añade
el cristianismo como superiores: fe, esperanza y caridad.

Entre los cuatro arcos que circundan el altar, las cuatro estatuas de arcángeles de Ávalos, de ocho metros, ocupan sus sempiternos puestos sobre las hornacinas. Son Miguel, Gabriel, Rafael y Azrael. Los tres primeros muestran sus rostros alzados. Azrael, sin embargo, el encargado de
llevar a la presencia de Dios las almas de los difuntos, cubre el suyo con
una capucha y parece hundir su mirada en las profundidades subterráneas.
Únicamente este último carece de armas, pues los otros tres arcángeles están armados. Miguel y Gabriel portan sendas espadas, y Rafael una lanza.
Lo extraño de esto, además de la presencia inhabitual de Azrael, es que
solo suele figurarse con espada al arcángel San Miguel, guerrero encargado de someter a los ángeles sublevados contra Dios y guiados por Lu-
cifer. Los investigadores José Hermida y Silvia Nieto creen que podría tratarse de *ángeles de la muerte*, ya que ellos consideran al Valle de los Caídos

como un lugar en el que fluye una fuente de energía que el mismo Franco utilizó en vida. Y, sin que tenga relación directa con esto, hay que decir también que muchos se opusieron —aunque fuera en silencio o en grupúsculos— a que el jefe de un ejército vencedor de una guerra erigiera un templo para las víctimas. El rey David no pudo construir el templo, prohibido por Dios, al ser un guerrero y haber derramado sangre en las batallas. En ese sentido, por analogía, el Valle de los Caídos sería una «obra contra Dios». Pero la bendición de Juan XXIII la liberó de la sospecha. Al menos sobre el papel.

Volviendo a la descripción del monumento, la cúpula sobre el altar mayor es un mosaico que muestra a un Cristo rodeado de ángeles, santos y mártires, la Virgen y los caídos, que se dirigen procesionalmente hacia la Gloria. En el suelo, las tumbas de José Antonio Primo de Rivera y de Francisco Franco ocupan lados opuestos de un diámetro longitudinal. La primera que encontramos es la del fundador de la Falange. Para llegar a la de Franco hay que dar la vuelta al altar. Desde 1956, antes de que se trasladaran al Valle de los Caídos los restos de José Antonio —que se hizo, sin la presencia de Franco, griposo, en el mismo año de la inauguración oficial, 1959—, la tumba del anterior jefe del Estado ya estaba lista para usarse cuando fuera necesario, en piedra revestida de plomo. Casi hay que tener ganas de ocupar ese espacio para tenerlo preparado con tanta anticipación. ¿Por qué? Esto es puramente especulativo, pero quizá Franco deseaba tanto su enterramiento allí por algún motivo simbólico. De hecho, su mujer no está junto a él.

La cripta, excavada en la montaña, nos ofrece un viaje subterráneo hacia el centro de la roca. El altar mayor tiene encajado en su justo centro, como si se tratara de un árbol que brota del mismo y traspasa la mesa, una cruz con un Cristo crucificado. Esto es muy significativo e inhabitual, al igual que lo es esta poco labrada cruz, que también en eso nos recuerda a un árbol. Se trata de enebro, árbol o arbusto harto simbólico, cuyas propiedades medicinales ya conocían los antiguos. Hay controversia en cuanto al lugar donde se produjo el evento de su tala. La primera versión asegura que el ejemplar que se utilizó para elaborar la cruz fue talado en los bosques de Segovia, concretamente en Valsaín o Riofrío [22]. La segunda

---

[22] De haberlo talado en esa zona de Segovia, en la que hubo cruentas batallas durante la Guerra Civil, podría responder al deseo de Franco de que esa madera hubiera estado en contacto espiritual con los *caídos en la Cruzada*.

versión afirma que el enebro estaba en el propio Risco de la Nava. Por otra parte, y con toda seguridad, esto se hizo en presencia de Franco; aunque hay quien cree que no solo eso, sino que él mismo lo taló con sus manos. Desde Segovia o el Risco de la Nava, se condujo a la capilla del palacio de El Pardo, donde se le dio la forma de cruz y se le colocó la talla del Cristo de Beovide [23]. Según las instrucciones precisas de Franco, el conjunto se instaló después en el altar mayor de la basílica el 16 de abril de 1957. Franco acudió con su esposa al Valle ese mismo día, a la hora del crepúsculo. Fue, además, la primera ocasión en que se encendía la iluminación nocturna de la Santa Cruz. Debió de ser para el *Generalísimo* un momento de gozo. Sus «símbolos» estaban ya todos en sus lugares. La cruz de enebro también, en el centro místico del conjunto.

Esta madera de enebro es, como decimos, muy simbólica. En el Himalaya, los pueblos budistas utilizan madera de enebro para sus fuegos ceremoniales. También se quemaba ritualmente para las deidades de los panteones sumerio y babilonio. En Egipto se extraía su aceite, que formaba parte de las fórmulas del incienso. Los antiguos pueblos europeos creían que el enebro era un escudo contra las energías del mal y los malos espíritus, y que protegía a sus familias y sus granjas de los demonios. En ocasiones, se queman ramas de este árbol durante los exorcismos. La Noche de Walpurgis, sus bayas formaban parte de las pociones para conjurar a las brujas y protegerse de ellas, que en la antigua fiesta pagana de la noche del 30 de abril se citaban con el diablo.

El centro del universo está atravesado por un eje. Este «eje del mundo», el *Axis Mundi,* es en algunas culturas antiguas un gran árbol que guarda los frutos de la inmortalidad. De ahí procede el Árbol de la Vida situado en el centro del Paraíso, según el Génesis. En torno a este árbol fluyen los cuatro ríos del Paraíso en las cuatro direcciones de los puntos cardinales. También son cuatro los arcángeles de Juan de Ávalos que rodean, protectores, el altar. En el Apocalipsis de San Juan, el Árbol de la Vida reaparece en el centro de la Jerusalén celestial, y a sus pies fluye el río del agua de vida que otorga la inmortalidad. Para los cristianos, este árbol de la vida se identifica con la cruz de Cristo, que también está simbólicamente en el centro del universo. Todo concuerda.

El túnel de la cripta se alargó para que la gruta bajo la cúpula, el crucero y la cruz de enebro, quedaran justo bajo la otra cruz del Valle de los

---

[23] Discípulo de Zuloaga.

Caídos: la Santa Cruz de ciento cincuenta metros [24], que se eleva, como una antigua picota de poder feudal, sobre los otros ciento cincuenta de montaña piramidal del Risco de la Nava. Esto es también muy simbólico. Al igual que alrededor del *Axis Mundi* están los cuatro ríos del Paraíso, alrededor de la gran cruz de piedra, en su base, se encuentran los cuatro Evangelistas y, por encima de ellos, las cuatro Virtudes Cardinales. Los Evangelistas se apoyan sobre sus símbolos tradicionales: Marcos el león, Lucas el toro, Mateo el ángel y Juan el águila. En cuanto a las Virtudes —Prudencia, Justicia, Fortaleza y Templanza— todas ellas son figuras de varones.

Este simbolismo del cuatro y de los cuatro puntos cardinales se refleja en la representación de Cristo rodeado por los Evangelistas junto con sus animales emblemáticos. La cruz en sí misma es también una cruz en su sección —en este caso griega—, tanto en el fuste como en los brazos. En vertical se divide en tres niveles, ocupados por los Evangelistas y las Virtudes formando la gran base, y por último la cruz propiamente dicha. Los Evangelistas, que pertenecen al mundo terrestre, pueden simbolizar los cuatro elementos y los cuatro puntos cardinales. Las Virtudes, representan el mundo intermedio, coronado por la cruz, símbolo del cielo y de la eternidad.

La montaña que sostiene a la cruz es una mole de granito igual de alta que ella. El abandonado proyecto de la pirámide para los caídos, al fin y al cabo, quedó de alguna manera reflejado en este monumento definitivo. Bajo la Santa Cruz, la citada montaña describe la forma de una irregular pirámide natural [25]. Esto no es una mera especulación, ya que lo afirma el propio libro-guía sobre el Valle de los Caídos que edita oficialmente Patrimonio Nacional. La pirámide está presente. La gruta excavada, el túnel de la cripta, es el interior de la pirámide, que llega a su corazón. Y no es el único símbolo que nos recuerda la arquitectura del antiguo Egipto. El acceso a la cripta por la parte trasera, donde se ubican el monasterio y la hospedería, tiene claras connotaciones egipcias. Y esto incluso podría haber sido más claro, ya que el proyecto original del Valle de los Caídos contaba con una cruz muy distinta. Se trataba de un lago artificial con esa forma que

---

[24] Esto es más de una vez y media la altura de la Giralda de Sevilla o la Estatua de la Libertad. Se construyó para resistir vientos de trescientos cuarenta kilómetros por hora y mantenerse estable frente a las inclemencias del tiempo durante mil años.

[25] Según René Guénon, en el simbolismo arquitectónico la montaña horadada es equivalente a la pirámide con una cámara interior.

habría debido ocupar la explanada previa al acceso de la cripta. Un lago por delante del templo. Algo *muy* egipcio. Basta visitar en Madrid el templo de Debod para comprobarlo.

Otro simbolismo evidente del Valle es la creencia en la ancestral protección que los muertos, los antepasados, ejercen sobre los vivos, la cual viene de tiempos prehistóricos. También es tradicional la idea de que existen en la tierra centros de energías telúricas, que primero ocuparon los dólmenes, luego los templos paganos y, finalmente, las iglesias y catedrales. Estas son «puertas» sobre la corriente de energía que conecta dos mundos.

Por otra parte, no menos interesante, existe un eje tendido entre este monumento, el sagrado monte Abantos y el monasterio de El Escorial. Si la gran cruz se hubiera ubicado, como fue intención inicial de Franco, en un cerro próximo, cabe destacar que este también mantiene la misteriosa alineación. La línea imaginaria es perfecta, y los extremos —Escorial y basílica del Valle de los Caídos— casi equidistantes. Por este motivo, la historia de un Franco «inspirado», que, con Moscardó junto a él, poco menos que de paseo, «reconoce» el lugar idóneo para el monumento a los caídos, podría tacharse de absurda. Es imposible que la casualidad haya obrado el prodigio de alinear la cima del monte Abantos, El Escorial y el Valle de los Caídos. O el *Generalísimo* engañó a su amigo Moscardó, o la historia es falsa. Las cosas no pudieron suceder así.

Tuvo que haber previamente unas mediciones cartográficas o topográficas del Servicio Cartográfico del Ejército que, siguiendo las indicaciones precisas de Franco, localizara un monte alineado con El Escorial y la cima de Abantos, y que cumpliera por añadidura los demás requisitos del dictador, fueran estos los que fueren. No es descabellado pensar, una vez más, en la forma piramidal que adopta el Risco de la Nava. Por eso quizá Franco estaba, en efecto, intentando *encontrar* el lugar, y no simplemente escogiéndolo por gusto.

Casi cómico es el principio de la escena que refiere el religioso benedictino que sería nombrado primer abad de la basílica, fray Justo Pérez de Urbel. A él le contó el mismo Franco cómo fue su conversación con Moscardó, previa al «hallazgo»:

> —¿Quieres que vayamos a buscar el Valle de los Caídos? —pregunta Franco, animoso, a Moscardó, permanentemente oculto tras sus gafas oscuras—. Porque el valle debe existir, y seguramente por esta zona.

Ya se ve que Franco sabe más de lo que dice. Parece un niño, disfrutando de la pequeña maldad de fingir que encontraba algo que ya sabía dónde estaba. Se van los dos en un coche, hasta la sierra, y luego caminan. Moscardó, ajeno al juego, sigue a su jefe hasta un cerro pedregoso al que llaman Altar Mayor. Allí Franco hace como que le agradan el paisaje y el lugar, y hasta trepa por la ladera. Moscardó está cansado, no quiere ascender hasta arriba del todo. Franco, por fin, sentencia:

—Subiremos algún día, y me atrevo a esperar que subirán muchos españoles.

Cierto. Subirían muchos españoles y extranjeros, de visita o para trabajar, libremente o de modo obligado. En fin, todo esto parece indicar una cosa que ya sabíamos: que Franco no solía revelar sus intenciones. A cada uno le daba un pedazo de la información, y lo más importante se lo guardaba para él. Está claro que tenía intenciones definidas y precisas. Pero posiblemente los motivos verdaderos se hayan ido con él a la faraónica tumba.

La cruz de enebro del altar mayor.

El monte sagrado y un pequeño experimento

Aunque aquí las cosas son discutibles, existe una vieja leyenda sobre Felipe II y El Escorial que dice que la ubicación del monasterio no fue simplemente hija de los deseos del rey acerca de cuestiones como el paisaje o la salubridad del entorno. En esa leyenda las cosas resultan más complejas. El enorme monasterio se construyó donde hoy lo vemos, como una mole granítica, para tapar la «puerta del Infierno». Felipe II averiguó de algún modo ese hecho y toda su intención esotérica fue sellarla, evitar que las fuerzas del mal lograran alcanzar nuestro mundo. No deja de ser pintoresco, como aún lo es más la idea de que Franco pudiera saberlo y el Valle de los Caídos responda, a través de su relación con el monte Abantos, a un plan concebido para conseguir y canalizar una especie de energía mística.

Declarado «ecosistema singular», el monte Abantos es peculiar verdaderamente. Felipe II lo frecuentaba, y es uno de los lugares desde los que contempló las obras de El Escorial, desde su segunda mayor elevación, que da hacia el lado del monasterio. Se dice que allí había otra silla de piedra que él utilizaba, pero lo cierto es que hoy solo encontramos una casa forestal, para los guardas del monte. La vista es magnífica. El monolítico y sobrio monasterio de El Escorial es mucho más hermoso visto desde arriba.

Es también el monte Abantos un lugar místico, de leyenda, considerado como una montaña sagrada por los antiguos íberos que habitaban la zona. En esa región vivieron los pueblos carpetanos, anteriores a la conquista romana. Tuvieron altares y centros de culto religioso en el monte Abantos, consagrado por ellos a los muertos. Allí los abandonaban para ser devorados por los también sagrados buitres —o por los *abantos*[26]—, como aún hacen los zoroastristas en algunas regiones de la India. En esta montaña mágica se han encontrado restos arqueológicos megalíticos. Un dolmen hallado recientemente se mantiene en una ubicación no especificada para evitar daños de vándalos. En la zona hubo también altares romanos dedicados al dios Marte. Se trata, sin duda, de un lugar con gran carga simbólica y espiritual.

Las montañas mágicas son comunes en las distintas culturas. Para los griegos, el Olimpo era uno de esos montes sagrados, residencia de los dioses. Lo elevado está en el camino del cielo. Así también el profeta persa

---

[26] El abanto, ave carroñera similar al buitre pero de menor tamaño, da nombre al monte.

Zaratustra subió a la montaña en busca de elevación que lo alejara de los hombres y lo acercara al conocimiento.

Como hemos dicho, si unimos con una línea imaginaria el centro de la base de la Santa Cruz del Valle de los Caídos con el centro de la cúpula de la capilla mayor del monasterio de El Escorial, encontramos que esa línea pasa casi justamente —algo muy significativo— por el punto más alto del monte Abantos. Los tramos en que queda dividida no son igual de largos. Este centro se halla un poco más cerca de El Escorial que del Valle de los Caídos, pero la diferencia es de unos cien metros, valor pequeño si tenemos en cuenta la dificultad de ubicación. Las coordenadas geográficas de este lugar, el verdadero centro, que no coincide exactamente con la máxima elevación del monte Abantos (1.758 metros), son las siguientes:

Longitud   04º 09' Oeste
Latitud   40º 37' Norte

Decididos a probar si hay alguna clase de fuerza de origen telúrico o espiritual, alguna «fuente de energía» en lo alto del monte Abantos, en ese extraño centro del aún más extraño eje que une El Escorial con el Valle de los Caídos, realizamos primeramente mediciones cartográficas y con GPS para determinar dicho punto. Una vez hecho esto, localizado el punto medio con suficiente exactitud, nos desplazamos hasta él con varios instrumentos: un contador Geiger, un electroscopio, un equipo de magnetometría y dos grabadoras de audio, una digital y otra analógica (microcasete).

Acompañados una vez más por nuestro gran amigo, el profesor José Luis Valbuena, del Instituto de Astronomía y Geodesia del CSIC y gran conocedor del monte Abantos —que fue también quien nos facilitó la disponibilidad de los principales instrumentos—, llegamos a la falda del mismo por una carretera que desemboca en una pista de tierra protegida con una barrera. Como no habíamos pedido permiso para subir nuestro vehículo, lo dejamos estacionado allí abajo y ascendimos caminando por la ladera durante unos veinte minutos, hasta el punto en que podríamos haber llegado en coche, y otros veinte minutos más hasta la cumbre. A un lado dejamos el vértice geodésico [27] que marca el punto más elevado. Con el GPS localizamos la ubicación que nosotros buscábamos.

---

[27] Muchos de estos vértices fueron destruidos hace años por culpa de una interpretación literal y equivocada de los *Cuentos de la Alhambra* de Washington Irving. En ellos

Previamente habíamos realizado una medición cuando todavía estábamos abajo, señalando un punto y anotando sus coordenadas con el GPS. Esto nos sirvió, repitiendo el proceso arriba, para establecer el azimut geográfico o astronómico (rotacional), pudiendo así hallar la declinación magnética por comparación con el rumbo medido con la brújula. También hay que decir que todo el plan de actuaciones para la heterodoxa, o más bien singular investigación, lo habíamos establecido la tarde anterior en la cafetería de la Facultad de Matemáticas de la Universidad Complutense de Madrid.

José Luis Valbuena nos acompañaba amablemente para ayudarnos, aunque con todo escepticismo científico. De intelectualidad siempre pragmática, pero mente abierta a lo nuevo, venía para que pudiéramos utilizar el instrumental adecuadamente —o, más bien, para usarlo él— y para que comprendiéramos las lecturas que íbamos a registrar. Aunque ambos autores de este libro somos ingenieros, no estábamos familiarizados con el uso de ciertos instrumentos, y no podíamos permitirnos un error de manejo que nos ocasionara *a posteriori* un error de concepto. Así es que lo dejamos en sus manos.

El contador Geiger nos permitiría analizar la radiactividad ambiental o remanente, y sus eventuales variaciones si es que se producían. El electroscopio está diseñado para medir la electricidad estática. Por su parte, el equipo de magnetometría constaba de: un magnetómetro para medir el módulo del vector magnetismo, es decir, su valor; un clinómetro magnético para comprobar la inclinación vertical de dicho vector; y una brújula, para medir la componente horizontal del mismo. De haber anomalías de cualquier clase, las apreciaríamos con este instrumental. La grabadora era para dejarla apartada a un lado y ver si registraba algo, aparte de los sonidos del ambiente y de nuestras propias voces. Si aquel era un lugar con fama de sagrado y mágico, quizá se grabara alguna *psicofonía*.

No es que esperásemos propiamente algo espectacular, pero nos desanimó mucho ir comprobando que, a pesar de nuestra ilusión por descubrir algo interesante y de todo el esfuerzo, los aparatos registraban mediciones completamente normales. La radiactividad no era superior a la esperable por causas naturales. Los valores de magnetismo se correspon-

---

se citaban tesoros árabes escondidos bajo torres, las cuales algunos confundieron con vértices geodésicos.

dieron fielmente a los deducidos a partir del modelo oficial del mapa geo-
magnético del Instituto Geográfico Nacional.

En fin, lo habíamos intentado. Había que intentarlo.

Ya era de noche, y estábamos empezando a guardar el instrumental
cuando, de repente, como surgiendo de la nada, un pajarraco negruzco y
bastante grande se nos echó encima entre fuertes graznidos y aleteos. José
Luis Valbuena cayó al suelo con la cámara fotográfica en la mano. El aparato se rompió, privándonos de las imágenes tomadas de día —por fortuna
llevábamos otra cámara y pudimos tomar a toda prisa algunas nuevas fo-
tografías de nuestra expedición—. Al menos, las rodillas del profesor, de-
licadas desde hacía tiempo, quedaron intactas.

Lo peor no fue, sin embargo, el ataque del ave, sino la llegada casi
igual de repentina y de agresiva de un guardia forestal bastante cretino
que casi nos acusó de estar intentando capturar al bicho, cosa prohibida.

*El alineamiento entre El Escorial, la cima del monte Abantos
y el Valle de los Caídos (foto satélite).*

Gracias a las dotes conciliadoras de José Luis Valbuena, y cuando le mostramos los instrumentos que teníamos, en ningún caso útiles ni adecuados para la caza de especimenes salvajes, se tranquilizó un poco.

El pájaro había desaparecido sin dejar rastro. Ni siquiera el guardia forestal, que husmeó por la zona, parecía saber dónde podía estar su nido. A nosotros nos evocó la anécdota bien conocida de Paloma Gómez Borrero, cuando un «pájaro endemoniado» entró en su casa de Roma, luego desapareció para siempre detrás de un mueble, y ello coincidió con otra desaparición aún más sorprendente: la de un importante y extenso material periodístico sobre el demonio, concedido por el decano de los exorcistas de la Iglesia católica.

Todavía antes de irnos, sin demasiados ánimos y tras el susto de los agresivos *animales,* dejamos allí arriba enterrada una caja de plástico con una película fotográfica en su interior, de gran formato, como las utilizadas en fotogrametría aérea, y enmascarada con blindajes de diferente opacidad a la radiación. La recogeríamos no antes de un año para comprobar si la emisión radiactiva de la zona era normal o superior a lo normal, ya que la radiación ambiental medida con el contador Geiger, como hemos dicho, arrojó un resultado negativo, al ser completamente estándar. Tampoco las grabaciones de sonido registraron nada fuera de lo lógico y esperable. Era un hecho que habíamos fracasado.

De momento.

El misterio del monte Abantos seguía tan firme como nuestra determinación de desvelarlo. Ya veríamos. La cosa no iba a quedar así. Una batalla perdida no hace que la guerra termine.

Juan de Ávalos: Un cristiano socialista y republicano

El principal escultor del Valle de los Caídos, Juan de Ávalos [28], nació en Mérida y antes de la Guerra Civil militó en el PSOE, con el carné número siete de esa localidad. Fue amigo de Unamuno y de Ortega y Gasset. Su padre, maestro de escuela, le inculcó el espíritu liberal y cristiano

---

[28] Otro caso de «español desaprovechado», Ávalos es un escultor de nota y excepcionales cualidades, que ha sido calificado de Titán de la Escultura. Vivo y activo plenamente a su más de noventa años, quizá le hubiera ido mejor en los Estados Unidos, adonde fue invitado a instalarse por la Hispanic Society.

a un mismo tiempo. Por eso sorprende que, con ese antecedente socialista e incluso republicano, Franco le encomendara los más importantes grupos escultóricos de su obra magna y por la que pensaba atravesar los siglos cuando él ya no fuera más que polvo. Y eso teniendo en cuenta que Ávalos había sido «depurado» tras la Guerra Civil. En 1944 se exilió a Portugal voluntariamente para dar aire a su carrera, constreñida y frenada en España. Se vio impelido a hacerlo por las duras condiciones impuestas a los que se opusieron al Alzamiento Nacional. En el *Boletín Oficial del Estado* se publicó, con fecha de 27 de julio de 1942:

> Según la orden firmada por el ministro de Educación Nacional, señor Ibáñez Martín, don Juan de Ávalos García-Taborda queda depurado por falta de confianza al no ser afecto al régimen.

Fue en noviembre de 1952 cuando Ávalos recibió el encargo para la realización de una parte del conjunto escultórico para el monumento. En el contrato se especificaban, entre otros detalles menos relevantes, los siguientes puntos fundamentales a modo de pliego de condiciones y plazos:

Obras escultóricas:

— Una Piedad para el acceso principal a la cripta, sobre el gran arco de entrada.
— Los Cuatro Evangelistas para la base de la Santa Cruz.
— Alegorías de las Cuatro Virtudes Cardinales: prudencia, justicia, fortaleza y templanza, también para la Santa Cruz.
— Los arcángeles Gabriel, Miguel, Rafael y Azrael para el interior de la cripta.

Honorarios:

— Novecientas mil pesetas libres de gastos[29].

Plazo de entrega:

— Terminación de los trabajos antes del final del año 1953.

---

[29] Finalmente, por gastos inesperados, el beneficio de Ávalos no superó las trescientas mil pesetas.

Las dimensiones de estas esculturas resultan desaforadas, como el propio monumento. La Piedad mide seis metros de altura y nueve de anchura. Los Evangelistas, dieciocho metros de alto y doce de ancho. Dieciséis de alto y seis de ancho las Virtudes. Los sobrecogedores arcángeles, que rodean el altar mayor, bajo la cúpula, superan la altura de cuatro hombres grandes.

En contra de lo que algunos libros mencionan, el mismo Juan de Ávalos reconoce que se autorretrató en el Valle en la figura del evangelista San Marcos, uno de los cuatro que rodean la base de la gran cruz y el más elaborado. San Marcos nació en Jerusalén y fundó la iglesia de Alejandría. El mismo San Pedro en persona logró su conversión. Murió en Egipto asesinado por los idólatras. Quizá este detalle sea importante para comprender el porqué de que Ávalos eligiera a Marcos para retratarse: la muerte a manos de idólatras. ¿Consideraría él eso a quienes le pagaban —poco, mal y tarde— aquella obra escultórica de proporciones ciclópeas e igual de grande categoría artística?

También San Marcos, cuyo símbolo es el león, representa el poder de Dios y es el vigilante sempiterno, que duerme sin cerrar los ojos, alerta incluso en el descanso. Como curiosidad bastante extraña y casi descabellada, vemos que esta condición de alerta permanente parece concordar muy bien con una figura religiosa ajena a occidente y al cristianismo, pero cuyo nombre empieza igual que el apellido del escultor: *Avalokitesvara,*

El monumental San Marcos en la cruz del Valle de los Caídos.

el Señor que Vigila, un Buda venerado como creador del mundo material y custodio suyo hasta la llegada futura del Buda salvador. Una especie de espejo oriental del Demiurgo, presente en la tradición platónica griega. Y este Demiurgo es un *escultor*, al igual que Ávalos.

Volviendo a su filiación política anterior a la Guerra Civil, nadie que no lo sepa explícitamente podría sospechar que Juan de Ávalos no estaba del lado del régimen franquista como el que más. Quién podría pensar que un republicano de izquierdas tomara las riendas de la parte más artística en la gran construcción monumental de Franco a los caídos. Quién podría pensar eso del hombre que le diera sus elementos más bellos y diferenciadores, por encima de la magnitud enorme de la obra, su otra característica principal. Al contrario, Ávalos no era afecto al régimen. De hecho, hubo voces en contra de su elección. Y, en lo personal, su trabajo en el Valle le perjudicó más que le benefició, como él mismo admite y reconoce apenado, casi pesimista.

Esa caída del ánimo se recupera, además de con el trabajo constante, con su cristianismo sincero y profundo. Cuando se afilió al Partido Socialista, este encarnaba para él unos ideales muy parecidos a los cristianos. Hoy las cosas han cambiado, y ya no se reconoce claramente inclinado al socialismo, al tiempo que su ideal cristiano ha aumentado.

Con Franco nunca compartió nada personal. En escasísimas ocasiones fue invitado al palacio de El Pardo. Aunque el *Caudillo* lo conocía desde que, en cierta exposición y ante la obra titulada *Héroe Muerto*, dijera: «Este es el gran escultor que necesita España». En la entrevista con Ávalos, Franco quiso saber su opinión sobre el conjunto escultórico que pretendía llevar a cabo en el Valle de los Caídos. Ávalos le aconsejó evitar escenas inspiradas en sus victorias militares de la guerra para evitar rencores futuros, cosa que, según parece, no se logró a pesar de cumplirse la recomendación del escultor.

Juan de Ávalos es un hombre peculiar. En 1970, todavía en pleno franquismo, Ávalos fue nombrado miembro de honor de la Academia de Bellas Artes, Escultura y Arquitectura de Rusia. Y una curiosidad para terminar, con preámbulo incluido: en su juventud, Miguel Ángel Buonarroti hizo pasar esculturas suyas por obras de la Antigüedad. Para ello, las enterraba en su jardín y, después de un tiempo, ya envejecidas, las sacaba y aseguraba haberlas encontrado excavando la tierra. Nada tiene que ver esto con el caso de Ávalos, pero él mismo reconoce que hay por ahí muchas figuras suyas que se atribuyen a escultores antiguos.

10

El Grial en España: Franco y los nazis

~

AUNQUE el título de este capítulo resuena a película de Hollywood, lo cierto es que el mismísimo *Reichsführer SS*, Heinrich Himmler, estuvo en España buscando el Santo Grial; concretamente en el monasterio benedictino de Montserrat. ¿Quizá creía que se trataba del mítico *Montsalvat* de las leyendas griálicas? El genio romántico Richard Wagner —gran admirador de la España clásica e imperial, y lector devoto de Calderón de la Barca— también pudo creerlo. Y hasta podría ser que estuviera pensado en Montserrat cuando escribió los versos que entona el caballero Lohengrin como respuesta a la pregunta prohibida en el tercer acto del drama musical homónimo [1]:

> En una tierra lejana, inaccesible a vuestros pasos,
> hay un castillo llamado Montsalvat,
> en él se halla un templo luminoso,
> el más bello del mundo;
> en ese templo se guarda un maravilloso cáliz
> protegido como una santa reliquia:
> para que los hombres más puros pudieran custodiarlo,
> una legión de ángeles lo trajo allí;
> cada año, una paloma desciendo del Cielo,
> para reforzar su divino poder:
> se llama el Grial, y la fe más pura y bendita
> se concede a través de él a la hermandad de caballeros.

---

[1] Barcelona fue la primera ciudad española en estrenar *Lohengrin*. A pesar de que Wagner no fue muy apreciado en nuestro país, su mujer, Cósima Wagner-Liszt, aludía en su diario a las grandes afinidades entre alemanes y españoles.

A aquel que es elegido para servir al Grial,
le otorga su poder sobrehumano;
las fechas del demonio son incapaces de atravesarlo,
una vez lo ha visto, la sombra de la muerte lo abandona.
Incluso aquel que es enviado a tierras lejanas,
como defensor de la virtud,
no se verá privado de su sagrado poder,
siempre que, como su caballero,
permanezca allí sin que nadie lo reconozca.
Tan maravillosa en la bendición del Grial,
que cuando se revela, rehúye a los no iniciados.
Así, ningún hombre ha de dudar del caballero,
pues si es reconocido tendrá que abandonarlos.
¡Oíd ahora cómo respondo a la pregunta prohibida!
Fui enviado a vosotros por el Grial:
mi padre, Parsifal, lleva su corona,
yo, su caballero, Lohengrin me llamo.

En el Madrid justo posterior a nuestra Guerra Civil, en 1940, había un piso que frecuentaban altos dirigentes nazis, como el ministro de asuntos exteriores de Hitler, Joachim von Ribbentrop, su arquitecto Albert Speer y el jefe del *Abwehr*[2], Wilhelm Canaris. Todos ellos tenían relación con el jefe supremo de las SS, el funesto Himmler. En la misma planta, puerta con puerta, vivía una familia cuya hija, de talento precoz, tocaba el piano desde muy niña. A los alemanes, siempre amantes de la música, les encantaba pasar las tardes bebiendo coñac, fumando puros habanos y escuchando a la niña. A menudo recibían visitas de españoles, espías dobles, agentes al servicio del III Reich, y otros especímenes diversos. Hablaban siempre en alemán, e ignoraban que aquella niña, aparentemente absorta en las teclas blancas y negras del piano, entendía bastante bien lo que decían, pues una de sus abuelas, austriaca de Viena, le había enseñado esa lengua antes de morir. No lo comprendía todo, pero sí lo bastante para, hoy en la frontera de la ancianidad, recordar muchos secretos revelados al calor del alcohol y al aroma del humo de los cigarros.

---

[2] Servicio de Inteligencia Militar.

Ella ha exigido que no se revele su identidad en este libro [3]. Sabemos que no nos ha contado casi nada de lo que sabe. «Cuando me muera —nos dijo con una enigmática sonrisa— preguntad a mis herederos si he dejado algo para vosotros. Quizá lo haga.» Por el momento tenemos que contentarnos con dos *perlas* presentes en sus recuerdos: en cierta ocasión escuchó cómo Speer comentaba a otros colegas, cuyas identidades ignora, que Himmler pretendía encontrar un objeto de poder en la montaña sagrada de Montserrat, en Cataluña, y que se había fletado un submarino para buscar un antiguo tesoro en las Islas Canarias. Además, creyó entender que Speer revelaba un nuevo significado de las siglas SS [4], más allá de su sentido nacionalsocialista. Fanático de los mitos germánicos antiguos, Heinrich Himmler, que se creía descendiente del rey que unificó Alemania, Enrique el Pajarero, quería que SS fuera también la «tapadera» de su Orden Negra, los caballeros del *Sanctus Spiritus*, es decir, del Espíritu Santo, del Santo Grial. Esta Orden, cuyo centro de poder estaba en la cripta sagrada del castillo de Wewelsburg (Westfalia), se nutría de lo más selecto entre los selectos miembros de las SS, y siempre estuvo, de hecho, al margen de Adolf Hitler.

¿Cuál podía ser el objeto de poder que Himmler creía hallarse en Montserrat? ¿Y el antiguo tesoro de Canarias? El primero es muy conocido, ya que las leyendas griálicas de Montsalvat son muy populares y podrían referirse, como hemos dicho, a la montaña catalana. Nos referimos, por supuesto, al Santo Grial. Pero el segundo es menos conocido. Quizá se tratase de un mito que sitúa el tesoro de la Orden del Temple en una de las Islas Canarias. Allí, protegido en un acantilado impracticable y por una congregación de monjes guerreros, se cree que aún permanece oculto hoy día.

Las leyendas del Grial han sido diversas, recogidas con mayor o menor fidelidad de los mitos antiguos, y narradas con cierta libertad, completas o fragmentarias, por autores como Eschenbach, Malory, Wagner, Steinbeck. Según la tradición, el Santo Grial es la copa usada por Jesús en la Última Cena y que después recogió una porción de su sangre. La Copa

---

[3] Por cierto, esta señora sostiene la curiosa teoría de que la mejor opción para España fue que Franco ganara la Guerra Civil, si luego hubiera entrado con Alemania en la Guerra Mundial. Así, España hubiera compartido la derrota por parte de los Aliados, y recibido después la ayuda del Plan Marshall sobre la base de un gobierno democrático.

[4] La doble runa *sieg*, que significa «victoria», compone las siglas de *Schutzstaffeln*, es decir, «Tropas de Asalto».

se confió a José de Arimatea, miembro del Sanedrín y amigo de Jesús, que huyó de Palestina llevándola consigo.

Un objeto que los nazis persiguieron como uno de los principales en su búsqueda de la dominación mundial a través de las fuerzas místicas —como en este caso— u ocultas —como en el caso de la astrología.

En cuanto al personaje que vino a España en busca del Grial, aproximémonos a él a través de una escena novelesca, pero que muy bien pudo haber sucedido. Imaginemos cientos de antorchas encendidas en la noche. Los acólitos de Heinrich Himmler, los más escogidos entre la élite de las SS, inician la lenta marcha hacia el castillo de Wewelsburg. A la cabeza, detrás del mismo Himmler, se sitúan sus lugartenientes, el arquitecto que reconstruyó la fortaleza y su astrólogo personal. Todos ellos avanzan con sus uniformes negros en los que brillan, a la luz del ondulante fuego, las plateadas insignias de las SS.

A todos los hombres congregados, Himmler pudo arengarlos con un discurso semejante a este:

Queridos amigos, caballeros de las SS, hoy es un día largo tiempo esperado. Hoy haréis un sagrado voto que nos llevará a la victoria frente a nuestros enemigos. Nada podrá interponerse entre nosotros y el destino. La sangre pura que corre por nuestras venas, y que nos hace dignos herederos de los antiguos arios, obtendrá su premio. Somos el Ángel Exterminador que recorre el mundo purificando la raza. Primero hemos de destruir la mala hierba y luego crear, alumbrar al superhombre ario dominador y señor de la Tierra. Nuestra misión es hartamente dura y costosa. Muchos no la entenderán, la condenarán, tratarán de impedirla. Es la maldición de la grandeza, que tiene que avanzar sobre cadáveres para crear una nueva vida. Os pido vuestra completa y total lealtad a ella. Como los caballeros de la Orden Teutónica, transcendemos el destino de simples guerreros. La más alta tarea no es nada si no tiene una sólida base espiritual. Vosotros sois el futuro, un futuro que obraréis y prepararéis para las generaciones venideras. Y Wewelsburg es nuestra ciudad sagrada, el centro de nuestro poder. Nuestra hora ha llegado. El mañana es nuestro. ¡¿Estáis preparados para cumplir esta misión?!

El grito unánime de todos rasgaría la oscuridad nocturna, y su vaho haría retemblar las antorchas. Podemos también imaginar a Himmler con los ojos cuajados de lágrimas, unos ojos dementes, conmovidos por la adhesión de sus hombres de confianza. Entonces, seguido por los altos di-

Heinrich Himmler.

rigentes de las SS, en número de doce, caminarían lentamente hasta el interior de la gran torre norte. Primero descenderían a la cripta, construida como templo consagrado al culto de las cenizas de los líderes caídos.

Después de unos minutos de meditación y recogimiento, buscando la inspiración y la proyección de sus deseos, los trece hombres ascenderían a la Sala de los Líderes Supremos, ubicada sobre la cripta. Esta era una réplica de la capilla del Santo Grial descrita en las leyendas del rey Arturo. En el centro de la estancia, una extensa roseta formada por la combinación de caracteres rúnicos. Con paso solemne, los doce caballeros más Himmler irían accediendo a su interior, formando un círculo. Detrás de cada situal, una columna de la que colgaba un *jul-leuchter,* el candelabro teutónico. Aquellos eran los hombres que ansiaban poseer los objetos de poder antiguo y sagrado que, justamente a ellos, debían serles negados: el Santo Grial, el Arca de la Alianza, la Lanza del Destino y un largo etcétera.

Por su parte, Himmler, más allá de los desvaríos del poder y de la consideración de sí mismo como una especie de monje iluminado al frente de una orden oscura cuyo fin era dominar el mundo, era claramente un hombre con la mente enferma. De joven leyó a Nietzsche y, como la mayoría de los nazis, lo malinterpretó hasta lo inconcebible. El «amor a la tierra» del que hablaba el filósofo alemán, lo tomó al pie de la letra y se compró una granja. En sus escritos posteriores, ya durante la guerra, recomendaba a un amigo suyo médico que experimentara con judíos mejor que con gitanos, ya que los primeros al menos, según él, parecían personas. Y, por otro lado, amaba con locura a su familia, en especial a su hija, o hablaba como un auténtico moralista. Leía la *Bhagavad Gita* de la tradición hindú, al igual que Robert Oppenheimer, el padre de la Bomba Atómica. Cuando se entrevistaba con Hitler, el poderoso *Reichsführer SS* agachaba su mirada y apoyaba las manos, con las palmas extendidas y hacia abajo, sobre la mesa. Ante él, se sobrecogía, se ponía pálido y con los nervios a flor de piel.

Ya como un hombre de inmenso poder, Himmler llegó a España en el mes de octubre de 1940. Era jefe de la policía secreta alemana y de las SS, y sería más tarde encargado por Hitler de los campos de exterminio, hasta alcanzar el cargo de ministro del Interior en 1944. Pero el día 21 de octubre de 1940, cinco años antes de su caída y suicidio, fue recibido en la estación del Norte de Madrid, engalanada con banderas nazis, por varios representantes del Gobierno y una nube de funcionarios. Himmler es un hombre famoso ya en todo el mundo y de reconocido prestigio en el *Reich*. Después de que dos niños vestidos con uniforme al estilo nazi le hagan entrega de unos ramos de flores, el ministro de asuntos exteriores, Ramón Serrano Suñer, saluda al *Reichsführer*.

Las principales misiones de Himmler no tienen ninguna relación con el Santo Grial. Son mucho más prosaicas. En primer lugar viene a encargarse de coordinar la seguridad para el encuentro de Hitler y Franco en Hendaya —Francia es ya entonces alemana—, programado un par de días más tarde. Tiene intención igualmente de pedirle a Franco, que debe favores a Alemania, que la Gestapo pueda actuar libremente en España. En esto consiguió la promesa, no del todo cumplida, del Caudillo, que le trató a la *gallega*. Y tiene también otros ocultos deseos, que le apartarán de viajar a Hendaya para reunirse con su *Führer* y compartir el encuentro entre los máximos dirigentes de las dos naciones [5]. No, Himmler no irá a

---

[5] Al parecer, el conocido enfado de Hitler con Franco pudo deberse a que este le dijo a aquel durante la cena, de pronto, que creía que Alemania perdería a la postre la guerra, a pesar de sus aplastantes triunfos hasta la fecha. El mismo Winton Churchill reconoció tras la contienda que Franco seguramente nunca quiso entrar en ella.

la localidad fronteriza francesa, sino que viajará a Barcelona, aunque su destino final es Montserrat: la montaña sagrada, el monasterio benedictino, las cuevas ocultas, algo que pudiera encontrarse perdido en ellas... ¡Sobre todo ese algo que pudiera encontrarse pedido en ellas! Para él, Montserrat podría ser Montsalvat [6]: la patria mística del Santo Grial que otros asociaron al Montségur de los cátaros o a San Juan de la Peña [7].

Franco no puso impedimentos. Por sus servicios secretos estaba al tanto de las leyendas sobre Montserrat y las maniobras de Himmler. Curiosamente, no parece que le hubiera importado mucho que los nazis trataran de hallar algo allí; aunque es de suponer que eso hubiera dependido de qué encontraran. En todo caso, a él le importaban mucho las reliquias, como el brazo incorrupto de Santa Teresa que lo acompañó hasta la muerte.

Es reseñable que la República celebrara en Montserrat sus Cortes en febrero de 1938, en plena Guerra Civil, huyendo de los bombardeos de Barcelona, que había destruido diversos edificios de la ciudad y una gran parte de su importante puerto marítimo. También resulta curioso que la República se hubiera preocupado de salvar los restos del incendio que destruyó parcialmente la biblioteca del monasterio. Hasta la derrota republicana, y en esos últimos meses, el monasterio fue hospital para los heridos en la contienda. Hubo orden de volar las instalaciones con explosivos, pero, por suerte, esa orden nunca se cumplió.

Antes de dirigirse a Montserrat, el *Reichsfürer* tuvo que asistir en Barcelona a un recibimiento con el que se pretendía honrarlo, y que constó de mucho colorido, banderas y representaciones folclóricas muy al gusto español. Estaba acompañado por el capitán general de Cataluña, general Orgaz, y el alcalde de Barcelona, Miguel Mateu Pla, y se hospedó en el lujoso Hotel Ritz. Por parte alemana, iban con él dos hombres de su entera confianza: el general de las SS Karl Wolff [8] y el periodista Gunter d'Alquen, además de otros oficiales germanos del séquito.

Ascendieron a la montaña de Montserrat en el funicular. Himmler y sus acompañantes hicieron una visita al monasterio y charlaron amigable-

---

[6] Eso pensaban también muchos catalanes de círculos wagnerianos, como el famoso mecenas de Antonio Gaudí, el conde Eusebio Güell.

[7] Como veremos más adelante, en este lugar estuvo custodiado el Grial que hoy se halla en la catedral de Valencia.

[8] Este general firmó la noticia de la defunción en los Alpes austriacos del arqueólogo Otto Rahn, que buscara el Grial para Himmler y cuya historia es confusa y misteriosa.

mente con los monjes benedictinos, disfrutando de la *Moreneta* y del hermoso interior, oscuro y místico. A Himmler le llama mucho la atención, ya fuera, la configuración topográfica de la montaña, que responde a una geomorfología sumamente peculiar. Quiere entrar en las cuevas que la horadan como un queso gruyer...

Todos regresan a Barcelona esa misma tarde, se supone que con las manos vacías. Aunque ¿acaso Himmler buscaba algo que sí encontró? ¿Una pista, una señal tal vez? Lo cierto es que acabó suicidándose en 1945, disfrazado de soldado raso, con una cápsula de cianuro. Y el secreto desapareció con él.

El Santo Grial de Valencia

Pero ¿qué hay de Franco en esta búsqueda del Santo Grial? ¿Acaso *sabía* o *creía* que la auténtica copa estaba en otro lugar? ¿Quizá en la catedral de Valencia? Puede que, una vez más, se burlara de los líderes nazis tras la máscara de la amistad y la colaboración que solo aprovechó cuando a él le convino.

El caso es que el propio Franco visitó Montserrat dos años después que Himmler. Pero si alguna vez estuvo allí el Santo Grial, seguramente

El Grial de Valencia.

ya no era así. Había otro lugar donde se custodiaba una copa que Franco no puso en los hocicos de los nazis: Valencia. Al margen del brazo incorrupto de Santa Teresa o del manto de la Virgen del Pilar, el Grial era y es una de las reliquias —míticas— más importantes de la cristiandad, quizá junto con la Sábana Santa de Turín. Pero esta última no estaba al alcance de Franco, y el Grial valenciano sí.

En los años cincuenta, un periodo ya de suficiente tranquilidad para el régimen, que empezaba a verse integrado en el mundo occidental, el arzobispo de Valencia autorizó la realización de profundos análisis al Grial que se guarda en la catedral. ¿Franco fue quien estaba detrás del asunto? No es notorio. Pero resulta muy difícil creer que, al menos, no estuviera al tanto y de acuerdo con las investigaciones. De otro modo, casi con total seguridad, no se hubieran podido llevar a cabo.

La historia de esta copa es convulsa, como la de casi todas las reliquias: estuvo en San Juan de la Peña, en Zaragoza, en Barcelona. Ya en Valencia, ciudad a la que llegó en el siglo XV, primero se condujo al Palacio Real. En esa misma centuria fue luego trasladado a la catedral, donde hoy aún se venera; y ello a pesar de que hubo momentos de peligro en los que el Grial se escondió en varios lugares fuera de la capital del Turia, como Alicante o Palma de Mallorca.

Las investigaciones las dirigió el doctor en arqueología Antonio Beltrán, y cada operación se hizo bajo la atenta mirada de un notario. Todo debía quedar luminosamente claro. La copa está compuesta de varias piezas distintas. Para el examen fue necesario desmontarlas. En la parte superior está la copa propiamente dicha, que es la pieza más antigua. Las asas, el pie y las gemas y perlas engastadas son posteriores. Evidentemente, lo más interesante es la copa, realizada en una variedad cristalográfica del cuarzo llamada cornalina, tipo de calcedonia translúcida de color rojo. Se llegó a la conclusión de que la pieza procedía de Antioquia o Alejandría, y fue labrada entre los siglos IV antes de Cristo y I después de Cristo.

Todo esto —la época, el material, la morfología— es coherente con la posibilidad de que esta copa fuera el verdadero Santo Grial. No significa ni mucho menos que lo sea, pero nada se opone, salvo quizá las leyes de la probabilidad. Si lo fuera, la teoría de la copa de madera de un carpintero se quebraría. Aunque, claro, es que Jesús no fue un *pobre* carpintero... Pero esa es otra historia.

11

De El Ferrol a El Pardo

Francisco Franco Bahamonde nació en El Ferrol el 4 de diciembre de 1892 y murió en Madrid el 20 de noviembre de 1975.

El Ferrol es una localidad de la provincia de La Coruña, en Galicia. Está situado en su punta noroeste, en la ría que lleva su nombre. La vida de El Ferrol está volcada hacia el mar. En realidad es un pequeño pueblo marinero al que su situación estratégica ha convertido en un puerto clave de la costa española. Ya desde el siglo XVIII era la sede de la Capitanía General de la región que se extiende desde el Bidasoa hasta el Miño. Actualmente es una base naval de la Armada Española. La Escuela de Maquinistas de la Armada, fundada en el siglo XIX y que posteriormente cambió su nombre por el de Escuela de Energía y Propulsión, tiene aquí su sede. Durante siglos, los astilleros de El Ferrol han constituido su principal industria. En definitiva, esta localidad es uno de los lugares de referencia para la marina nacional. Así, el desastre de 1898, con la pérdida de Cuba y Filipinas, afectó especialmente a El Ferrol, donde la industria naval militar se resintió, debido a la desaparición de lo que quedaba del poderío español en ultramar. Es una época decisiva en el fenómeno de la emigración, debida al paro y la pobreza.

La renovación de la industria naval tiene lugar bajo el mandato del presidente Maura. Entonces acuden a El Ferrol técnicos ingleses para construir modernos buques de vapor y reorganizar la industria naval, esta vez a cargo de la nueva Sociedad Española de la Construcción Naval, financiada con capital privado. El negocio de los astilleros volvía a florecer en El Ferrol.

Uno de los momentos críticos en la historia de este pueblo fue el intento de invasión por parte de los ingleses. En el año 1800 una flota de guerra desembarcó en la playa de Doñinos. La armada inglesa no podía tomar la ría de El Ferrol, que estaba bien protegida, y las tropas se dirigieron por tierra hacia Brión, donde se encontraron con las fuerzas ferrolanas, que, aunque muy inferiores en número, lograron derrotar al invasor y ponerlo en retirada.

Además del lustroso protagonista de nuestro libro, El Ferrol ha proporcionado toda una serie de ciudadanos ilustres. En el siglo XIX destacaron figuras de la política como Concepción Arenal, una mujer adelantada a su tiempo, reformista y precursora del feminismo español. Algo posterior a ella es Pablo Iglesias, parlamentario, fundador del Partido Socialista Obrero Español. A caballo entre los siglos XIX y XX, se encuentra José Canalejas Méndez, presidente del Gobierno del Partido Liberal, que fue un reformador intelectual y político. En las letras del siglo XX destaca Gonzalo Torrente Ballester, que llegó a ser miembro de la Real Academia Española y es el célebre autor de *Los gozos y las sombras*.

Pero regresemos a Francisco Franco. Cuando todavía no había cumplido los quince años, su familia lo envió a estudiar en la Academia Militar de Toledo. Se graduó tres años después y en 1912 fue destinado a Marruecos, donde intervino por vez primera en operaciones bélicas. Pronto comenzó a destacar como militar. En 1916 fue gravemente herido en campaña, y fue ascendido a comandante.

Después de un breve periodo destinado en Asturias, donde conoció a su futura esposa, Carmen Polo, regresó a África en 1920, ingresando en

Franco licenciado en la Academia de Toledo en 1910.

la Legión. Tras producirse el desastre de Annual, Franco participó en la toma de Melilla. Más tarde es ascendido a teniente coronel. Su popularidad llegó entonces hasta el punto de que el mismísimo rey Alfonso XIII fue padrino de su boda.

Durante la dictadura de Primo de Rivera, Franco continuó sus éxitos militares, convirtiéndose, en 1926, en el general más joven de Europa. Dos años más tarde es nombrado director de la Academia Militar de Zaragoza. Durante la Segunda República dicha academia fue cerrada, y sus mandos enviados a destinos más o menos lejanos, dentro de la política de «centrifugado» llevada a cabo por el Gobierno. Así, dos años después, Franco era destinado a las Islas Baleares. Poco más tarde, en 1934, con el Gobierno conservador de Lerroux, Franco sería el encargado de reprimir el levantamiento minero de la cuenca asturiana. Al año siguiente fue nombrado jefe del Estado Mayor Central.

Triunfante en las siguientes elecciones el Frente Popular, Franco se vio relegado al destino más lejano posible, nombrándosele gobernador militar de Canarias, desde donde siguió manteniendo contacto con otros militares sospechosos para la República. Mientras tanto, se precipitaban los acontecimientos revolucionarios. El 13 de julio de 1936 el jefe de la oposición, José Calvo Sotelo, era arrestado en su domicilio y asesinado. El 17 del mismo mes las tropas de África se sublevaron contra el Gobierno republicano. Franco voló en avión a Marruecos y allí tomó el mando de los sublevados, para entrar en la Península al mando de un ejército que había combatido a sus órdenes en África. El Alzamiento se extendió a toda España.

El principal candidato para liderar las fuerzas sublevadas fue en un principio el general Sanjurjo. Pero al perecer este en un accidente de avión, el prestigio militar del general Franco decidió a su favor. En octubre de 1936 la Junta de Defensa Nacional le entregó la jefatura del Estado, con el título de Generalísimo de los Ejércitos de Tierra, Mar y Aire.

Franco consiguió reunir en torno a su influencia a todas las facciones que secundaban el Movimiento Nacional. En 1937 las milicias del Requeté [1] y la Falange Española de las JONS se fundieron en un partido único por el llamado «Decreto de unificación».

La guerra fue larga y terrible. Después de tres años de cruenta lucha, el 1 de abril de 1939 el parte de Burgos comunicaba la noticia del fin de

---

[1] Los carlistas.

la contienda. Franco ya no abandonaría el poder. Se perpetuó en él, manteniendo un régimen totalitario, hasta el año 1975 en que murió. No era este el propósito inicial de los sublevados, ni del general Mola, su principal cabecilla, que pretendía establecer un poder transitorio. Al comenzar la guerra era difícil pensar que el general Franco establecería una dictadura personal de cuarenta años.

Ahora el régimen debía enfrentarse a la reconstrucción de un país devastado por la dura contienda fratricida, mientras Hitler y Mussolini exigían la colaboración española en la recién iniciada Segunda Guerra Mundial. Franco se entrevistó con ambos, primero en Hendaya con Hitler en 1940, y el año siguiente con Mussolini en Bordighera. Parecía que las tropas del Eje iban a ganar la guerra, pero España se hallaba incapacitada económica y militarmente para secundar a Alemania e Italia.

En 1942 se crearon las Cortes Españolas, uno de los elementos esenciales del régimen franquista, que se constituyó legalmente a través de las llamadas Leyes Fundamentales, como son el Fuero de los Españoles, la Ley del Referéndum Nacional, la Ley de Sucesión a la Jefatura del Estado, la Ley de Principios del Movimiento Nacional y la Ley Orgánica del Estado. Esta última, que compendiaba toda la legislación anterior y era la ley fundamental del régimen franquista, fue aprobada en referéndum en diciembre de 1966.

Los miembros del Parlamento, o procuradores en Cortes, no eran elegidos democráticamente. Existía un partido único, Falange Española Tradicionalista y de las JONS. La organización sindical era controlada a través de un único Sindicato Vertical, que agrupaba a trabajadores y empresarios. De esta forma, el poder quedaba centralizado y se aseguraba la pervivencia de los principios fundamentales del Movimiento.

La oposición política fue perseguida mediante una legislación que disponía, entre otros castigos, la cárcel, los trabajos forzados e incluso la pena capital. En 1939 se promulgó la Ley de Responsabilidades Políticas; en el año siguiente, la Ley de Represión del Comunismo y la Masonería. Se persiguió a los miembros de estos grupos, llegando las represalias a tales extremos que gran cantidad de españoles se vieron obligados a tomar el camino del exilio para eludir los castigos.

En los últimos tiempos de la Segunda Guerra Mundial, el Estado español había cambiado su postura de «no beligerancia» por la de neutralidad. Ideológicamente, el régimen tomó distancia respecto del fascismo y adoptó una postura tradicionalista que se ha venido en llamar «Nacionalcatolicismo». Este cambio tuvo lugar en el fondo y en la forma, por lo que se abandonó en gran medida la simbología y la estética de antaño. Sin embargo, fuera de España se mantuvo una actitud de recelo. Terminada la contienda internacional, los aliados reunidos en la conferencia de Postdam se pronunciaron contra Franco. El aislamiento internacional se reflejó en la decisión de la ONU de no admitir el ingreso de España. En 1946 la organización recomendó a sus miembros que retirasen de Madrid a sus embajadores.

Franco se benefició del giro de la política internacional causado por la Guerra Fría. En el verano de 1961 se levantó en Berlín el famoso «muro de la vergüenza», que dividía la ciudad en dos mitades. En aquellos momentos la presión de la Unión Soviética sobre Europa del Este era una visible amenaza para el mundo libre, y los países occidentales vieron en España un buen aliado contra el bloque enemigo.

España ingresó en 1953 en la UNESCO, y dos años más tarde, por fin, en la Organización de las Naciones Unidas. Se permitió a Estados Unidos instalar bases militares en territorio español, lo que hizo que nuestro país recibiera a su vez apoyo militar y ayudas económicas del gigante norteamericano.

A partir de los años sesenta España experimentó un progresivo avance económico e industrial favorecido por los ingresos del *boom* del turismo, dejando atrás los duros años de carestía y penuria de la posguerra. La economía experimentó una paulatina liberalización gracias a la entrada en las carteras ministeriales de un nuevo grupo de poder, los llamados «tecnócratas», que procedían principalmente de las filas del Opus Dei.

En 1967 el almirante Carrero Blanco, mano derecha de Franco, que había estado junto a él desde la Guerra Civil, fue nombrado vicepresidente del Gobierno. Después sería nombrado presidente, convirtiéndose en la figura más representativa del régimen junto a Franco en los últimos años de la dictadura. Pero en diciembre de 1973, Carrero Blanco moría víctima de un atentado de ETA, que hizo volar su coche por los aires con una cantidad ingente de explosivos.

El último presidente del Gobierno franquista fue Carlos Arias Navarro, que ocupó el cargo desde 1974 a 1975. Él fue el encargado de anunciar la muerte de Franco, el 20 de noviembre de 1975.

La residencia oficial

El pueblo de El Pardo y su palacio real fueron el lugar y la «casa» elegidos por Franco para fijar su residencia tras la victoria de sus ejércitos en la Guerra Civil[2]. La humilde localidad, entonces, no tenía más interés que el derivado de estar en medio de un gigantesco bosque conocido como Monte de El Pardo, y a la vera del Manzanares, ese famoso «aprendiz de río».

El Real Sitio de El Pardo, a algo más de diez kilómetros del barrio de Moncloa, en Madrid, hoy, y desde 1951, está anexionado al ayuntamiento de la capital de España. Siempre fue lugar de caza para reyes, e incluso se dice que el mismo nombre proviene del gran oso «pardo» que Felipe II ansiaba cazar con toda su alma. «Vamos al pardo», decía el rey cuando quería intentar de nuevo la captura. En fin, es seguramente una mera leyenda.

Otra leyenda es la que se refiere a cierto aspecto del carácter de sus habitantes. En una película de Alan Parker, *The Commitments*, se decía que los irlandeses eran los negros de Europa, los dublineses, los negros de Irlanda, y los de cierto barrio de la ciudad, los negros de Dublín. Pues bien, hay quien afirma que los españoles son los más chulos de Europa, los madrileños, los más chulos de España, y los de El Pardo, los más chulos de Madrid. Los autores de este libro no lo creemos ni lo compartimos, pero ahí queda eso...

Lo que sí es cierto es que, en El Pardo, aún hoy, se mantiene el nombre de «Plaza del Caudillo» en su plaza principal. La iglesia del pueblo exhibe en su fachada una inscripción en la que se memora la fundación por parte de Franco de la misma, y dentro aún hay escudos franquistas. El cementerio de Mingorrubio —un barrio de El Pardo, situado a algo más de un kilómetro de distancia— acoge en sus tumbas a la esposa de Franco, Carmen Polo, al almirante Luis Carrero Blanco, y a otros muchos personajes históricos. Todavía existe en su misma ubicación el quiosco de prensa que —se cuenta— sirvió como base de espionaje a Franco para Radio Pirenaica[3]. Al jefe del Estado le daban cada día un resumen de la emisión. Seguramente, los servicios secretos sabían lo del quiosco, pero lo permitieron sibilinamente por aquello de lo malo conocido mejor que lo bueno por conocer.

---

[2] Antes, brevemente, la residencia oficial fue el castillo de Viñuelas.

[3] Emisora de onda corta llamada oficialmente «Radio España Independiente», que mostraba su oposición al régimen franquista desde Moscú y más tarde Rumanía.

El quiosco de prensa de El Pardo, delante de la plaza del Caudillo.

Al respecto del palacio de El Pardo, aunque el que hoy se puede visitar es más moderno, su origen data del lejano siglo XV. Concretamente en el año 1405, cuando el rey de Castilla, Enrique III —hombre bastante dinámico, al parecer—, hizo construir un pabellón de caza para solazarse de las obligaciones de la Corte. Aunque poco pudo disfrutarlo, ya que murió al año siguiente, en 1406.

Ya nunca se abandonaría el lugar de recreo y caza, que fue ampliándose paulatinamente, aunque no sería hasta la llegada del emperador Carlos V cuando el pequeño castillo que entonces había, se convirtió en un palacio. Su hijo, Felipe II, también lo usó asiduamente y lo amplió aún más. Fue también el promotor de que se decorara con ricas pinturas y tapices. Muchas de estas obras de arte se destruyeron en el incendio que consumió al palacio en 1604. Felipe III se encargó enseguida de la restauración, y otros reyes posteriores lo dotaron de elementos como la capilla real o sus magníficos jardines. Tal y como hoy lo contemplamos, en gran parte es debido a la intervención del arquitecto favorito de Carlos III, el italiano Francesco Sabatini, muy conocido por sus diversas y relevantes obras dentro y fuera de Madrid: la Puerta de Alcalá, la Puerta de San Vicente, parte del Palacio Real de Aranjuez, la fachada de San Francisco el Grande e importantes intervenciones en el Palacio de Oriente.

Antes de ser residencia oficial de Francisco Franco, el palacio de El Pardo fue usado como tal por el rey Carlos IV mientras ostentó el título de Príncipe de Asturias, así como por doña Cristina de Habsburgo o el presidente de la II República, Manuel Azaña. También estuvo en él la sede de las Brigadas Internacionales durante la Guerra Civil. Hoy ha sufrido grandes reformas y sirve para hospedar a los jefes de Estado o de Gobierno extranjeros en visita oficial a España, así como para actos institucionales, como recepciones, conciertos, comidas o cenas de gala, etc.

Como curiosidad morbosa y célebre, citaremos el fallecimiento del rey Alfonso XII, siendo muy joven aún, en sus habitaciones del palacio de El Pardo.

Ya después de la muerte del inquilino llamado Francisco Franco, se cuenta que este se le apareció a un soldado que hacía guardia en la tapia, que circunda el palacio a modo de poco fuerte muralla, en la llamada «Puerta de la Muerte». El *Caudillo* se le apareció a caballo y le pidió novedades. El soldado, pobrecillo, bajo los efectos del susto de su vida, reaccionó cuadrándose y dando esas novedades que se le pedían con la voz quebrada: «Sin novedad».

Las verdaderas novedades las daría al día siguiente cuando les contó la historia de la aparición a sus compañeros de cuartel...

No es esta la única leyenda de apariciones en El Pardo. Desde los años sesenta, quizá a finales de esa década, empezó a hablarse de la «chica de la curva». Algo bastante común; una de las llamadas habitualmente leyendas urbanas, típica de muchos lugares, en nada exclusiva de El Pardo. También se dijo durante un tiempo que se había visto un ovni en la zona más alta del monte. Por la figura descendente y flácida que refirieron los testigos, más que un platillo volante debía de parecer un gran preservativo luminoso.

En el palacio, Franco mandó habilitar salones y habitaciones, así como la capilla que fuera alcoba de Alfonso XII y en la que este rey murió, el teatro reconvertido en sala de cine, despachos, salitas, su dormitorio y todas las dependencias necesarias para que aquel lugar fuera una residencia digna del jefe del Estado, además de sede del Consejo de Ministros, lugar de recepciones y auténtico centro de poder de la nación.

El palacio como tal era muy rico: relojes, tapices, alfombras, mobiliario. Pero las habitaciones de Franco y Carmen Polo no pasaban de discretas. El cuarto de baño era sobrio y justo [4], y el dormitorio comprendía dos camas unidas —Franco dormía en la de la derecha—, dos mesillas de noche con sendas lámparas metálicas de tipo flexo, un teléfono, moqueta

---

[4] Eso sí, con todos los sanitarios más bajos de lo que hoy vemos como normal.

y varios muebles de pared entre los que destaca el reclinatorio con el relicario que contenía el brazo incorrupto de Santa Teresa, y ante el cual el *Caudillo* oraba todas las noches: «Señor, dame fuerzas para cumplir mi obra. No tengo prisa y no quiero pausas».

De visita, ante el lecho de Franco con Guadalupe Saiz Vida, guía del palacio de El Pardo y hermana de nuestro amigo, el estudioso y experto en El Escorial, Luis Saiz Vida, ella nos pregunta si alguno de nosotros se atrevería a dormir en la cama que usó el anterior jefe del Estado. La respuesta de ambos es unánime: ¡por supuesto! Aquello sería como dormir en el interior de la Gran Pirámide... Bueno, quizá no tanto, ¿verdad?

Fachada principal del palacio de El Pardo.

Una habitación que, sin llegar a la extrema austeridad de Felipe II, tampoco estaba precisamente plagada de lujos. En El Escorial, el poderoso rey ocupaba una alcoba que recuerda a una celda de monasterio, pequeña y humilde. Las paredes blancas, solo alicatadas en la parte baja; el techo sin pintar, el suelo de baldosas marrones. Enfrente de su cama, con dosel, tuvo pinturas de El Bosco [5]. En torno a sí, decenas de reliquias. Franco solo tuvo el brazo de Santa Teresa, un flexo de metal y un pesado teléfono negro de baquelita.

---

[5] Como *El carro de heno*, también llamado *Los pecados capitales*, hoy en el Museo del Prado. En el monasterio conservan una copia de la escuela de El Bosco.

12

La mente de Franco

E N este capítulo vamos a acercarnos a Franco desde la visión de los profesionales del estudio de la mente. Para ello analizaremos la escritura del *Caudillo* mediante un estudio grafológico, mencionaremos las ideas del eminente psiquiatra Juan Antonio Vallejo-Nágera y agregaremos un breve perfil psicológico... Con estos y otros ladrillos levantaremos una aproximación a la fascinante psicología de Francisco Franco: la mente de un hombre oculta bajo la máscara de la frialdad y la distancia.

Grafología de Franco

La escritura es un espejo de la mente que no puede ocultar muchos rasgos psicológicos de su dueño. Bien realizado, con sabiduría y rigor, un análisis grafológico nos revela gran cantidad de los elementos interiores que componen el edificio mental de un ser humano.

Para analizar la letra de Francisco Franco, y acercarnos a su mente a través de ella con esa sabiduría y ese rigor antes citados, recurriremos a una de las mayores expertas de España, Clara Tahoces [1].

Clara Tahoces es periodista y escritora, con un buen número de libros publicados, artículos en diversos medios de prensa y comparecencias en radio y televisión. Como grafopsicóloga, está especializada en grafopatología, investigación histórica, estudio evolutivo de la personalidad, peritaje de firmas, falsificaciones, análisis de letra de criminales y un largo etcétera. Ha sido miembro de la Sociedad Española de Grafología y de

---

[1] Clara Tahoces es autora del libro *Grafología. Conócete a ti mismo y a los demás a través de la escritura,* de Libros Cúpula (Grupo Planeta).

la Asociación de Peritos Judiciales de la Comunidad Autónoma de Madrid. Casi nada...

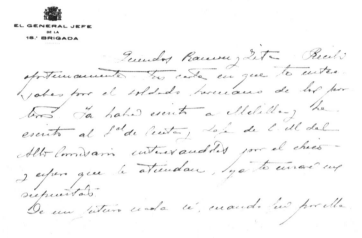

La letra de Franco.

—La primera pregunta que queremos formularte, Clara, es hasta dónde puede llegar la ciencia de la grafología, cuál es su alcance.

—La grafología no solo nos permite conocer rasgos de la personalidad, sino incluso estados de ánimo, condiciones de salud, patologías mentales. Es un campo de acción muy amplio. Todas las facultades intelectuales, las facultades volitivas o de la voluntad, y los aspectos complementarios del comportamiento, como tendencias a la mentira, a la apropiación indebida, si se tiene algún complejo de inferioridad o superioridad, la agilidad de la mente de una persona, algunos rasgos de su sexualidad. Son muchos aspectos. Pero como resumen concentrado, repito, las facultades intelectuales, las facultades volitivas y aspectos del comportamiento. Es una radiografía de la persona, que incluso, mediante la grafoterapia, posibilita corregir algunas cosas, a ciertas personas, no a todas. Permite corregir problemas de ansiedad, estrés, factores de la voluntad mal encauzada, personalidades inconstantes, etc. Esto se suele poder mejorar mediante esta terapia, aunque es un proceso largo y complejo.

—¿Existen factores externos que condicionan la forma de escribir?

—Sí. Por ejemplo, la temperatura ambiente, tanto mucho calor como mucho frío; una superficie rugosa puede hacernos creer que la persona tiene una escritura temblorosa, cuando no es así. Las condiciones físicas, el cansancio, la fatiga. También el tipo de útil que se emplee, rotulador, bolígrafo, pluma. El estado de ánimo. Para hacer un estudio riguroso, serio, definitivo, se necesita tener en cuenta todo esto. Un estado anímico bajo puede inducir una escritura de líneas descendentes, pero también podría significar que la persona es depresiva. Hay que aislar estos factores para no equivocar los resultados del análisis. Una persona puede ser pesimista o simplemente está deprimida, es decir, puede ser un rasgo de la personalidad o una cuestión coyuntural de un momento determinado. Un estado de estrés afecta y no es definitivo para emitir un juicio, ya que hay factores que pueden influir y modificar el análisis grafológico. No obstante, los rasgos de personalidad no cambian.

—Rasgos que, en el caso de Franco, es en lo que nos vamos a centrar.

—Así es —acepta Clara, dispuesta a mostrarnos las interioridades grafológicas más personales del *Caudillo*.

—Pero antes de eso, háblanos de ciertos rasgos de la escritura muy inquietantes como el «signo del escorpión» o el «diente de jabalí».

—Sí, ambos son rasgos de maldad. El diente de jabalí es un rasgo a menudo encubierto, difícil de apreciar porque se confunde con la cohesión o unión de unas letras con otras. Suele ser necesario utilizar una lupa. El signo del escorpión es, en cambio, más fácil de percibir, son puntas hacia abajo, como un punzón de hielo. Es propio de personas traicioneras y malvadas, peligrosas, de las que no se puede uno fiar.

—¿Cuáles son los rasgos principales que se pueden extraer de la firma y la rúbrica de una persona?

La firma es la parte más íntima de la escritura de una persona, y se corresponde con la parte más íntima de su ser. Así como el texto es el «yo» social, la firma es el «yo» íntimo. Se aprecian aspectos interiores como la ambición, si esa persona tiene aspiraciones en la vida elevadas, si están acordes con su posición o cree que merecería más; los complejos se ven aquí muy bien, siempre en relación con el texto, porque es necesario establecer una comparación, no se trata de cosas aisladas. La posición de la firma, su tamaño, etc. Pero, en general, la firma nos descubre las aspiraciones en la vida, cómo nos sentimos con nosotros mismos, el *autoconcepto* que uno tiene de sí, y especialmente los complejos, si se necesita ser aprobado por los demás, si se posee una personalidad muy expansiva, que se mete en el terreno de los demás, etc. Cosas que tienen que ver con planos o cuestiones difíciles de apreciar a primera vista.

—Bueno, entremos en la letra de Francisco Franco.

Entregamos a Clara unas hojas impresas con la letra de Franco a su tamaño real, bien reproducida para facilitar el análisis. Ella las examina durante unos minutos. No es la primera vez que Clara Tahoces tiene ante sus ojos la letra del Generalísimo.

—Franco, me da la impresión —dice Clara en voz baja, en tono de confidencia—, que tenía algún tipo de desorden. Lo que más llama la atención son las largas barras de las T. La T de látigo es un gesto gráfico tipo, como una mímica, algo que pertenece a la naturaleza de la persona, que desarrolla exclusivamente esa persona. Se caracteriza porque la barra vuelve hacia atrás, es regresivo, se compara con el lanzamiento de una piedra: el brazo se vuelve hacia atrás para tomar impulso. Esto es propio de personas tiránicas, sobre todo cuando se ve un caso tan exagerado. Una persona así está acostumbrada a ordenar y mandar, y que nadie le discuta. Cuando se siente atacada, reacciona atacando a su vez, como el que lanza una piedra. Al principio amenaza o usa buenas maneras y luego ya actúa sin consideración, brutalmente si hace falta. Es un rasgo superexagerado en este caso, en la letra de Franco. La barra de la T llega a unirse a la palabra siguiente, lo cual significa injerencia en el terreno de los demás, invasión de ese terreno ajeno. La separación entre palabras es correcta, pero enlaza palabras con las barras de las T. Unir dos T seguidas, por ejemplo en una palabra italiana, o en dos muy próximas en la misma palabra en español, es normal. Lo que no es normal es enlazar dos palabras consecutivas y distintas. En Franco es un rasgo muy evidente. Además, las puntas de aguja en que termina esas mismas barras de las T indica capacidad hiriente, capacidad de herir a los demás con las palabras o con las acciones, sabiendo golpear donde más duele.

—O sea, que Franco hablaba poco, pero cuando hablaba podía herir.

—Con la palabra o con la acción, o incluso con los silencios, que también son una forma de expresión. Era un hombre capaz de percibir los puntos débiles de los demás.

—¿Y se corresponde la escritura de Franco con ese rasgo tan conocido suyo de regirse por la intuición en sus decisiones?

—Bueno, su escritura no es muy intuitiva, porque es una escritura bastante ligada, propia de una persona cerebral, con tendencia a la lógica. Yo veo que podía parecer que de pronto tenía una intuición a los ojos de los que lo rodeaban, porque reaccionaba muy rápido, sin que nadie supiera lo que pasaba por su mente, pero la decisión sí la había pensando y sometido al juicio lógico. Se aprecia desde luego que Franco era un hom-

bre de mente muy rápida y ágil, muy inteligente, de una capacidad intelectual muy grande. Hilvanaba todos los datos con mucha velocidad y obtenía una conclusión a la que a los demás les costaba llegar, y entonces
creían que era por pura intuición. Pero no era así. Lo que demuestra es
una capacidad lógica importante. Esto yo lo destacaría. En la letra esto se
aprecia en la cohesión (la unión de letras de la misma palabra). Las letras
están bien ligadas. Pero los finales de las palabras hacen formas de puntas
de aguja, que además terminan en arpón.

—¿Y eso qué significa?

—Pues que Franco tenía mal genio, dureza personal. Estaba acostum-
brado a hacer su santa voluntad. También vemos formas de las letras un
tanto floridas, que van, que vuelven en el trazo. Esto simboliza que era de
natural muy caprichoso, no en sentido material, sino moral: «Se hacen las
cosas como yo digo, y punto». Era capaz de encapricharse con una idea y
llevarla hasta sus últimas consecuencias. Seguramente llegaba a creer en su
propia visión de las cosas no como algo parcial, sino absoluto. La confianza en la infalibilidad. Es difícil de asegurar, pero yo me inclino a pensar que sí, que tenía esa autoconfianza. Una especie de euforia en la com-
placencia. Otra cosa que llama mucho la atención es que los pies de la
escritura son bastante grandes en general, mayores que las crestas. Se pro-
longan los rasgos hacia abajo mucho, como los pies (las jambas) de las J,
las G, etc. Llegan a encontrarse, a tocar las letras de la línea que está por
debajo. Esto indica que el orden mental deja bastante que desear. La claridad de las ideas no siempre está presente. Franco, a la luz de estos rasgos,
a veces se ofuscaba, a pesar de ser una persona extremadamente inteligente. Se dejaba llevar por la exaltación, podríamos decir, sin aplicarse
censura a sí mismo. Estos pies tan largos nos hablan también de materia-
lismo y de fuerte sensualidad, aunque yo creo que se trata de una sensualidad reprimida, porque la escritura es muy seca, muy cortante. Era muy
inteligente pero muy poco afectivo. El predominio del sentimiento frente
a la razón, él lo muestra porque su escritura está totalmente inclinada hacia la derecha en un ángulo bastante pronunciado, y eso lo delata. Era una
persona celosa, una persona vehemente, muy vehemente. Alguien que
toma una decisión que puede ser inicialmente razonada pero que luego
se ofusca, y la tiene que llevar adelante aun cuando el raciocinio le haya
dicho en un momento determinado que eso no es correcto o positivo, o
va a funcionar, o incluso va a ser malo para él mismo. Esto está ligado con
la costumbre de ejercitar la voluntad sin trabas.

—¿Puede esto relacionarse con la típica desconfianza en los expertos o técnicos que han mostrado a menudo las personas con poder omnímodo? ¿Es ese sentido de infalibilidad?

—Yo creo que sí. Esa forma de invadir el terreno de los demás puede interpretarse en un momento determinado de ese modo. «Yo ordeno esto, se hace lo que yo digo». Ya sea por intuición, por reflexión acertada o equivocada, pasando siempre por encima de los demás. Esto se ve más claramente con otros dictadores, como, por ejemplo, Fidel Castro.

La mención a Fidel Castro hace que nuestras risas inunden la habitación en que Clara nos cuenta cosas tan interesantes.

—Al hilo de las posibles patologías, se ha dicho a menudo que las personas excepcionales, en cualquier aspecto, sea este positivo o negativo, están un poco «locas». Sin embargo, Franco supo mantenerse y ser pragmático.

—Tonto, desde luego, no era. No lo era en absoluto. Se preocupó de dar al pueblo, como se decía, «pan y toros». Ya sabéis, distracciones, folclóricas, luego la televisión.

—¿Y qué nos dices de la firma y la rúbrica?

—La primera vez que vi la firma de Franco ya me resultó curiosa e interesante. Se nota que era un poco acomplejado. Sufría posiblemente un complejo de superioridad, pero se sentía inferior, y compensaba esa inferioridad haciéndose ver como superior ante los demás. Los complejos son inconscientes, de modo que él quizá nunca lo supo. Su firma no evoluciona demasiado con el tiempo, por lo que podemos inferir que debió de padecerlo a lo largo de toda su vida. Lo que llama más la atención de la firma es cómo hace las mayúsculas, totalmente infladas. Es una firma exagerada. También lo es la rúbrica, en comparación con el tamaño de la letra del texto de la carta o el documento. Es una manera de firmar muy inflada, muy recargada, con adornos innecesarios. Esto es lo que se puede extraer con más claridad. El hecho de que a veces agregue a la firma partículas como «generalísimo» atestigua aún más el complejo de superioridad. En el fondo él se sentía inferior, y para compensar esa inferioridad se muestra superior y como si estuviera por encima de los demás.

—¿Podría ser que un complejo de inferioridad impulse a un individuo a superase?

—En el momento en que una persona es consciente de un complejo, se transforma en un sentimiento consciente... Es difícil de decir. No parece que ese complejo pudiera haberle beneficiado.

Con esto terminamos el análisis grafológico que, con enorme amabilidad, Clara Tahoces nos ha mostrado sobre la escritura de Francisco Franco. Hemos extraído varias conclusiones importantes: Franco era un

La firma de Franco.

hombre muy inteligente, intransigente, racional, desordenado mentalmente y algo acomplejado. Bueno, esto es mejor que la media. Nadie es completamente «normal»; y, de serlo, qué lástima.

El poder y el poderoso

En este apartado trataremos de extraer las ideas básicas sobre los hombres poderosos, y su ascenso y ejercicio del poder, presentes en la obra del doctor Juan Antonio Vallejo-Nágera.

Es un hecho que las personas excepcionales muestran a veces rasgos psíquicos anormales. Y el ejercicio del poder puede disparar estos rasgos y conductas para convertirlos en auténticas patologías mentales. Cuando un hombre ansía conseguir el mando absoluto y ostentarlo de un modo omnímodo, ese hombre podría también, llegado el caso, detentar el poder y mantenerlo como fuera necesario, por encima de la justicia o la moralidad. Es posible que el mismo hombre o la misma mujer muestren grandeza en una etapa y mezquindad en otra. Está dentro del ser humano.

Los grandes caudillos de masas se han encumbrado gracias a su capacidad de mover las pasiones de las gentes. El pueblo no es irracional, pero no es la racionalidad lo que mueve sus impulsos: son los sentimientos. Hay quienes, a través de sus delirios, se convencieron de cosas que no existían y, por su empuje personal, convencieron a los demás. Quizá fue este —aunque parcialmente— el caso de Franco, obsesionado con el «Imperio legendario y tradicional» que España había perdido hacía mucho tiempo y ya no era posible recuperar. Ni deseable desde los puntos de vista social y económico, en un tiempo que daba paso a horizontes distintos y alejados de la expansión territorial.

Franco sentía en su espíritu el ansia de dirigir los destinos de España. Estaba dispuesto a creer en la Providencia, a sacrificarse hasta lo indecible, a convencer a los demás como fuera de su capacidad de liderazgo. Incluso, cuando tuvo oportunidad, a imponerlo por la fuerza llegado el caso de ha-

cerse necesario. Esa motivación íntima lo llevó a entregarse con toda su razón y su emoción a la tarea que llenaba sus pensamientos y sus sentimientos.

Con este empuje, a menudo la persona de la calle queda ofuscada.
Pierde su capacidad de libre elección, o esta queda distorsionada, alterada,
alejada de la realidad. Esto se acentúa si se controlan los medios de comunicación de masas, como sucede en las dictaduras. Así aumenta el carisma del líder, que cada vez se cuestiona menos y parece verdaderamente
infalible, como de hecho él quiere aparecer ante el pueblo.

Sin embargo, esta aparente infalibilidad es falsa. Y más aún cuando,
como sucede a menudo con los hombres que ocupan los puestos de mayor poder —ya sea en naciones o grandes empresas—, estos superan con
mucho la edad normal de jubilación. Sus cualidades mentales, por muy
elevadas que sean originalmente, experimentan siempre una merma que
puede o no llegar a ser crítica. Pero el peligro está ahí, latente.

Esto se vio en los últimos años de Francisco Franco.

Un retrato psicológico: Franco, frío y autoritario

La mente de Franco era compleja y, en algunos momentos, contra-
dictoria. La propaganda del régimen y sus mismas palabras nos han dejado una imagen que a primera vista resulta chocante. El caudillo que debía regir con mano firme los destinos de la patria pretendía ser al mismo
tiempo el más humilde de los mortales. Y esta humildad se mezcla además con la pretensión de haber sido elegido por la mano divina para ocupar un destino glorioso. Lo interesante del caso es que estas ideas, inter-
pretadas con buena fe, pueden resultar en cierto modo complementarias
y formar una perfecta imagen de «santidad». En el famoso discurso ya citado al principio de este libro, Franco afirma: «Nunca me movió la ambición de mando. Desde muy joven echaron sobre mis hombros responsabilidades superiores a mi edad y a mi empleo». Así hablaba el hombre que
hizo acuñar en las monedas su efigie junto con la leyenda: «Francisco
Franco. Caudillo de España por la Gracia de Dios».

El poder no es visto aquí como ambición personal, sino como una pe-
sada carga: la cruz con la que un perfecto cristiano afronta su propio calvario. Se diría que hay reminiscencias de cierto complejo de martirio.
Pero esto también es compatible con una imagen de Franco adecuada a
sus necesidades propagandísticas. Su carisma nunca se asemejó a la brillante

soberbia de un dictador fascista. Franco muestra una imagen más afable, lejos de la mirada cruel de Hitler o la arrogancia casi ridícula de Mussolini. Frente a esta dureza teatral, Franco parece un hombre flemático, incluso blando. Pero esta flema podía resultar perturbadora, especialmente para las personas sometidas al poder de un hombre que tenía en su mano dirigir destinos y firmar penas de muerte.

En los momentos de mayor gravedad, Franco se mostraba firme e impasible, y podía mantener a sus interlocutores en un silencio gélido y desasosegador. Felipe II, uno de los monarcas españoles de personalidad más enigmática, poseía esta cualidad de perturbar a las personas que acudían a sus audiencias, a los que tranquilizaba con la famosa expresión: «Sosegaos». A este gran monarca español se lo ha calificado de autoritario, oscuro y frío, y la literatura lo ha presentado como un personaje siniestro. Pero lo que tienen en común Felipe II y Franco es, más probablemente, la imagen de austeridad y humildad cristiana que ambos quisieron proponer como señal indiscutible del carácter español.

Sería interesante saber cómo Francisco Franco llegó a adoptar esta pose de hombre fuerte e inflexible. Su actitud marcial se contradice con esa voz débil, casi afeminada, y los gallitos que le salían en los discursos al gran público. De lo que no cabe duda es de que Franco era un hombre curtido en la guerra, y que en ella demostró dotes de mando y valentía cuando fue necesario.

Franco destacó como un brillante militar que arriesgó audazmente su vida en las campañas de África, hasta el punto de salvar su vida de forma casi providencial. Sin embargo, había sido un niño tímido. Hijo de un padre autoritario al que odiaba, en su infancia se encontró mucho más apegado a su madre, mujer extremadamente piadosa. Su educación fue estricta, preludiando la actitud marcial que posteriormente adoptaría, pero su aspecto era el de un niño frágil. En la Academia Militar habría sido difícil adivinar que un muchacho tan bajo y de voz atiplada, al que llamaban «Franquito», se convertiría con el correr del tiempo en un hombre poderoso y un dictador implacable. Es posible que el agudo deseo de demostrar su valía exaltara su ambición hasta un punto exagerado. Sus aires autoritarios podrían entenderse como el mecanismo de compensación de una persona narcisista, que adopta una postura defensiva ante el mundo exterior. En algún momento de su infancia o adolescencia, debido a una falta de autoestima, se provoca una reacción compensatoria, que consiste en una inflamación extraordinaria del concepto de sí mismo.

«Caudillo de España por la gracia de Dios.»

Hasta qué punto se puede tomar a Franco como un ejemplo de carácter autoritario y reprimido, es discutible. Algunos lo han considerado un hombre duro, refractario, impasible, mientras que sus partidarios hicieron famosa la expresión «la sonrisa de Franco», que haría referencia al carácter amable y cordial del jefe del Estado. Quizá ambas cosas fueron ciertas mientras firmaba sentencias de muerte.

¿Tiene algo que decir la astrología?

Hay quienes creen que la astrología aporta datos sobre todo aquello de lo que hemos tratado en este capítulo. Los autores de este libro consideramos, al establecer el guion de la obra, la posibilidad de incluir una carta astral de Franco; pero ninguno de los dos creemos en la astrología, por lo que decidimos finalmente no hacerlo. Como decía Casio en el drama *Julio César*, de Shakespeare, quejándose amargamente de su condición, que otros atribuirían al destino para evitarse dolor y así consolarse:

> Nuestro destino no está en las estrellas, sino en nosotros, que consentimos en ser inferiores.

Sin embargo, hablando una mañana con Sebastián Vázquez, nuestro editor de Edaf, el punto de vista que teníamos cambió ligeramente. O puede que algo más que ligeramente.

—La astrología, desde el punto de vista científico, ha de ser mentira —dijo, reconociendo lo físicamente obvio, que las estrellas y los astros no pueden influir en la vida de las personas—. Pero... Pero se trata de un estudio empírico que viene desde hace siglos y más siglos. Es posible hallar un «retrato» muy aproximado de un individuo a través de su carta astral. Incluso se emplean en selección de personal en ciertas empresas. Hoy en día se da demasiada importancia a los planetas, las «estrellas errantes», y se olvida a las estrellas fijas. Pero los árabes, en su astrología medieval, hacían lo contrario. La carta astral de Franco es la un tipo normal, incluso soso, alguien que no destaca en nada especialmente. Es una carta astral que engaña. Nadie hubiera dicho, a través de ella, que Franco llegaría a lo que llegó.

En realidad, eso se correspondía muy bien con la manera de ser externa de Franco, reservado, cauto. *A priori* y desde fuera no parecía un hombre nada brillante.

—Pero, en cambio, si atendemos, como os digo, a la astrología medieval árabe —continuó Sebastián—, el medio cielo, que está relacionado con el destino, se halla en conjunción con la estrella Betelgeuse, de la constelación de Orión, y eso significa, específica y claramente, éxito militar. Sin dudas. Es algo del todo exacto.

Nos habíamos quedado atónitos. Sebastián Vázquez no es una persona que hable por hablar. Además, en Marruecos se inició para Franco

Franco en su lado más amable.

su mito de baraka. Las tradiciones islámicas estaban con él. Sebastián añadió tajantemente, para terminar:

—La «estrella» de Franco está presente en su carta astral.

Nosotros somos personas racionales. En esto, podemos afirmar que pensamos igual. No es que solo creamos en lo que vemos, pero nos hace falta algún indicio para considerar algo como real. Sebastián Vázquez habló de un estudio de siglos. La astrología quizá se fundamentaba en cuestiones sutiles alejadas de los planetas o las estrellas. Eso lo ignoramos, aunque nos parece claro que los planetas y las estrellas no influyen directamente en un hombre o una mujer. Ya lo hemos dicho al principio. En todo caso, algo debía de haber para que se dieran «casualidades» tan increíbles como la predicción del éxito militar de Francisco Franco en medio de una carta astral propia de un personaje gris. Ni creemos ni dejamos de creer. Pero esto resulta ser así. ¿Por qué? No lo sabemos. Ojalá lo supiéramos. Una parte del mundo sigue siendo un misterio en los tiempos de la ciencia y la razón.

A modo de experimento: Compatibilidad entre Franco y Felipe II

Esto no es más que una prueba empírica sin más valor que la curiosidad. Pero dejemos a las ideas fluir. Franco buscó un reflejo en el poderoso rey Felipe II. Su Valle de los Caídos tiene también una relación mística con el monasterio-fortaleza de El Escorial. Ambos hombres fueron austeros. Al menos, en este punto hay convergencias aunque no comportamientos exactamente iguales. La voluntad de servicio y el ideal de destino también los unían. Los cordones son muy fuertes. Pero veamos, brevemente y a grandes rasgos, qué nos «revela» la astrología:

Felipe II es sensato y estable. Gusta de las rutinas y se adapta a hábitos de comportamiento fijos. Se siente más a gusto cuando está instalado en lo conocido, lo seguro. Es obstinado y tenaz, pero puede caer en la obcecación o la miopía espiritual. Es cerebral ante los problemas, y opta por la meditación para buscar soluciones. En lo emocional, se guarda en el interior lo que siente. Es reservado y distante. Tiende a considerar la comodidad y el lujo como algo superfluo. No teme al trabajo tenaz para conseguir sus metas. Le gustaría sentirse capaz de todo, pero las dudas lo vencen. Le gusta la soledad. Tendencia a lo metafísico. Visionario.

Franco prefiere la variación, el cambio, el riesgo. Es aventurero, inquieto, mira hacia delante y busca la novedad. Es capaz de lanzarse hacia lo desconocido para evitar sentirse oprimido por la vida rutinaria. Sus ideas pueden llegar a ser demasiado desconectadas con la realidad. En lo emocional, Franco es fácilmente irritable. Es fácil de enfadar, aunque muestra una actitud positiva ante la vida. Le agrada la lucha y el desafío. Tiende al egocentrismo. Se cree capaz de conseguir cualquier meta. Se lo toma todo a pecho. Disfruta estando solo. Su mente vuela hacia lo invisible. Enérgico, voluntarioso y entusiasta.

Se trata de dos personas muy diferentes. Sin embargo, si hubiesen coincidido en el tiempo y se hubieran conocido, habrían conectado muy bien en lo espiritual, y el éxito en las empresas que emprendieran juntos estaría asegurado. Serían capaces de comprenderse mutuamente, y eso les haría compartir la sensación de que sus más íntimos anhelos y sentimientos pueden ser expresados al otro. No obstante, las discusiones entre ellos serían habituales.

13

¿Cuándo y cómo murió Franco?

❧

F<small>RANCO</small> entró en sus últimos días de vida con un infarto silente que sufrió por la noche, en la cama. Esa fue la línea de frontera de su fin, aunque él no quiso creer la versión de los médicos —que le hablaron de un problema coronario grave con riesgo de muerte, no de un *infarto* con esta palabra—, y no quiso creerlo porque decía encontrarse bien. Al día siguiente se celebró el famoso Consejo de Ministros, en El Pardo, en el cual Franco, en todo momento, estuvo monitorizado mediante sensores que se controlaban desde una habitación contigua.

A aquellas alturas, la familia ya sabía que el estado de Franco, con ochenta y tres años y padeciendo la enfermedad de Parkinson, era delicado en extremo. Su muerte era cuestión, quizá, de uno o dos años, quizá de meses. Al equipo médico se le pidió expresamente y sobre todo que no sufriera por culpa de los tratamientos. Lo sorprendente es que, en la realidad, su agonía fue dura y no precisamente breve. Cuando el 20 de noviembre de 1975 se anunció la muerte del que fuera jefe del Estado, hubo decenas de rumores sobre si eso había ocurrido unos días antes, e incluso si a Franco lo habían congelado. Las cosas fueron complejas.

Si se le mantuvo tanto tiempo en El Pardo antes de ingresarlo en la Residencia Sanitaria de La Paz, fue quizá por la suma de dos motivos. Por un lado, porque el mismo Franco había dejado dicho que prefería morir en El Pardo, en su casa y en su cama, que en un hospital o en cualquier otro lugar. Y el segundo, porque el jefe de la Casa Militar tenía miedo de un posible atentado, al verse obligado a improvisar la seguridad. Algo increíble esto, que propició la famosa intervención de una hemorragia intestinal en el quirófano, pequeño y anticuado, sobre una exigua camilla de vidrio que databa de los tiempos de la Primera Guerra Mundial, y que pertenecía al Regimiento de El Pardo. Fue parte del episodio en el que se bajó a Franco de su habitación en una alfombra, ya que la escalera que conducía más directamente y con menor trayecto al quirófano era demasiado estrecha para una camilla. Durante la operación se llegó a ir la luz, y por ello se cortó la corriente en El Pardo. Todo de una «cutrez» incomprensible. Otros dictadores hubieran tenido un hospital entero en el propio palacio. Pero Franco acabó siendo intervenido en un quirófano de urgencia que ni los propios soldados usaban más que como cuarto de curas y botiquín. Uno de los médicos que lo trataron, el cardiólogo Palma Gámiz, quedó marcado por una frase que Franco dijo, en un hilo de voz, al ser conducido a ese quirófano: «¡Qué duro es morir!».

Algunos dijeron que Franco falleció allí, lo cual no parece fundado, y que se hicieron fotos. Esto ha sido algo que no hemos logrado averiguar y que nos ha resultado frustrante, ya que seguimos una pista falsa creyendo que se nos facilitaría una de esas supuestas fotos. Todo quedó en una pérdida de tiempo.

En todo caso, la muerte de Francisco Franco siempre ha estado rodeada de un halo de misterio. Sobre todo en lo que se refiere a si se respetó su dignidad personal como enfermo moribundo o se prolongó realmente su agonía por motivos egoístas e inmorales.

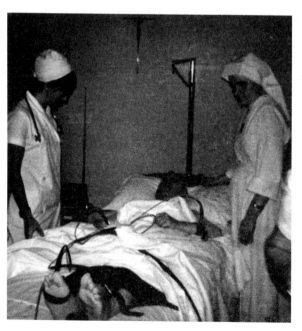

Uno de los últimos días en la cama de La Paz.

El 20 N

El 20 de noviembre es una fecha con gran carga simbólica. Un 20 N, de 1936, murió el fundador de la Falange, José Antonio Primo de Rivera, fusilado en la cárcel de Alicante en la que pasó sus últimos momentos. Ese mismo 20 N moría en la llamada «Batalla de Madrid» el líder anarcosindicalista —enemigo acérrimo del anterior— Buenaventura Durruti. Y treinta y nueve años después, el 20 N de 1975, a las 5.25 de la madrugada, fallecía el general Francisco Franco en la Ciudad Sanitaria La Paz.

Pero ¿murió Franco realmente el 20 de noviembre de 1975? ¿O había muerto ya el día 19, es decir, la víspera de la fecha oficialmente admitida que todos conocemos?

Al menos hay una «coincidencia», si es que las coincidencias verdaderamente extrañas existen, que parecía indicar casi una necesidad profética al respecto. Era una especie de augurio que emergía de la suma de dos fechas de gran significación en la vida de Franco:

1. La Guerra Civil comenzó el día 18 de julio (mes 7.º) del año 36.
2. La misma guerra finalizó el día 1 de abril (mes 4.º) del año 39.

Si sumamos ambas fechas obtenemos otra fecha nueva. Una fecha que puede dejar perplejo al más incrédulo:

19 (18 + 1) de noviembre (mes 4 + 7) del año 75 (36 + 39)

Muchos creyeron una de estas dos hipótesis: que Franco había sido mantenido en su agonía un día más con el objeto de que la «profecía» no se cumpliera, y de paso hacer coincidir la fecha de su muerte con la de José Antonio; o bien que realmente falleció el día 19, pero que esta circunstancia no fue comunicada por razones de seguridad y políticas hasta un día después. La situación en España era muy delicada.

Por cierto, que no es la única «coincidencia» que tiene relación con Franco, aunque sea relativamente indirecta en este caso. Veamos... El día 14 de abril de 1931 se proclamó la instauración de la Segunda República en España; 1.922 días después se produjo el Alzamiento Nacional del 18 de julio de 1936. Pues bien, entre la muerte de Franco, el 20 de noviembre de 1975, y el día del golpe de Estado de Tejero, el 23 de febrero de 1981, transcurrieron precisamente 1.922 días. Precisamente.

Y es que las quizá mal llamadas coincidencias se han dado, de modo casi inverosímil, en otros muchos casos. Por ejemplo entre Napoleón Bonaparte y Adolf Hitler:

Napoleón nació en 1769. Hitler en 1889. Diferencia de 129 años.
Napoleón llegó al poder en 1804. Hitler lo hizo en 1933. Diferencia de 129 años.
Napoleón entró en Viena en 1809. Hitler en 1938. Diferencia de 129 años.
Napoleón invadió Rusia en 1812. Hitler en 1941. Diferencia de 129 años.
Napoleón cayó en 1815. Hitler en 1945. Diferencia de 129 años.

Además, ambos fracasaron en su intento de conquistar Rusia, frenados por el terrible invierno que dio inicio al principio del fin. Quizá también se podría decir que los dos encontraron un detonante de su caída en España. Napoleón con las revueltas que le hicieron desviar tropas a la Península Ibérica y que debilitaron sus posiciones en Rusia. Y Hitler al no conseguir que Franco —astutamente, por incapacidad de tomar la decisión o por el motivo que fuera— entrara con él en la guerra.

¿Murió Franco el 19 de noviembre?

Franco estaba a duras penas vivo, prácticamente inconsciente y dependía completamente de la maquinaria de soporte vital. Finalmente, su hija insistió en que debía dejársele morir en paz. A las once y cuarto de la noche del 19 de noviembre, los varios tubos que lo conectaban a las máquinas fueron retirados por orden de Martínez-Bordíu. Probablemente Franco murió poco después. La hora oficial que se dio de la muerte fue las cinco y veinticinco de la madrugada del 20 de noviembre de 1975; la causa oficial declarada fue paro cardiaco con *shock* endotóxico provocado por una aguda peritonitis bacteriana, disfunción renal, bronconeumonía, úlcera de estómago, tromboflebitis y enfermedad de Parkinson [1].

La historia es la historia. Quizá muchos nunca sepamos qué ocurrió exactamente y cómo ocurrió, así como el modo en que se apagó la vida

---

[1] De la obra *Franco, Caudillo de España*, de Paul Preston.

El féretro de Franco inicia su viaje al Valle de los Caídos.

de Francisco Franco y cuándo lo hizo. Pero, al margen de cuestiones como las anteriores, si consideramos ciertos elementos del movimiento terrestre en torno al Sol, en efecto, Franco murió el día 19 de noviembre. Al menos en un sentido «astronómico». Parece complicado, pero es muy sencillo. Desglosémoslo cuidadosamente y veremos a qué se debe esta afirmación:

— La hora oficial de la muerte de Franco fue las cinco y veinticinco de la madrugada del 20 N.
— El año 1972 fue bisiesto, de modo que 1973 acumuló 1/4 de día de desfase, 1974 otro cuarto y 1975 otro cuarto más (1976 sería el año en que se corregiría añadiendo un día completo, es decir, siendo año bisiesto). El 19 de noviembre de 1975, por tanto, acumulaba aproximadamente 17 horas de desfase.

La conclusión de esto, algo confuso, es que desde el punto de vista solar, podría decirse que Franco murió hacia las 12.25 del día 19 de noviembre de 1975. Aunque esto es solo una hipótesis astronómicamente coherente.

Nos lo explica mejor el ya citado varias veces profesor José Luis Valbuena Durán, ingeniero del Centro Español de Investigaciones Científicas y miembro del Instituto de Astronomía y Geodesia del mismo.

—¿Puede decirse que, en cierto sentido, la muerte de Franco se produjo el 19 de noviembre?

—Esto depende de cómo se enfoque la cuestión. Si la enfocamos desde el punto de vista de una sociedad que tiene que comer y trabajar por el día y dormir por la noche, evidentemente es muy práctico el cómputo de tiempo que se utiliza en los calendarios actuales. Lo que sucede es que el número de vueltas que da la Tierra alrededor de sí misma no es un múltiplo entero del año. Hay una fracción, aproximadamente de 1/4 de día, que se va acumulando, y por eso cada cuatro años se salta un día entero, salvo cada 400 años que se elimina un bisiesto, ya que la cosa no es del todo exacta. Pero esto es a efectos estrictamente civiles, de ritmo biológico que necesita ciclos de día y noche. Si quisiéramos hacer una división en los meses que todos conocemos, los doce meses de raíz babilónica; si quisiéramos hacer un cómputo con una referencia celeste, una referencia astronómica, una referencia con relación al espacio exterior, realmente podríamos decir que el día 20 de noviembre de 1975 habría empezado bastante después de lo que desde el punto de vista civil empezó. Realmente, el número de días que habrían transcurrido desde el momento astronómico del comienzo del año, con el desfase ya acumulado desde el último bisiesto, que fue 1972, no habría sido el correspondiente al 20 de noviembre, sino al 19 de noviembre; lo cual quiere decir que si queremos jugar con la idea de que la suma de las fechas de cuando empezaron las hostilidades de la Guerra Civil y de cuando terminaron, sería de alguna forma una predicción del día del fallecimiento de Franco, desde el punto de vista, insisto, celeste, astronómico, absoluto, externo a nuestro sistema, sería totalmente defendible.

—Y dinos, como científico, como mente racional, ¿tú crees en las profecías?

—Bueno, una cosa es mi opinión personal y otra es lo que, a través de un análisis racional, se puede decir. Como opinión personal, soy absolutamente negativo a las profecías. Como análisis racional no puedo negarlas, como no puedo negar la existencia de extraterrestres, ya que no existe forma de demostrar que no existen. Yo puedo opinar que, para mí, no son ciertas, pero no puedo afirmar que sean necesariamente falsas. Al respecto de estas fechas relacionadas con la predicción, más que profecía, de la muerte de Franco, se trata de una casualidad que, desde el punto de vista estadístico, es de una altísima improbabilidad. Remarco eso de altísima improbabilidad.

—Si es que las «casualidades» existen.

—En efecto: si es que existen.

En todo caso, muriera Franco antes del día 20 de noviembre de 1975 o justamente en esa fecha por todos conocida, lo cierto es que su agonía fue terrible y las circunstancias que rodearon el óbito, muy lamentables. Se ha dicho que se alargó su vida todo lo posible, y no es algo descabellado en un régimen personalista, en el que los poderes del Estado no se proyectaban en una figura abstracta, sino que se encarnaban en una persona concreta.

«Aquí mandan ustedes y yo no tengo nada que decir», fue la frase pronunciada por el jefe del Estado al doctor Hidalgo Huerta, cuando el día 28 de octubre de 1975 este le anunció que iba a procederse a realizarle una exploración «quizá un poco molesta». Era el principio del fin, que diría Talleyrand.

Al margen de estas consideraciones un tanto extrañas, como extraño es el mundo en definitiva, siempre corrió la idea de que a Franco se le había alargado la vida. Y, por añadidura, que se había ocultado la verdadera fecha de su muerte. Las razones, evidentes: políticas, de orden social, el miedo de algunos... Se dijo también que Franco había muerto dos días antes del 20 N, pero que no se había anunciado al país. El doctor Hidalgo Huerta, uno de los médicos que más cerca estuvieron de Franco en los últimos momentos, y que lo operó tres veces entre el 28 de octubre y fin de su vida, niega esta acusación tajantemente: «Franco murió cuando se dijo».

Llegó el fin. 20 de noviembre de 1975. El presidente del Gobierno, Carlos Arias Navarro, comparece en televisión con el rostro visiblemente apenado y la voz rota:

> Españoles... Franco ha muerto... El hombre de excepción que ante Dios y ante la Historia asumió la inmensa responsabilidad del más exigente y sacrificado servicio a España, ha entregado su vida, quemada día a día, hora a hora, en el cumplimiento de una misión trascendental.

El testamento de Franco no se hace esperar, pues lo recogen todos los medios de comunicación y prensa de la nación. Se trata de un testamento muy bien pensado, no fruto del sentimentalismo. Franco quiere, a través de él, dar una visión propia de sí mismo y su mandato, y transmitírsela al pueblo. Dejarlo todo «atado y bien atado». Pero ya es tarde. España estaba empezando a superarle en el mismo momento de su muerte. La historia había quedado ralentizada con el franquismo, encarnado en la persona que lo protagonizó en todos los sentidos.

> Españoles: Al llegar para mí la hora de rendir la vida ante el Altísimo y comparecer ante su inapelable juicio, pido a Dios que me acoja benigno a su presencia, pues quise vivir y morir como católico. En el nombre de Cristo me honro, y ha sido mi voluntad constante, ser hijo fiel de la Iglesia, en cuyo seno voy a morir.
>
> Pido perdón a todos de todo corazón, perdono a cuantos se declararon mis enemigos sin que yo los tuviera como tales. Creo y deseo no haber tenido otros que aquellos que lo fueron de España, a la que amo hasta el último momento y a la que prometí servir hasta el último aliento de mi vida que ya sé próximo.
>
> Quiero agradecer a cuantos han colaborado con entusiasmo, entrega y abnegación en la gran empresa de hacer una España unida, grande y libre. Por el amor que siento por nuestra Patria, os pido que perseveréis en la unidad y en la paz y que rodeéis al futuro Rey de España, Don Juan Carlos de Borbón, del mismo afecto y lealtad que a mí me habéis brindado y le prestéis, en todo momento el mismo apoyo de colaboración que de vosotros he tenido.
>
> No olvidéis que los enemigos de España y de la civilización cristiana están alerta. Velad también vosotros y deponed, frente a los supremos intereses de la Patria y del pueblo español, toda mira personal. No cejéis en alcanzar la justicia social y la cultura para todos los hombres de España y haced de ello vuestro primordial objetivo. Mantened al unidad de las tierras de España exaltando la rica multiplicidad de las regiones como fuente de fortaleza en la unidad de la Patria.
>
> Quisiera, en mi último momento, unir los nombres de Dios y de España y abrazaros a todos para gritar juntos, por última vez, en los umbrales de mi muerte: ¡Arriba España! ¡Viva España!

Entre las cinco y veinticinco de la madrugada, hora oficial de la muerte, y las diez de la mañana del día 20 de noviembre, se procede al embalsamamiento de Franco. Se hacen la máscara de su rostro y sus manos. Después, el féretro con su cuerpo se traslada desde La Paz a El Pardo. Por la noche se abre la primera capilla ardiente, a la que únicamente pueden asistir familiares y amigos, así como el personal de las casas civil y militar. Al día siguiente se trasladará al difunto al Palacio de Oriente, donde la capilla ardiente estará abierta al público general durante otros dos días.

El 23 de noviembre se cierra el féretro de Franco. La primera cubierta es de cinc, con una abertura de vidrio en la zona del rostro. La segunda, de

El féretro con los restos de Franco en el Valle de los Caídos.

madera, con un Cristo, como es habitual en los ataúdes católicos. Se celebra el funeral de cuerpo presente en la plaza de Oriente. Después, la comitiva fúnebre inicia su camino hacia el Valle de los Caídos. Pasa ante el Arco del Triunfo de Moncloa y desde allí enfila la carretera de La Coruña. En la basílica ya se ha levantado la losa bajo la cual se halla el hueco para el féretro. A la una de la tarde, a hombros, el ataúd llega a la entrada de la cripta. Ante él marcha una cruz. Hay candelabros encendidos. El público congregado es inmenso, y no falta quien pide la proclamación de Franco como santo.

La ceremonia continúa. Ya en el altar, el abad bendice con el hisopo y con incienso el interior de la fosa. Se baja el féretro con gruesas cuerdas. La cabeza de Franco se coloca hacia la salida de la cripta. Por fin se sella la tumba colocando de nuevo la losa superior, de más de una tonelada de peso.

Franco estaba muerto y enterrado. Terminaba así un largo periodo de la historia de España. El sol saldría al día siguiente, como el día anterior. Pero nuevos aires soplaban. Nada permanece por siempre. El aroma de la democracia empezaba a respirarse. España comenzaba un nuevo periodo del que salió —hoy lo vemos— como una nación moderna y respetada en el mundo.

14

Cultura franquista

Los españoles formamos un pueblo con gran afición al taco y al insulto, a menudo exagerado e indiscriminado. Seguramente, de todo el mundo, somos los que más abusamos de ambas cosas. Hay que tener en cuenta que en España se usaron expresiones peyorativas como «tener cara de judío» o «tener cara de hereje». Más recientemente, encontramos frases muy desafortunadas, como «eso lo saben hasta los negros». El Diccionario de la Real Academia Española, en su decimoséptima edición —la primera editada tras la Guerra Civil, ya en pleno régimen franquista—, recoge ciertas *lindezas* como estas:

Judiada. Acción inhumana.
Gitanada. Adulación, chiste, caricias y engaños con que suele conseguirse lo que se desea.

Hoy todavía hay quien emplea «judío» para referirse a usurero, rácano o avaro; y «gitano» se aplica a menudo a estafadores o personas poco fiables. En cuanto a las definiciones anteriores, lo más curioso de todo, para quien se haya sorprendido con semejantes definiciones de nuestro Diccionario «oficial» en España, será una nueva sorpresa, quizá aún más grande: todas estas definiciones fueron aprobadas por la República, ya que la decimoséptima edición no es más que una reimpresión de la decimosexta de 1936, editada justo antes del comienzo de la Guerra Civil [1].

---

[1] Solo se diferencian en un anexo final de neologismos o nuevas acepciones, que la Academia llama «Suplemento».

Diccionario Enciclopédico Abreviado Espasa-Calpe (edición de 1957)

Las enciclopedias tampoco fueron ajenas a los disparates que, por obra u omisión, se recogieron en negro sobre blanco y se tomaron por verdades académicas.

JUDAS. (Por alusión a Judas Iscariote, por quien alevosamente Jesús fue vendido a los judíos.) m. fig. Hombre alevoso, traidor.

GITANEAR. intr. fig. Halagar con gitanería, al modo de las gitanas, para conseguir lo que se desea.

GITANO, NA. fr., Bohémien; it., Zingaro; i., Gipsy; a., Zigeuner. (De egiptano.) adj. Dícese de cierta raza de gentes errantes y sin domicilio fijo, que se creyó ser descendiente de los egipcios y parecen proceder del N. de la India. [...] Los gitanos son individuos de constitución física robusta, acostumbrados desde su infancia a las más duras y extremas inclemencias del tiempo; las mujeres suelen ser hermosas y agraciadas, aunque a veces no muy limpias y algo desaliñadas; gustan de los colorines en el vestir exterior y de los adornos profusos. Sin ocupación fija determinada, detestan las que obligan a la vida sedentaria. De imaginación vivaz y llenos de picardía, poseen una gran habilidad para engañar, cualidades que aprovechan para practicar la quiromancía; se dan individuos de destacadas condiciones para la música y el canto. Lo fundamental entre los gitanos es su culto a la magia, y su música es una expresión de esta. En sus coplas y en sus danzas se enlazan la infinita y desmayada tristeza (la muerte) y la furia desenfrenada y sensual (el amor). El gitano ama y obedece al paganismo de la naturaleza. Son de nivel moral más bien bajo, y parece que todo él se reduce a la virtud de la mujer soltera y la fidelidad de la casada, preceptos que muy rara vez se contravienen.

La *Enciclopedia Álvarez*

Pero hagamos ahora una aproximación a un libro que sí es fruto directo del franquismo, nacido en el caldo de cultivo del régimen encabezado por Francisco Franco: la escolar Enciclopedia Álvarez (*Intuitiva-Sintética-Práctica*). Conocerán muy bien este libro, que servía de texto en el colegio, los lectores con edad a partir de los cuarenta y cinco años,

Cubierta de la Enciclopedia Álvarez.

pues su primera edición salió al mercado en 1952 y se llegó con él hasta 1966. El propio autor de esta obra, al que su enorme éxito retiró de la enseñanza, Antonio Álvarez, reconocía ya en nuestro tiempo que los censores oficiales se encargaban de indicar lo que se podía o no poner para aprobar un libro de enseñanza. Se llegó incluso a alterar con descaro algunos aspectos de la historia de España para adecuarla a los «gustos» del régimen.

A pesar de todo, de las tergiversaciones y exageraciones, e incluso de que una parte del texto fuera dirigido exclusivamente a los niños y otra a las niñas, Antonio Álvarez aportó algo muy importante y loable a la enseñanza española de aquellos años, ya que inició un método pedagógico basado en la experiencia en lugar de en la pura memoria, que hacía a los estudiantes razonar y probar muchas de las cosas aprendidas.

Veamos algunos ejemplos del contenido de esta enciclopedia franquista por excelencia:

La Virgen María y España:

«España es la nación mariana por excelencia, es decir, la nación que más ama y venera a la Virgen [...]. Podemos afirmar también que todas las grandes obras que España ha realizado, las ha hecho bajo la protección de la Virgen».

Crucifixión y muerte de Jesús:

«Jesús recorrió con la cruz a cuestas los 1.600 [2] metros que separan el palacio de Pilato del Calvario».

Sobre el protestantismo:

«Los protestantes sostienen, entre otros, los siguientes errores: que "para salvarse basta la fe en Cristo", que no existe el purgatorio ni el libre albedrío, que la confesión no tiene valor y que no se debe practicar el culto a las imágenes [3]».

Referido al escritor Ramón de Campoamor:

«Su poesía no es sana por completo en el aspecto moral».

Referido al escritor Francisco de Quevedo:

«Como poeta, como iniciador del conceptismo, ocupa un puesto de honor en nuestro parnaso. Tiene obras satíricas, como sus famosos "Sueños", pero no es, ni mucho menos, el autor de los chistes y anécdotas de mal gusto que el vulgo le atribuye injustamente».

Enunciados de dos ejercicios de aritmética:

— «Compré 527 litros de vino a 2 pesetas el litro. Les eché 74 litros de agua y los vendí al mismo precio. ¿Cuánto gané?».
— «Un obrero que cobró a fin de semana 262,5 pesetas, gastó en la taberna la doceava parte y después pagó una deuda de 16 duros. ¿Cuántas pesetas le quedan?»

---

[2] Perdón por el pequeño chiste, algo irreverente, pero si hubieran sido 1.609 metros, Jesús habría batido una especie de primer récord de la milla.

[3] El régimen de Franco preconizaba que en España había verdadera libertad de culto. La realidad era muy distinta, hasta el punto de que la visita de Eisenhower tuvo problemas por considerarse a los protestantes como «indeseables».

Geografía natural:

«Geografía natural es la que estudia los hechos geográficos debidos a la mano de Dios».

Al respecto de las razas humanas:

«Se llama razas humanas a ciertos grupos de hombres que tienen análogas características físicas y espirituales [...]. Pero, con todo, la clasificación de los hombres en razas es muy difícil, porque la raza pura no existe; a través de los siglos nos hemos ido mezclando unos con otros».

Normas para cívicas para peatones y conductores:

— «No cruces la calzada jugando, leyendo o distraído [4]».
— «No torees a los coches que pasan, ni les arrojes objetos. Te expones a ser atropellado, y, además, demostrarás poca educación.»
— «No conduzcas jamás con una sola mano; no comas mientras conduces, ni juegues con tus acompañantes.»
— «Si otro conductor hace mal una maniobra o no te la facilita, no lo insultes ni le dirijas palabras groseras. Demuestra tu educación.»

Sobre la posibilidad de vida en el planeta Marte:

«Se sabe [...] que Marte posee una atmósfera parecida a la nuestra, que tiene también agua [5] y vegetación, y hay quien afirma que ciertas manchas [...] que sobre él se observan son canales enormes, producto de una inteligencia, cuando menos, igual a la nuestra. ¿Habrá seres vivos e inteligentes en Marte? Puede haberlos, pero no está probado».

La vida en la ciudad:

«La vida en la ciudad es antihigiénica por muchas razones: el aire está viciado [...], los olores desagradables son frecuentes y los cafés, cines y demás sitios de recreo son verdaderos centros de infección, ya que su atmósfera es, en algunas ocasiones, irrespirable».

---

[4] Especialmente importante hoy día, en que los pasos de peatones parecen haberse convertido en vías pecuarias. Ya lo decía Platón hace más de dos mil años: las personas que no saben hacer buen uso de sus derechos acaban siendo como asnos que van a empellones por las calles.

[5] Jocosamente podríamos decir que la *Enciclopedia Álvarez* se adelantó a la NASA varias décadas en este descubrimiento.

Los peligros del alcoholismo:

«De todas las costumbres malas, la de ingerir bebidas alcohólicas es la más peligrosa. Exámenes realizados sobre hijos de "borrachos impenitentes" han demostrado que ni uno solo era normal».

Utilizar bien la prensa y la radio:

«El hombre que aprende a deleitarse con la prensa y con la radio no se aburre, ahorra el dinero que otros gastan en el café o en el cine y se dignifica».

La Leyenda Negra:

«Ninguna nación del mundo puede presentar una hoja de servicios tan limpia como la que España puede exhibir, referente a la conquista, civilización y evangelización de América. A pesar de ello, nuestros tradicionales e implacables enemigos nos acusan de crueles y de no haber hecho en el Nuevo Mundo nada que merezca la pena de ser recordado».

La Inquisición:

«Para castigar los delitos y herejías de los judíos conversos españoles, se creyó conveniente el establecimiento de la Santa Inquisición. Esta consistía en un tribunal eclesiástico encargado de descubrir y juzgar los delitos de herejía, apostasía y libros contrarios al dogma y moral católica.»

El escudo de la Inquisición, con la rama de olivo
y la espada a ambos lados de la cruz.

Sobre don Juan de Austria, hermanastro de Felipe II:

«Pudo casarse con Isabel I, reina de Inglaterra, pero no quiso, por considerar que un católico y una protestante no podían hacer buen matrimonio».

Sobre el científico Diego Torres Villarroel:

«Su cultura fue tan extensa que para él no tenían secretos las artes y las ciencias, pero su gran fama es debida a su condición de vidente [6]. Entre sus vaticinios más celebrados sobresale el anuncio hecho con 50 años de antelación, de la revolución francesa y de la muerte del rey de Francia como víctima de ella».

Sobre el rey Alfonso XIII:

«Son acontecimientos notables del reinado de Alfonso XIII: la consagración de España al Sagrado Corazón de Jesús en el Cerro de los Ángeles y la guerra de África».

La Segunda República:

«La Segunda República se proclamó en España en 1931. Los cinco años que duró se caracterizaron por continuos ataques a la religión y por abusos y atropellos de todas clases».

Sobre el político José Calvo Sotelo:

«Don José Calvo Sotelo, protomártir [7] del glorioso Movimiento Nacional, es una de las figuras más sobresalientes que España ha tenido, por su esclarecida inteligencia y por su ardoroso patriotismo».

El Alzamiento Nacional:

«Las causas principales del Alzamiento fueron dos: la necesidad de restablecer el orden en España y la de impedir que nuestra Patria cayese en manos del comunismo».

---

[6] Curiosamente, las prácticas ocultistas no estaban permitidas en la época de Franco.

[7] Exageración poco cristiana, al comparar a Calvo Sotelo con San Esteban, el primer discípulo de Jesucristo que padeció martirio y muerte.

Diálogo telefónico entre el coronel Moscardó y su hijo Luis, preso por las fuerzas republicanas que asediaban el Alcázar de Toledo:

—¡Papá!
—¿Cómo estás, hijo mío?
—Dicen que me van a fusilar si no te rindes.
—¿Y tú qué piensas?
—Que no te debes rendir, papá. ¡No importa que me fusilen!
—No esperaba menos de ti, hijo mío. Encomienda tu alma a Dios y muere como un patriota.
—¡Un beso muy fuerte, papá!
—¡Un beso muy fuerte, hijo mío!

El jefe del Estado:

«El jefe del Estado español es el Excelentísimo Señor Don Francisco Franco Bahamonde, iniciador del Alzamiento Nacional. Por sus excepcionales dotes militares y de gobierno, Franco fue elevado a la Jefatura del Estado el día 1.º de octubre de 1936».

A pesar de toda esta palabrería patriotera a menudo rayana en lo ridículo, y del flaco favor que pudo hacer a nuestra historia, también hay que reconocer, sin perder la perspectiva de los hechos cuando estos acontecieron, que España tuvo momentos de verdadera gloria y de auténtica grandeza, incluso en sus derrotas (quizá el momento en que más se demuestra de veras lo que se lleva dentro). Cuando los ejércitos españoles coloniales fueron derrotados en la batalla de Ayacucho, punto crucial en la independencia de casi todos los países suramericanos, los rebeldes erigieron un monumento en el que estaba inscrita la leyenda: «A los vencedores y a los vencidos». O cuando los llamados «Últimos de Filipinas» se rindieron finalmente y abandonaron su fortín, las gentes del pueblo, espontáneamente, formaron un pasillo hasta la costa en el que cubrieron de aplausos y vítores a los derrotados.

Aquí coincidimos con el filósofo Gustavo Bueno. No hay que sentir vergüenza de nuestra historia, sino todo lo contrario; aunque con la pretensión de aprender de los errores y mejorar para el futuro. Los españoles siempre hemos demostrado que es mejor morir de pie que vivir de rodillas. La identidad española no es en absoluto un patrimonio de Franco, ni de ninguna ideología. El mismo Gustavo Bueno refirió el caso de una conferencia suya en que un muchacho se sonreía cuando él men-

*Sorprendente imagen de una figurilla de Franco junto a Maimónides,
tomada en una tienda de recuerdos de Córdoba.*

cionaba la palabra España. El filósofo fue tajante al cortar esas chanzas:
«Si alguien se sonríe cuando yo diga España, que sepa que yo me sonrío
de su puta madre».

15

Curiosidades de Franco

ESTE capítulo, un tanto al margen de los anteriores, tiene como objeto mostrar algunas de las cuestiones más curiosas de Francisco Franco, de su personalidad o aficiones, de sus gustos, manías, rarezas. No pretende ser una crítica ni nada que se le parezca. Es solo un ejercicio de diversión, una mezcla de aspectos interesantes y anecdóticos. Todos tenemos *lo nuestro*. Aquí tenemos *lo del Generalísimo*.

La Fanta [1]

Esta bebida fue la segunda marca que la compañía multinacional norteamericana lanzó al mercado, más de medio siglo después del nacimiento de la Coca-Cola. Asociada más a los niños que esta última, la Fanta no nació en los Estados Unidos, sino en Alemania. Y lo más sorprendente —casi increíble—, eso sucedió en 1941, es decir, en plena Segunda Guerra Mundial y con los ejércitos del III Reich en la cumbre de su expansión por Europa. La bebida se creó por falta de algunos ingredientes necesarios para fabricar la Coca-Cola, y la adición de otros disponibles en ese momento. Aunque la Fanta se dejó de producir tras la guerra, la idea se recuperó en Italia en 1955. Su éxito hizo que se extendiera rápidamente por el mundo. A España llegó en 1961 [2].

Pero ¿cuál es su relación con Franco? Pues una bien simple: según afirmaba el que fuera su médico, Vicente Pozuelo Escudero [3], esta era la

---

[1] Este nombre previene de la palabra inglesa «fantasy».

[2] Agradecemos esta información a Coca-Cola España.

[3] Como reza el título de su libro *Los últimos 476 días de Franco,* este doctor sucedió a Vicente Gil «Vicentón», y atendió a Franco en esa postrera época de su vida.

bebida que más gustaba al *Caudillo*. Cuando le daban una, cosa que su delicado estado de salud en los últimos años no permitía a diario, se ponía muy contento y la saboreaba como un buen vino. Antes, cuando aún no existía, solo tomaba naranjada o limonada.

Quizá sea cierto eso que dicen de que los ancianos, al final, vuelven a ser como niños.

Los ahorros de toda una vida

Cuando Franco murió, entre muchos y diversos actos o procedimientos, una de las cosas que se hicieron fue abrir su caja fuerte personal. La sorpresa fue mayúscula. El jefe del Estado guardaba en ella, como ahorros de toda una vida, los sueldos que había ido cobrando y que tenía asignados por su labor al frente de la nave del Estado, como a él le gustaba decir. Tanto se había esmerado en guardar ese dinero, que hasta había billetes ya caducados dentro de las carteras típicas que se utilizaban para realizar los pagos de los sueldos.

Televisor en blanco y negro y zapatos Segarra

Hasta que el aparato dijo definitivamente basta, después de un buen número de reparaciones, Franco veía la televisión y sus programas favoritos en un televisor de blanco y negro, cuando ya estaba disponible el color y muchos españoles gozaban de la nueva tecnología. Claro que, si tenía la obsesión de ahorrar tanto, es lógico que prefiriera mantener su

El televisor en blanco y negro que perteneció a Franco.

vetusto televisor. Para lo que hay que ver...

En este mismo sentido se puede encuadrar su conocido «gusto» por los zapatos de la marca Segarra, duros y malos a más no poder. Como militar, Franco usaba ese calzado que en nada se puede comparar con el lujo. Tan malos eran, que hasta su médico temió que hubieran podido dañarle los pies y le recomendó que utilizara otros más blandos y cómodos. El *Caudillo* se negó en redondo, a paso militar.

Citando una conversación recogida en el libro *Los últimos 476 días de Franco,* del doctor Vicente Pozuelo:

—Me molestan hasta que el pie se hace al zapato —dice Franco.
—No, no. Eso es lo que se dice en el Ejército, pero lo que dicen los médicos es todo lo contrario: el zapato es el que se tiene que hacer al pie.
—Ustedes son unos comodones.

Injerencias en Televisión Española

«La televisión es un medio que, bien empleado, podría servir para educar a los españoles, y mal empleado resultar muy perjudicial.»

Franco sabía que la televisión tenía una fuerza nunca antes conocida en lo referente a la influencia sobre la población de los mensajes lanzados desde ella. El buen o mal empleo, vemos hoy que no es tan importante para las cadenas como la audiencia. Pero en vida de Franco, la guerra por las audiencias no existía: solo había televisión pública, al principio un único canal y después el llamado UHF.

En aquellos años en que la historia de la televisión es historia de España, en aquellos días en que los espectadores aún tenían cierta «candidez televisiva», una figura se erigió en esa parte de la televisión capaz de crear opinión, más allá de cánticos de folclóricas, concursos o fútbol: José María Íñigo. Entre él, dando la cara, y su hermano Francisco tras los bastidores, la televisión en España dio un giro hacia la modernidad. Pero también hacia un peligro inminente y no solo probable, basado en esa capacidad de difundir ideas y crear opiniones. Y esto, en un país de pensamiento dirigido, al menos en lo que se refiere al «pueblo», era un peligro específico, concreto y grave.

Uno de los archiconocidos programas de Íñigo, *Estudio Abierto,* era de los favoritos del *Caudillo.* Nunca hubo injerencias del jefe del Estado, ni para poner ni para quitar. Sin embargo, la hermana de Franco, doña Pilar, enviaba de vez en cuando de visita a un motorista uniformado, en una Harley Davidson, para entregar un sobre que contenía la petición de algún que otro artista. Doña Pilar decía que ese cierto artista le gustaba a su hermano, pero seguramente esto solo era una táctica para hacer presión: en concreto, un cantante de tangos argentino, Carlos Acuña, repetía casi cada mes por deseo suyo.

El famoso caso de la visita de la cantante folk estadounidense, de origen vasco, Joan Baez, produjo un buen susto en más de uno, aunque a la postre no sucedió nada. Ni siquiera una llamada de atención. La cosa fue que ella dedicó su canción, en directo, a la *Pasionaria*. ¡Y eso con Franco en El Pardo! Lo que sí sucedió fue que, unos pocos días después, José María Íñigo recibía un premio de manos del entonces príncipe Juan Carlos, y este le preguntó, con su buen humor habitual, si había «pasado algo». El futuro Rey estaba con doña Sofía viendo la televisión y ambos comentaron «lo mal que debía de estar pasándolo Íñigo».

El único caso de teléfonos sonando y saliva en los gaznates fue cuando invitaron al programa al actor Kenneth More, protagonista de la serie de éxito *El padre Brown*. Como el actor hacía un papel de un hombre mayor de lo que era él en la realidad, Íñigo le preguntó su edad verdadera. More respondió de un modo parecido al de los antiguos libros para aprender inglés con una frase similar a: «Soy más viejo que tú, pero más joven que el general Franco». Íñigo decidió en ese momento, sin motivo específico, traducir solamente la primera parte: «Dice que es más viejo que yo». Pero la parte de «General Franco», aunque pronunciada con acento inglés, se entendió; lo que no se entendió fue a qué se refería o qué dijo, y ese fue el motivo de las llamadas telefónicas para saber si había ofendido al Generalísimo, lo que resultó sospechoso al no traducirlo Íñigo. Un poco de sonrojo nos produce saber que nadie sabía inglés para calmar las cosas: el honor del *Caudillo* se mantenía incólume.

José María Íñigo es muy claro al decir que el miedo a lo que pudiera pasar les hacía censurarse ellos solitos, de modo que se cuidaban muy mucho de salirse de lo que suponían válido y políticamente correcto en la época. Por ejemplo, no hablar de política en absoluto. Una medida expeditiva. Mejor no tentar a la suerte.

Por último, hemos preguntado a José María Íñigo por la televisión de ayer y de hoy, pero no en un sentido general, o el tan traído y llevado de la calidad: queríamos saber si él creía que la televisión del franquismo tenía más o menos carácter de «control de la masas» que la actual. Su respuesta no deja lugar a dudas:

—La de ahora es mucho peor. Mucho peor.

Francisco Íñigo, *Paco*, el hermano de José María y su compañero de fatigas y éxitos televisivos, nos refiere un caso en que se repitió una entrevista por deseo expreso de Franco. Según la Casa Civil, la entrevista debía repetirse porque el *Caudillo* se la había perdido y deseaba verla, en aquellos tiempos sin vídeo. Más probable es que la repetición de debiera al contenido y la notoriedad de la entrevista, realizada a Alexander Isaievich Solzhenitsin, el famoso escritor y disidente ruso, premio Nobel de Literatura en 1970. Fue todo un acontecimiento, ya que era la primera vez que comparecía ante un medio de prensa europeo tras ser liberado del *Gulag*.

El premio Nobel ruso Alexander Solzhenitsin.

Solzhenitsin criticó al Gobierno soviético abiertamente y —es muy probable— el régimen franquista quiso que todo el mundo se enterara, en un país anticomunista, de adónde lleva el comunismo. Lo que se dijo por televisión fue que se repetía dado el éxito de audiencia (o de *aceptación*, como se llamaba en aquellos tiempos de televisión única, que se veía o no se veía nada). Hay que decir, eso sí, que la citada entrevista alcanzó una enorme repercusión en toda Europa, incluyendo un medio tan importante como el diario *Times* de Londres.

Paco Íñigo remarca que, jamás, nadie les dijo que podían o no entrevistar a un invitado. Algunos venían desde el extranjero, sin que se tuviera en cuenta para invitarlos más que criterios internos del programa. Eso no quiere decir que se pudiese actuar con libertad. La censura era autoimpuesta.

—Nosotros sabíamos —reconoce Paco— lo que podíamos y lo que no podíamos hacer, pero incluso cuando lo de Joan Baez, que dedicó en directo su canción a la *Pasionaria,* y que ya os ha contado mi hermano, ningún teléfono sonó. Bueno, sonaron teléfonos, pero de la propia televisión. Lo cierto es que no íbamos a morder la mano que nos daba de comer, y sin embargo llevamos a mucha gente «delicada» desde el punto de vista político o social. Incluso nos atrevimos con temas ocultistas, no solo aquello famoso de los relojes y las cucharas de Uri Geller, sino magos, alquimistas, mentalistas, espiritistas, astrólogos, de todo, y muchas cosas esotéricas sin problema. Recuerdo el caso del *Conde de Saint-Germain,* ya ves, el famoso alquimista que se decía inmortal. En el programa, en directo, transmutó el plomo en oro delante de tres notarios. Dos no se atrevieron a certificarlo, pero uno sí lo hizo porque allí no vio truco. O un hombre que aseguraba ser capaz de hacer crecer una planta con los poderes de su mente. La planta la compramos José María y yo, y la tuvimos escondida hasta que empezó la emisión. ¡No solo hizo crecer la planta, sino que la hizo crecer como veinte centímetros! Hemos presenciado cosas muy, pero que muy curiosas. Y, a pesar de que no estaban bien vistas por el régimen, se toleraron sin decirnos nada.

—Hubieseis podido decir cualquier «bestialidad» sin que nadie pudiera evitarlo.

—Sí, claro, pero entonces sí habría pasado algo seguro.

¡Tú no eres Generalísimo ni eres nada!

Durante la Guerra Civil, en pleno bombardeo de la aviación republicana, Franco se hallaba en un automóvil circulando por una carretera y al descubierto de las bombas. Lo acompañaba su amigo, el general José Millán Astray, fundador de la Legión. Este dio rápida orden al conductor, sin consultarlo con Franco, de que llevara el coche fuera de la carretera, hasta un puente cercano y así ponerse a cobijo. Pero el *Caudillo,* con toda tranquilidad, dio contraorden al soldado para que continuara la marcha por la carretera. Millán Astray insistió, pero Franco se mantuvo en sus trece. Entonces, muy indignado, casi montando en cólera, Millán Astray le espetó, a modo de reconvención, la casi absurda frase, fruto del acaloramiento: «¡Tú no eres Generalísimo ni eres nada!».

Los coches de Franco [4]

Algunos de los actuales coches de la Casa Real han sido heredados del régimen anterior. Estos vehículos, de enorme valor histórico y, en ciertos casos, económico, pertenecen hoy a la Guardia Real o al Patrimonio Nacional. En cualquier caso, son automóviles que llevan en su interior un pedazo de nuestra historia y algunos secretos.

Tras la Guerra Civil, el general Franco fijó su residencia en el palacio real de El Pardo, adonde se trasladó con su esposa Carmen Polo y su hija Carmencita. En El Pardo fueron instituidos todos los elementos necesarios para su servicio, entre los que se encontraba la Guardia de Su Excelencia, un cuerpo militar independiente. En este marco se creó la llamada Sección de Caravana, perteneciente a la Compañía de Vehículos del Regimiento y encargada de cuidar y mantener los coches para el uso del jefe del Estado.

Entre las joyas que poseyó Franco y que aún se conservan en El Pardo encontramos tres Rolls-Royce Phantom IV, dos Mercedes Benz de la época de Hitler, un Buick Super Eigth modificado para caza y un Cadillac Fleetwood con leyenda incluida.

Los Rolls-Royce, fabricados para conmemorar la boda de la reina Isabel II de Inglaterra, todavía se utilizan hoy, como en los enlaces matrimoniales del príncipe Felipe y la infanta Cristina, y en las visitas de mandatarios extranjeros a nuestro país. Llegaron a España sin ruedas y hubo que adaptarles unas de fabricación nacional. La estatuilla conocida como «Espíritu del Éxtasis» va arrodillada como signo de respeto a la realeza.

El Mercedes de Campaña, modelo G4, conocido como «3 Ejes», es un gran todoterreno de los años 30 dotado de seis ruedas. Se cree que la casa Mercedes fabricó de este modelo cuatro [5] únicas unidades, que fue-

---

[4] Quizá el primero de los vehículos de Franco que aún se conservan fue un autocar de la marca Ford, conocido como «Despacho rodante». En su austero interior, Franco tenía un dormitorio, un cuarto de baño y un auténtico despacho con mesa de trabajo.

[5] Se fabricó en serie una versión más ligera, utilizada por los mariscales y generales alemanes, como por ejemplo Erwin Rommel, el *Zorro del Desierto*.

Uno de los Rolls-Royce Phantom IV que pertenecieron a Franco.

ron encargadas por Adolf Hitler. La leyenda dice que las tres primeras se entregaron al mismo Hitler, a Benito Mussolini y a Franco, y la cuarta y última unidad quedó en propiedad de la fábrica Mercedes en Stuttgart, aunque quizá fuera construida originalmente para el ministro de propaganda nazi, Joseph Goebbels.

Franco nunca le tuvo mucho cariño al *3 Ejes,* quizá por su escasa comodidad, muy distinta de la que ofrece el otro Mercedes: un 770 Pullman Limousine, denominado Grosser Mercedes, cumbre de la gama de la marca, que entró en producción en 1938 y le fue entregado por el embajador de Alemania al jefe del Estado el día de San Francisco, su onomástica, en el año 1942. Este modelo de superlujo, blindado e idéntico al utilizado por Hitler en sus actos del Partido Nazi, pero cubierto en lugar de descapotable, es una maravilla de la técnica alemana de finales de los años 30.

El Mercedes de Campaña y el Grosser Mercedes pertenecen hoy en día al Patrimonio Nacional, en lugar de a la Guardia Real. Esta particularidad se debe a que Carmen Polo obligó a su marido a poner ambos automóviles, de reconocido valor ya entonces, a su nombre cuando estaba próximo a la muerte. A la «primera dama» le entró el miedo de que su esposo falleciera sin demasiados bienes personales. Por ello, las matrículas de los coches, rematriculados al pasar a propiedad privada, tienen números correlativos y son M-AD. Finalmente, los dos Mercedes no quedaron en manos de doña Carmen, sino que pasaron a propiedad del Patrimonio Nacional.

El americano Buick Super Eigth de 1948 se preparó para la caza, a la que Franco era muy aficionado. Se trata de un enorme coche de dos puertas, descapotable, en el que se colocó una mampara para colgar escopetas y cuyos asientos traseros fueron sustituidos por dos sillas de tijera elevables. Desde una de ellas, Franco, montado en el coche y alzado gracias a su mecanismo, iba cazando de puesto en puesto sin bajarse en ningún momento del automóvil. Para no coger frío, se tapaba con una manta escocesa de cuadros que se fijaba al propio coche mediante unos imperdibles. Debía de ser todo un espectáculo...

El último coche del que vamos a hablar, por su interés histórico, es un Cadillac Fleetwood blindado del mismo año que su hermano estadounidense, el Buick de caza. Este vehículo es un descapotable de cuatro puertas con tendencia a recalentarse. Aún hoy tiene en su motor la reparación que un mecánico de pueblo le hizo hace medio siglo. Se trata de un pequeño saco lleno de arena que está atado en torno al manguito del agua de refrigeración. Para favorecer que el calor se disipe, basta con mojarlo. ¡Y todavía funciona!

Franco no utilizó en persona este Cadillac, aunque su historia lo hace muy relevante, ya que sirvió para pasear a Ike, el célebre general Dwight David Eisenhower en su visita a España de 1959 como presidente de los Estados Unidos.

Bomba atómica a la española

Franco siempre quiso el poder, en todos los sentidos. En los años setenta España había alcanzado la madurez tecnológica como para fabricar bombas atómicas del tipo de la Hiroshima. Desde finales de los años cincuenta, y gracias a algunas «casualidades», Franco había deseado unirse al selecto club de potencias atómicas, un pequeño grupo de naciones en el mundo que disponían de la temible arma. Pero nunca se llegó a producir en España uno de estos ingenios —al menos, que se sepa—. La amenaza de su fabricación sirvió a Franco como moneda de cambio con los aliados estadounidenses.

El primer reactor nuclear experimental, la primera «pila atómica» española, se instaló junto a la Ciudad Universitaria de Madrid, y fue inaugurado en diciembre de 1958. El lugar, la sede de la Junta de Energía Nuclear, que actualmente se denomina CIEMAT [6]. Se trataba de un reactor

---

[6] Este reactor nuclear sufrió un accidente en los años noventa del pasado siglo. Se ha procedido a su desmontaje.

pequeño, con fines científicos que pronto se convirtieron en algo más: un centro de investigación para conseguir, con el tiempo, el sueño de Franco de poseer la bomba atómica.

Uno de principales problemas se había resuelto. España está entre los principales productores de uranio natural de Europa y es uno de los veinte mayores productores del mundo. Este mineral, que en su estado natural no sirve para provocar detonaciones atómicas, es la base del combustible de los reactores nucleares. Su residuo es en parte plutonio [7], que sí sirve para hacer las bombas. También se puede, siguiendo otro proceso, «enriquecer» el uranio [8], de modo que el isótopo resultante sea fisible y también permita su utilización en ingenios explosivos. Al ritmo de producción de finales de los sesenta, España podría haber fabricado cerca de diez cabezas atómicas al año, cifra nada despreciable.

El tema tecnológico era aparte. Los científicos militares que conformaron el equipo de trabajo y desarrollo de la bomba española, bajo la batuta del físico Guillermo Velarde, reconocieron después de muchos esfuerzos que no eran capaces de diseñar un ingenio efectivo con tecnología únicamente española. Y, naturalmente, ningún otro país iba a ofrecer la suya a un régimen dictatorial. Pero un golpe de suerte cambió las cosas: el incidente de Palomares. Hasta que los norteamericanos perdieron sus cuatro bombas H en aguas territoriales españolas, no fue posible a nuestros científicos resolver las últimas dificultades técnicas. Gracias al espionaje sobre algunos restos de uno de los ingenios —aunque de tipo diferente al que se pretendía construir aquí—, España conseguía ponerse en disposición de crear su propia bomba atómica. En 1967 eso era una realidad.

Franco quería demostrar su poder. En el fondo, tenía en mente las mismas intenciones que los norteamericanos cuando desarrollaron, hacia 1960, un plan secreto para detonar un ingenio nuclear en la Luna. Ellos querían mostrar su poderío tecnológico y militar a los soviéticos, y el Caudillo deseaba hacer lo propio con el mundo que lo rodeaba, aliados con reservas o enemigos velados, pero especialmente Marruecos y sus pretensiones territoriales.

En 1969 España conseguía su primera remesa de plutonio, material fisible y válido en la fabricación de la bomba. Empezaba con los años se-

---

[7] Plutonio 239. De este tipo fue la bomba de Nagasaki, «Fat Man».
[8] Uranio 235. De este tipo fue la bomba de Hiroshima, «Little Boy».

Franco y Carrero Blanco se interesan por el primer reactor nuclear español.

tenta una carrera que se detuvo antes de llegar a término: la puesta en marcha de la «opción atómica militar», un programa que comprendía la prueba de un ingenio en el desierto del protectorado español del Sahara. En 1973, un encuentro entre el presidente del gobierno de España, Luis Carrero Blanco, y el secretario de Estado norteamericano Henry Kissinger, alteró el rumbo de las cosas. Kissinger tenía amplia experiencia en el tema, ya que había trabajado para Kennedy en la Agencia para el Desarme y Control de Armas. La conversación entre ambos hombres no dio como resultado un acuerdo escrito, pero España frenó el desarrollo de la bomba atómica. Solo las promesas estadounidenses en lo referente a la seguridad española y una buena cantidad de dinero obraron el milagro. ¿No sería ese el verdadero objetivo del *Caudillo*? Siempre tan críptico, quizá esto tampoco se dilucide jamás con seguridad [9].

A pesar de todo, España no renunció oficialmente a construir armamento nuclear propio hasta el año 1987, cuando el Gobierno de Felipe González rubricó el tratado internacional de no proliferación de armas nucleares.

---

[9] Existe la sospecha de que la CIA participara en el asesinato de Carrero Blanco, y que esto tuviera relación con la pretensión española de poseer la bomba atómica.

Los títulos de nobleza otorgados por Franco

Como si de un rey se tratara, Franco otorgó sin pudor títulos de nobleza. No entraremos a aquí a valorar su conveniencia, ya que la concesión de títulos nobiliarios hoy en día es igual de discutible que entonces; pero sí comentaremos un título en concreto que nos sorprende por su rareza, casi inverosímil: el de Conde de Fenosa.

Dicho de otro modo, el Conde de Fenosa es el Conde de las Fuerzas Eléctricas del Noroeste. O mejor incluso: es el título que se otorgó al hombre que fundó en 1943 la compañía eléctrica, cuyo nombre, FENOSA, corresponde a las siglas «Fuerzas Eléctricas del Noroeste». Particularmente el título, otorgado por el *Caudillo* el día 1.º de octubre de 1955, recayó en el banquero e industrial Pedro Barrié de la Maza, un popular hombre de negocios gallego. Actualmente su heredera es una mujer, Carmela Arias y Díaz de Rábago, Condesa de Fenosa con «palacio» y todo en La Coruña.

Para Franco, Pedro Barrié merecía ese título, con una denominación de tan poco lustre, en «reconocimiento a los servicios prestados a la nación y a la industrialización de Galicia, promocionando y desarrollando la producción hidroeléctrica a través de la sociedad Fuerzas Eléctricas del Noroeste, S. A., de la cual fue creador y presidente».

El motivo es serio, pero el título se nos antoja algo ridículo. Según este mismo planteamiento, podrían existir títulos tales como Duque de SEAT, Marqués de la Coca-Cola o Barón del Real Madrid. Cabalmente, ninguno de estos nombres es más descabellado que el de Conde de Fenosa.

Franco literato

Además de sus deslavazados discursos, Franco escribió. De hecho, se sentía atraído por la literatura y, de joven, él mismo quiso ser nada menos que novelista —y también director de cine—. En España existe una base de datos que recoge todas las obras publicadas, incluyendo las que no se encuentran disponibles, agotadas, etc. Este registro internacional se denomina Base de Datos del ISBN. El ISBN *(International Standard Book Number)* es un número creado para dotar a cada libro de un código que lo identifique. Dicho número permite coordinar y normalizar la identificación de cualquier libro, utilizar herramientas informáticas para localizarlo y facilitar su circulación en el mercado editorial nacional e internacional.

SANTANDER *Cantabria*

8 421454 000996

M-8436-2018

SAM-XL 3509   © **EDICIONES A.M.**

Fotografía: Noel Benítez
Distribuye: EDICIONES AM Diseño Gráfico en Turismo, S.L. · Tel.: 91 637 02 46
www.edicionesam.com

SANTANDER - CANTABRIA

En la Base de Datos del ISBN de España, que se puede consultar a través de Internet, aparecen recogidas doce obras de Francisco Franco Bahamonde. Son estas:

1.- 84-275-0315-6 - Pensamiento Político de Franco (1975) Agotado [Obra completa]
   • Franco Bahamonde, Francisco
   Editor: Ediciones del Movimiento

2.- 84-275-0316-4 (1975) Agotado [Parte de obra completa: Tomo 1]
   • Franco Bahamonde, Francisco
   Editor: Ediciones del Movimiento

3.- 84-275-0317-2 (1975) Agotado [Parte de obra completa: Tomo 2]
   • Franco Bahamonde, Francisco
   Editor: Ediciones del Movimiento

4.- 84-08-02124-9 - Raza : anecdotario para el guión de un película (1997)
   • Andrade, Jaime de
   Editor: Editorial Planeta, S.A.

5.- 84-85286-92-8 - Cartas de amor de Franco, las (1978) Agotado
   • Franco Bahamonde, Francisco
   Editor: Actuales, S.A. Ediciones

6.- 84-325-0555-2 - Diario de una bandera (1976) Agotado
   • Franco Bahamonde, Francisco
   Editor: Doncel

7.- 84-85993-00-4 - Masonería (1981) Agotado
   • Franco Bahamonde, Francisco (J. Boor)
   Editor: Fundación Nacional Francisco Franco

8.- 84-275-0051-3 - Movimiento Nacional, El- (Textos de Franco) (1966) Agotado
   • Franco Bahamonde, Francisco
   Editor: Ediciones del Movimiento

9.- 84-85993-13-6 - Papeles de la guerra de Marruecos (1986)
   • Franco Bahamonde, Francisco
   Editor: Fundación Nacional Francisco Franco

10.- 84-300-4242-3 - Raza : anecdotario para el guión de una película (1981)
   • Franco Bahamonde, Francisco (Jaime de Andrade)
   Editor: Fundación Nacional Francisco Franco

11.- 84-275-0299-0 - Tres discursos de Franco (1973) Agotado
   • Franco Bahamonde, Francisco
   Editor: Ediciones del Movimiento

12.- 84-932851-5-3 - Masonería : el libro secreto de Franco (2003)
   • Franco Bahamonde, Francisco (J. Boor)
   Editor: Asociación Cultural Editorial Ojeda

Base de datos del ISBN con los libros de Franco.

Otra bibliografía incluye:

— *ABC de la batalla defensiva,* Imprenta del Servicio Geográfico del Ejército. Madrid, 1944.
— *Águilas y garras,* Compañía Ibero-Americana de Publicaciones, Madrid, 1929.

— *Diario de Alhucemas* (transcrito parcialmente en algunas publicaciones militares periódicas).
— *Legión extranjera:* 3 folletos impresos por Arturo Sierra, Ceuta, 1923: «Instrucciones generales para el régimen interior del Cuerpo», «Instrucciones generales de paz y guerra» y «Prevenciones a las banderas».
— *Diario de una bandera,* Editorial Pueyo, Madrid, 1922.
— *Palabras de Franco,* Editora Nacional, Bilbao, 1937.
— *Palabras del Caudillo, Abril 1937-1938,* Ediciones Fe, Madrid, 1938.
— *Textos de doctrina política,* Publicaciones Españolas, Madrid, 1951.
— *Masonería,* Fundación Nacional Francisco Franco, Madrid, 1981, y Asociación Cultural Editorial Ojeda, Madrid, 2003.
— *Papeles de la Guerra de Marruecos,* Fundación Nacional Francisco Franco, 1986.

Franco pintor

El escultor principal del Valle de los Caídos, Juan de Ávalos, tuvo la oportunidad de contemplar algunos de los cuadros de Franco. Su esposa,

Uno de los cuadros de Franco.

Carmen Polo, le pidió opinión. Él no se mostró demasiado entusiasmado. Estaba claro que se trataba de obras de un pintor diletante con escaso valor artístico. Ya nunca más le volvieron a preguntar.

Estas obras salidas de la concepción y la mano del *Caudillo* son bodegones, el retrato de su mujer, cacerías, paisajes... Quizá Franco se veía a sí mismo como esa rapaz que, orgullosa, muestra en sus garras una liebre que ha cazado. La pintura le servía de relax y para expresar sus más íntimos sentimientos en una formulación no verbal.

Franco y el cine: *Raza*

Como hemos citado varias veces anteriormente, *Raza* es la más importante contribución de Francisco Franco al Séptimo Arte. Él escribió la historia de la película y colaboró en la confección del guion definitivo bajo el seudónimo de Jaime de Andrade. La proveniencia y elección de este apellido quedan ocultas para nosotros. Sin embargo, hubo un Andrade que trabajó en la fachada de la catedral de Santiago de Compostela, en la que construyó la torre del reloj. ¿Lo elegiría Franco por ese motivo?

Protagonizada por Alfredo Mayo y Ana Mariscal, y dirigida por José Luis Sáenz de Heredia, la película se terminó en 1941 y fue estrenada en Madrid en 1942. Casi un decenio después se revisó para eliminar referencias entonces indeseadas por el régimen, el olor a fascismo y algunos comentarios que podían ser interpretados como antiamericanos. La primera versión prácticamente se hizo desaparecer, aunque se ha rescatado en los años noventa del pasado siglo gracias a dos copias, una de la Cinemateca de Berlín y otra de un cine ambulante.

La Filmoteca Española la editó en DVD como lo que es, una parte de nuestra historia y un documento cinematográfico de enorme valor. Seudobiográfica del propio Franco, más como una proyección de sus deseos que como reflejo de la realidad de su vida y su familia, el argumento de *Raza* puede resumirse así:

> Durante la guerra de Cuba, el marino Pedro Churruca muere heroicamente en su buque, que se niega a rendirse a los norteamericanos. Su viuda, Isabel Acuña, tiene que educar entonces sola a sus cuatro hijos, que siguen caminos muy distintos: Isabel se casa con un militar vasco algo blandengue, Jaime ingresa en un convento, Pedro sigue la carrera política iz-

quierdista y José se hace militar al estilo más tradicional. El estallido de la Guerra Civil provoca la desintegración de la familia. Pedro apoya al Gobierno republicano y José se une al bando insurrecto, mientras que Jaime muere asesinado por los milicianos. Al final, Pedro se redimirá de su maldad traicionando a la República.

Carátula de la edición especial de Raza *en DVD.*

A favor de Franco

Sin entrar en cuestiones políticas trasnochadas, queremos recoger aquí, por su interés histórico, algunas de las muestras de afecto o admiración hacia Franco más curiosas. El *Generalísimo* tuvo detractores, pero también defensores, algunos tan incondicionales y sorprendentes como aquel rector de la Universidad de Princeton, en Estados Unidos, que fuera jefe directo de Albert Einstein pero que no toleraba a los judíos.

En fin, a través de estas sucintas muestras podremos comprender mejor los tiempos que España ya superó, sobre todo al ver cómo el régimen buscaba la permanente adulación de su líder.

El primero de los seleccionados es, aunque parezca increíble, el famoso cantante asturiano Víctor Manuel. En los años sesenta compuso un tema cuya letra mostraba un definido apoyo a Franco, verdaderamente hagiográfico, lo cual era muy habitual en esos tiempos. La canción fue grabada en 1966 y salió al mercado bajo el sello discográfico Belter. Esta es la *escandalosa* letra en la que autor afirma, literalmente, admirar a aquel a quien está destinada:

ESE GRAN HOMBRE

Hay un país
Que la guerra marcó sin piedad,
Ese país
De cenizas logró resurgir,
Años costó
Su tributo a la guerra pagar,
Hoy consiguió
Que se admire y respete su paz.
No, no conocí
El azote de aquella invasión,
Vivo feliz
En la tierra que aquel levantó,
Gracias le doy
Al gran hombre que supo alejar,
Esa invasión
Que la senda venía a cambiar.

Otros vendrán
Que el camino no habrán de labrar,
Él lo labró
A los otros les toca sembrar.

Otros vendrán
Que el camino más limpio hallarán,
Deben seguir
Por la senda que aquel nos marcó,
No han de ocultar
Hacia el hombre que trajo esta paz,
Su admiración,
Y por favor,
Pido, siga esta paz.

El hermano mayor de Antonio Machado, Manuel, fue un poeta y autor teatral de nota que se alineo con el régimen de Franco, a diferencia de su hermano Antonio que tuvo que sufrir exilio. Menos relevante culturalmente que este, Manuel Machado fue en España muy popular gracias a esta circunstancia. He aquí un poema que dedicó a Francisco Franco al principio de la Guerra Civil, y que en ocasiones parece, por lo exagerado y entusiasta, una *tomadura de pelo*.

FRANCISCO FRANCO

Caudillo de la nueva Reconquista,
Señor de España, que en su fe renace,
Sabe vencer y sonreír, y hace
Campo de paz la tierra que conquista.

Sabe vencer y sonreír. Su ingenio
Militar campa en la guerrera gloria
Seguro y firme. Y para hacer Historia
Dios quiso darle mucho más: el genio.

Inspira fe y amor. Doquiera llega
El prestigio triunfal que lo acompaña,
Mientras la Patria ante su impulso crece,

Para un mañana que el ayer no niega,
Para una España más y más España,
¡La sonrisa de Franco resplandece!

Claro que, aunque resulte chocante la continua y recurrente apelación a la «sonrisa» y a «sonreír», ya en 1937 Franco fue definido por su hagiógrafo Joaquín Arrarás de este modo:

Buen timonel de la dulce sonrisa, siempre a flor de labios. Una sonrisa gentil y natural que es resplandor de un alma sana.

Por último, citaremos a tres ilustres personalidades que defienden a Franco o dicen admirarlo. Las situaciones *políticas* obligan a menudo a los *políticos* a decir lo que más les convenga. En todo caso, lo dicho, dicho está:

Franco con «Ike» en su visita a España.

Dicta leyes católicas, ayuda a la Iglesia, es un buen católico... ¿Qué más quieren?

Para Juan XXIII

Ya admiraba a Franco como general, pero ahora lo admiro también como gran Estadista.

Presidente Dwight David Eisenhower

El general Franco es un gran espíritu y, al mismo tiempo, una cabeza privilegiada. Conocí a Franco en Ceuta en el año 1925, en una revista militar. Yo acompañaba al general Primo de Rivera. Franco era entonces coronel y conocido por su valía militar y su arrojo. Ha dirigido magistralmente la campaña militar [de Alhucemas], con calma y sangre fría, como corresponde a un militar de primera categoría.

Mariscal Henri Philippe Pétain

Algunos acontecimientos del franquismo a modo de cronología

1936

— El 17 de julio se subleva una parte del ejército contra la República. Franco se une a los rebeldes al día siguiente, 18 de julio. Cuentan con el apoyo de las derechas y la Iglesia.
— Franco es proclamado jefe del Estado.

1937

— Unificación de todos los partidos políticos que apoyan el Alzamiento con el nuevo nombre de FET de las JONS [1], bajo el mando directo del propio Franco.

1938

— Se crea el primer Gobierno franquista. Además de jefe del Estado, Franco asume también la presidencia del Gobierno.

1939

— El día primero de abril se anuncia el final de la Guerra Civil con las palabras: «En el día de hoy, cautivo y desarmado el ejército rojo, han

---

[1] Falange Española Tradicionalista y de las Juntas de Ofensiva Nacional-Sindicalista.

alcanzado las tropas nacionales sus últimos objetivos militares. La guerra ha terminado».

1940

— Exhumación, en Torrejón de Ardoz, de los restos de las víctimas del «terror rojo» y del «ateísmo soviético» [2].
— Instauración de las cartillas de racionamiento.
— Afiliación obligatoria de los varones jóvenes a la OJE [3]. Las jovencitas se inscribían en la llamada «Sección Femenina», donde aprendían a ser «buenas madres y esposas».
— Entrevista de Hendaya entre Franco y Hitler. España se mantiene oficialmente neutral en la Segunda Guerra Mundial, aunque apoya al Eje.
— Ejecución de prisioneros de la Guerra Civil. El presidente catalán, Lluís Companys, es fusilado en el Castillo de Montjuïc en Barcelona.
— Primeros pasos para la creación del futuro Valle de los Caídos.

1941

— Muere el rey Alfonso XIII.
— Primera emisión desde Moscú (más tarde desde Rumanía) de «Radio Pirenaica», o Radio España Independiente.
— Parte hacia Rusia la División Azul. Entonces se hablaba del legendario Oro de Moscú.
— Encuentro Franco-Mussolini.
— Son quemados todo tipo de libros contrarios a la Iglesia y a la ideología del régimen franquista.
— Primeros pasos de la Red Nacional de Ferrocarriles Españoles, más conocida como RENFE.
— El contubernio masónico-izquierdista es el objetivo de las diatribas del *Caudillo* en su comparecencia anual ante los españoles.

---

[2] La fraseología del régimen citaba este hecho con frases como: «Al llegar al lugar fatídico de su martirio, la tierra, glorificada con su sangre, nos da una dolorosa, pero necesaria y aleccionadora idea de los procederes de los intelectuales y otras cuadrillas asalariadas de Moscú».
[3] Organización Juvenil Española.

1942

— Se estrena en el Palacio de la Música de Madrid la película *Raza,* dirigida por José Luis Sáenz de Heredia y protagonizada por Alfredo Mayo. El guion fue escrito por Franco con el seudónimo de Jaime de Andrade, proporcionando una visión heroica y maniquea de la Guerra Civil.
— Se prepara la apertura de las Cortes Españolas, el Parlamento franquista.
— Enfermo de tuberculosis, muere en prisión Miguel Hernández.
— Creación del Seguro Obligatorio de Enfermedad (SOE).
— Vuelven a pisar suelo español los primeros niños trasladados en la guerra.
— Dos años después de que Heinrich Himmler visitara Montserrat, el *Caudillo* hace presencia en el monasterio catalán, no sabemos si con algún motivo «oculto».
— Nace *La Codorniz,* que será la publicación de referencia en el humor español durante las siguientes tres décadas.
— Comienza su emisión el noticiario cinematográfico «No-Do», lo más parecido en aquella época a un noticiario televisivo, y cuya existencia se prolongó durante todo el régimen franquista.

1943

— Franco retira el apoyo al régimen nazi, con el retorno de la División Azul. A partir de entonces se declara la neutralidad española en la contienda europea.
— La justicia militar actúa contra los delitos denominados «políticos», abriendo una serie de Consejos de Guerra.
— Franco rechaza los requerimientos de los partidarios de la monarquía, que solicitaban a Franco el reconocimiento del heredero al trono, don Juan.
— La mayoría de edad es a partir de ahora los 21 años.

1944

— Franco se desmarca del eje: «España no es fascista ni nazi, es una democracia».

— El régimen franquista se desvincula totalmente de los derrotados regímenes nazi y fascista, declarando a la nación española como una «democracia» carente de todo tipo de ideología fascista.
— Se hace obligatoria la identificación de los ciudadanos españoles mediante un documento llamado DNI (Documento Nacional de Identidad).

1945

— El conflicto entre Franco y el heredero al trono se hace público. El régimen de Franco se opone a las pretensiones de don Juan, que solicitó públicamente la vuelta de la monarquía en el *Manifiesto de Lausana*.
— Los exiliados del régimen se reúnen en París bajo la dirección de José Giralt, para constituir el Gobierno de España en el exilio, en el que no participaron los comunistas.
— Carrillo, que también se encuentra en París, trata de animar a los españoles a realizar una huelga general.

1946

— Prolifera en España el comercio ilegal conocido como «estraperlo».
— La popular quiniela del fútbol aparece, y se funda el Patronato de Apuestas Mutuas Deportivas Benéficas.
— La ONU condena la represión franquista y retira su embajada de Madrid.
— La plaza de Oriente se convierte en el escenario de las muestras populares de apoyo al régimen de Franco.

1947

— Se realiza una consulta popular como apoyo al régimen, obteniendo un resultado ampliamente favorable.
— Franco se reserva el derecho de elegir a su sucesor, ante la oposición del pretendiente al trono don Juan de Borbón. El régimen hace campaña en contra de los partidarios de la monarquía, que son desprestigiados públicamente y quedan políticamente aislados.

— Promulgado el Fuero de los Españoles.
— El aislamiento internacional del régimen franquista se hace patente.
— España recibe el apoyo público del régimen peronista. La propia Evita Perón muestra su apoyo afectuoso al *Caudillo* y es recibida en nuestro país con gran entusiasmo popular.
— El Papa muestra su reconocimiento al Opus Dei y a su fundador, Escrivá de Balaguer.

1948

— Fundación del Estado judío en Palestina: el Estado de Israel.
— Stalin es partidario de poner fin a la resistencia militar que representa en España la guerra de guerrillas, y hace saber su opinión a Dolores Ibárruri.
— Franco y don Juan acuerdan la residencia de los hijos de este en España para cursar estudios.
— Barcelona recibe con grandes honores al inventor de la penicilina, Alexander Fleming.
— La frontera francoespañola es reabierta.
— España queda excluida del plan de ayuda norteamericano para Europa, conocido como el «Plan Marshall».

1949

— España queda fuera del Tratado del Atlántico Norte, mediante el cual Estados Unidos y una serie de países europeos organizan su estrategia de defensa conjunta, prevenidos contra el avance del comunismo en Europa oriental.
— El miedo a la amenaza comunista se hace patente en la Iglesia católica, mediante la bula de excomunión que el Papa promulga contra los afines a esta ideología.
— Fusilamiento, en febrero, de cuatro miembros del PSUC.
— La Universidad de Coimbra honra al *Caudillo* con el título de doctor *Honoris Causa*.
— Franco es nombrado «mejor periodista del año».

1950

— Carmen Franco se casa con el Marqués de Villaverde, el doctor Martínez-Bordíu.
— El aislamiento de la nación española se proclama con orgullo. Según el *Caudillo:* «Si no podemos vivir de cara al exterior, viviremos hacia el interior».
— El régimen franquista quiere hacer valer los derechos históricos de la nación española sobre la posesión británica de Gibraltar.
— Comienza su emisión el consultorio radiofónico de la mítica «Señora Francis», que duraría largos años y se convertiría en el oráculo femenino por excelencia durante el régimen franquista. Elena Francis proporcionaba consejos de tipo sentimental —un hombre en realidad—, y su popularidad fue todo un fenómeno social.

1951

— Boicot al transporte público en Barcelona, primer indicio de una serie de protestas que culminarán en la huelga general de Cataluña, en la que participaron 300.000 obreros. Se formó una manifestación, reprimida contundentemente por las fuerzas de orden público, con la consecuencia de dos muertes y decenas de heridos.
— Se abre un Consejo de Guerra contra los detenidos a causa de la huelga de Barcelona. Franco perdonó después a los participantes para celebrar sus primeros quince años en el poder.
— Estados Unidos obtiene permiso para disponer de una serie de bases aéreas militares en España.
— La Junta de Energía Nuclear comienza su andadura.
— Numerosos españoles toman la decisión de emigrar a países más prósperos, principalmente en Europa. La emigración a Alemania llegará a ser muy popular y casi mítica.
— El Concordato con el Vaticano es promovido por Joaquín Ruiz-Jiménez.

1952

— Se celebra en Barcelona el Congreso Eucarístico bajo el patrocinio del Sumo Pontífice Pío XII. Se dice que, durante esta reunión pía, la ciudad condal sufrió un proceso de lavado de imagen, mediante la expulsión (provisional) de prostitutas, delincuentes y comunistas.

— La resistencia de la España católica, ante la impudicia y liberalidad de los bañistas, decidió actuar públicamente promoviendo un vía crucis que tuvo lugar en la capital de España.

— Los puertos españoles dan acogida a las embarcaciones de la VI Flota norteamericana.

— Amparándose en la llamada «Ley de Bandidaje», el régimen franquista lleva al patíbulo a cinco miembros de la CNT.

— Las cartillas de racionamiento tuvieron vigencia hasta este año de 1952.

— Se establece la prohibición de fumar tabaco en los medios públicos de transporte.

1953

— En su comparecencia de Fin de Año, el *Caudillo* anuncia a los españoles el definitivo ingreso de España en la ONU.

— Por medio del Concordato firmado entre el Estado de España y la Santa Sede, el régimen franquista se reserva el derecho a nombrar obispos. Por aquel entonces en las misas era preceptivo realizar plegarias por el *Caudillo*.

1954

— El Sindicato de Estudiantes promueve una manifestación para reclamar la soberanía española sobre el Peñón de Gibraltar. La manifestación terminó de forma violenta.

— Franco recibe honores del Sumo Pontífice mediante la concesión del Gran Collar de la Orden Suprema de Cristo. España, consagrada al Sagrado Corazón de la Virgen, celebra el Año Mariano y Jacobeo.

— Aparece el «Biscuter», un modesto automóvil que se hizo popular en las vías públicas de nuestro país.

— Un grupo de repatriados de la División Azul regresa de la URSS a España en el buque *Semíramis*.

1955

— Los falangistas evocan aún en su ideario la leyenda del famoso «Oro de Moscú».
— El Primer Congreso de Escritores Universitarios es prohibido. Se publica *La paz y la palabra*, de Blas de Otero.

1956

— Se conmemoran solemnemente los 20 años del Alzamiento Nacional.
— España realiza por fin su ingreso en la Organización de las Naciones Unidas, gracias, en parte, a las gestiones de José María de Areilza.
— Comienza la gran época victoriosa del Real Madrid en los campos de fútbol de Europa, con la victoria en la Copa de Europa, antecesora de la actual *Champions League*.
— El fundador del Opus Dei, monseñor Escrivá de Balaguer, recibe el reconocimiento del régimen franquista, que le concede la Gran Cruz de Isabel la Católica. Por esta época comienza a aparecer un nuevo tipo de sacerdote politizado y de tendencias progresistas.
— La Academia Sueca otorga el premio Nobel de Literatura al poeta Juan Ramón Jiménez, autor de *Platero y yo*.
— En la universidad las elecciones son revocadas. El movimiento estudiantil de oposición al régimen se hace patente mediante múltiples manifestaciones, que son reprimidas duramente por la policía. Como consecuencia de ello pierde su cargo el ministro de educación.
— Independencia de Marruecos.
— Televisión Española comienza su andadura bajo el mandato de Arias Salgado. Las primeras emisiones pudieron ser recibidas por los 600 aparatos de televisión que había por aquel entonces en España.

1957

— Los primeros Seat 600 comienzan a recorrer las carreteras españolas.
— Fundación clandestina del Frente de Liberación Popular (F.L.P.), grupo socialista revolucionario, conocido también como «Felipe».

— Entra en el nuevo Gobierno de Franco una nueva generación de políticos, pertenecientes en gran parte al Opus Dei. Los nuevos talentos son bautizados inmediatamente con el título, algo rimbombante, de «los tecnócratas».

1958

— Primer trayecto Madrid-Barcelona del tren de alta velocidad español «Talgo», que realizó su ruta en el tiempo récord de nueve horas.
— Inauguración en Madrid del Museo de Arte Contemporáneo. Aparecen nuevos nombres en el panorama artístico. No falta quien opine que las esculturas de Chillida podrían ser confundidas con escombros y que las pinturas de Tapies son «los garabatos de un ebrio».
— Las consignas oficiales del régimen son renovadas mediante una nueva Ley de los Principios del Movimiento Nacional.

1959

— Puesta en marcha de un nuevo «Plan de Estabilización Económica», que suprime las compensaciones por horas extraordinarias o demás tipos de «pluses».
— De nuevo, se concede el premio Nobel a un español. En esta ocasión se trata del premio Nobel de Medicina, otorgado a Severo Ochoa. En Cannes, Buñuel recibe el Premio Internacional del Festival.
— En la fecha emblemática del 18 de julio, Bahamontes obtiene la victoria en el Tour de Francia.
— Franco consigue llevar a término su gran obra faraónica, y por fin es inaugurado el Valle de los Caídos.
— En Madrid es recibido en olor de multitudes el presidente norteamericano Eisenhower, al que el gentío aclama como «Ike».

1960

— Las empresas norteamericanas son nacionalizadas por la triunfante revolución cubana, liderada por Fidel Castro. La amenaza comunista se hace aún más visible en el mundo y el régimen de Franco se reafirma como bastión irreductible ante ella.

— Las motocicletas son cada vez más populares en las vías españolas.
— Ante la difícil situación del mercado laboral en España, gran cantidad de españoles se ven obligados a emigrar a otros países en busca de trabajo.

1961

— Estudiantes y obreros se manifiestan en contra del régimen.
— Franco hace gala del progreso industrial y económico de España.

1962

— El príncipe Juan Carlos, futuro Rey de España, contrae matrimonio con Sofía de Grecia.
— Primer Plan de Desarrollo, a cargo de Laureano López-Rodó, mediante el que Franco pretendía que España se igualara a los países europeos.
— Reunión de grupos antifranquistas en Múnich, encabezados por Gil-Robles, lo que desde el régimen franquista se denominó «Contubernio de Múnich».

1963

— Inauguración del Museo Picasso de Barcelona.
— Primera descendencia de los futuros reyes: nace la infanta Elena.
— Fundación de la USO y de Comisiones Obreras.
— La censura inaugura el método de los rombos para calificar moralmente las películas. Así, los padres no dejaban ver a sus pequeños las películas «de dos rombos», que solían ser las mejores.
— Desoyendo todas las peticiones internacionales de clemencia (incluidas las del que sería ese mismo año el papa Pablo VI), el régimen condena a muerte a Julián Grimau en Consejo de Guerra.
— Se crea el Tribunal de Orden Público (TOP).

1964

— Carmen Martínez Bordíu preside las llamadas «Justas Poéticas de la Paz».
— Televisión Española comienza a emitir desde los famosos Estudios de Prado del Rey, situados en una localidad cercana a Madrid.
— La Selección Española de Fútbol gana la final de la Eurocopa de Fútbol, derrotando a la selección de la mismísima URSS, gracias al recordado gol de Marcelino.
— Se promulga la nueva Ley de Asociaciones Políticas.
— Las jóvenes más intrépidas lucen por primera vez en España la mítica «minifalda».

1965

— Conciertos de los Beatles en Barcelona y Madrid.
— La televisión estatal comienza las emisiones de un segundo canal, con contenido alternativo y más selecto: la «Segunda Cadena», antepasada de lo que hoy es «La 2».
— Promulgada, por iniciativa del ministro Fraga, la nueva «Ley de Prensa».

1966

— Un avión militar de Estados Unidos colisiona con uno de línea comercial, cayendo cuatro bombas atómicas junto a las costas españolas. Es el famoso incidente de Palomares. Posteriormente, fragmentos de una de las bombas fueron estudiados en secreto por científicos españoles.
— La Ley de Prensa inaugura un nuevo aire de relativa libertad en los medios de comunicación.
— El tenista español Manuel Santana vence en el prestigioso torneo de Wimbledon.
— El éxito del tema *Black is black*, del grupo musical español Los Bravos, los lleva a la cumbre de las listas norteamericanas.
— Muchos curas sustituyen la sotana por una vestimenta de paisano llamada «cleriman», un sencillo traje negro con un cuello especial.

— La oposición estudiantil al régimen franquista se reúne para formar el Sindicato Democrático de Estudiantes de la Universidad.

— El 14 de diciembre se aprueba la nueva Ley Orgánica de Estado.

1967

— La cuestión de la soberanía de Gibraltar vuelve a ser un tema candente. Mientras Franco habla de ello en el Parlamento, José Luis y su guitarra hace muy popular una canción con el estribillo *Gibraltar español.*

— El almirante Carrero Blanco es nombrado vicepresidente del Gobierno.

— Los Alféreces Provisionales eligen a doña Carmen Polo como Madrina Honoraria.

— Son elegidos en votación los procuradores que representan la soberanía nacional en el Parlamento.

— Fernando Arrabal procesado por dedicar un libro con una blasfemia y un insulto a la patria [4].

1968

— Massiel gana el festival de Eurovisión con el *La, la, la* del Dúo Dinámico.

— Nacimiento del príncipe Felipe, primer hijo varón de don Juan Carlos de Borbón.

— Trasplantes de órganos realizados por el doctor Martínez-Bordíu.

— El idioma vasco puede ser enseñado en las escuelas públicas.

— Se permite a las mujeres casadas ocupar el cargo de concejales.

— Se establece un trayecto ferroviario de Madrid a París con el nombre de Expreso Puerta del Sol.

— En un ambiente de agitación estudiantil, se cierra la Facultad de Económicas de Madrid.

---

[4] Su abogado defensor, Juan Mollá, nos explicó cómo pudo burlar, en la medida de lo posible, una dura condena: declarando que el acusado estaba ebrio y que su gata se llamaba Patra. Así, la blasfema dedicatoria: «Me cago en Dios y en la Patria», quedó algo rebajada de tono.

1969

— Se decreta la prescripción de los delitos penales anteriores a 1939.
— Franco elige a Juan Carlos de Borbón como sucesor, proponiéndole en el Parlamento para el título de Rey.
— El piloto Ángel Nieto gana por primera vez el campeonato del mundo de motociclismo en la categoría de 50 centímetros cúbicos.
— Manuel Fraga advierte sobre el peligro de las ideas anarquistas en la Universidad.
— Se establece el estado de excepción en toda España durante tres meses.
— Sale a la luz el escándalo de la compañía Matesa.

1970

— Reformas en la enseñanza. Bajo la influencia de Villar Palasí se crea una nueva Ley de Educación, que sustituye el antiguo «Preu» por el «COU».
— El Molino de Barcelona es cerrado durante tres meses por inmoralidad.
— Visita a España del presidente de Estados Unidos, Richard Nixon.
— Dieciséis militantes de ETA son juzgados en el famoso proceso de Burgos ante el rechazo de un gran número de intelectuales. Un grupo de ellos se encerraron en el monasterio catalán de Montserrat. Ante la presión interna y externa, se conmutaron las penas de muerte por las de cadena perpetua.
— En España se producen grandes muestras de apoyo al régimen, en manifestaciones multitudinarias.

1971

— Pau Casals compone el himno de la ONU, titulado *Canto a la Paz*, en el 25 aniversario de esta organización.
— Amnistía de un determinado número de presos en el 35 aniversario del régimen de Franco.
— «El Lute» se fuga de la cárcel de Jerez.
— En la localidad jiennense de Bélmez de la Moraleda aparecen las célebres «caras», uno de los fenómenos parapsicológicos más importantes del mundo.
— Se discute en el Parlamento el nuevo Proyecto de Ley Sindical.

1972

— Tercer Plan de Desarrollo, a cargo de Laureano López-Rodó.
— Aparece el «fraude del aceite de Redondela».
— Cierre indefinido del diario *Madrid*, cuyo edificio fue derribado en una voladura controlada.

1973

— Carrero Blanco es elegido por Franco para sustituirle en la presidencia del Gobierno.
— Estalla la crisis internacional del petróleo. La Organización de Países Exportadores de Petróleo (OPEP) dobla el precio del barril de crudo.
— Asesinato de Carrero Blanco por ETA. El Dodge blindado en el que viajaba fue catapultado por explosivos hasta quedar como un amasijo de hierros en una cornisa de un patio interior. Durante aquellos días se preparaba el «Proceso 1001» a un grupo de dirigentes de Comisiones Obreras entre los que se encontraba Marcelino Camacho.

1974

— Carlos Arias Navarro es nombrado nuevo presidente del Gobierno.
— Se regula el derecho de asociación mediante el estatuto del «Espíritu del 12 de Febrero».
— Ejecución del Anarquista Salvador Puig Antich, condenado por terrorismo.
— El arzobispo de Bilbao, monseñor Añoveros, recoge reivindicaciones del pueblo vasco contrarias a la opinión del régimen.
— ETA asesina a 12 personas en un sangriento atentado en Madrid.
— Aparece un nuevo fraude, el de la empresa Sofico, que iniciará un largo proceso judicial.
— La flebitis obliga al general Franco a ser ingresado y el príncipe don Juan Carlos asume provisionalmente la Jefatura del Estado.

1975

— La enfermedad del general Franco es conocida públicamente.

— La censura actuó contra varias publicaciones, entre las que se encontraban las populares *Por Favor* y *La Codorniz*.

— Desoyendo las peticiones internacionales de clemencia, son ejecutados cinco militantes de ETA y el FRAP. Este hecho fue duramente criticado en toda Europa, e incluso algunos países retiraron de España a sus embajadores.

— Marruecos fuerza la anexión del Sahara mediante la llamada «Marcha Verde».

— Francisco Franco muere en el hospital madrileño de La Paz tras una larga agonía. La noticia es anunciada en televisión por el presidente del gobierno, Carlos Arias Navarro. Su cuerpo fue embalsamado y sepultado en el Valle de los Caídos, donde ya reposaba el fundador de la Falange, José Antonio Primo de Rivera.

— Según la Ley de Sucesión, las Cortes proclaman a don Juan Carlos de Borbón como Rey de España.

Si quieren ponerse en contacto con los autores, pueden dirigirse a:

www. acta.es/zyg
nursot@terra.es